コアカリキュラムで学ぶ

教育心理学

杉森伸吉・松尾直博・上淵 寿　共編著

培風館

執筆者一覧（50 音順，2020 年 1 月現在）

＜　＞は執筆分担を示す

糸井尚子	東京学芸大学教育学部教授 ＜3 章＞
犬塚美輪	東京学芸大学教育学部准教授 ＜4-2＞
上淵　寿	早稲田大学教育・総合科学学術院教授 ＜6-1，7 章＞
及川　恵	東京学芸大学教育学部准教授 ＜13 章，14-2＞
梶井芳明	東京学芸大学教育学部准教授 ＜10 章＞
工藤浩二	東京学芸大学教育学部教授 ＜6-3＞
小林　玄	東京学芸大学障がい学生支援室講師 ＜12-3〜12-4＞
品田瑞穂	東京学芸大学教育学部准教授 ＜1 章，8 章＞
杉森伸吉	東京学芸大学教育学部教授 ＜8 章，11-2，14-1＞
鈴木　聡	東京学芸大学教育学部教授 ＜5 章＞
関口貴裕	東京学芸大学教育学部教授 ＜2 章＞
柄本健太郎	東京学芸大学次世代教育研究推進機構講師 ＜9 章＞
利根川明子	東京学芸大学教育学部特任講師 ＜6-2＞
橋本創一	東京学芸大学教育学部教授 ＜12-1〜12-2＞
松井智子	東京学芸大学教育学部教授 ＜4-1＞
松尾直博	東京学芸大学教育学部教授 ＜6-4，11-1，15-1＞
福井里江	東京学芸大学教育学部准教授 ＜15-2〜15-5＞

はじめに

社会情勢の変化に伴い，教員に求められる資質・能力を明確に規定し，教員の質を担保しようという意向のもとに，教員養成における教職課程コアカリキュラムが文部科学省から提示された。

従来は，教科に関する科目以外は，教授内容が教職科目ごとに必ずしも明記されていないこともあり，学芸的側面が過度に強調される授業や，担当教員の関心に特化した内容の授業が行われることもあり，教員に必要な資質能力が，ほんとうに養成されているのか，という疑問の声も聞かれることがあった。また，教授内容の自由度が非常に高かったことで，授業の担当教員により，教える内容のばらつきが大きくなる傾向もあったと思われる。もちろん，コアカリキュラムができる前から，教育心理学で教えるべき内容については，おおよそのスタンダードが暗黙裡にあり，たいていの授業は，そのスタンダードに沿って教えられていたはずであるが，スタンダードとは全く異なる授業をすることも，可能ではあった。

また，コアカリキュラムが提示される背景には，学校に要請される課題の複雑化・多様化もある。学校現場の抱える課題が複雑化・多様化している中で，教員がうまく対応できずに社会問題化するケースも増加したため，教員養成課程の中で実践的指導力や課題への対応力を一定程度修得することが，必要不可欠であると考えられるようになった。

そのため，日本全国の教職課程を持つすべての大学において，共通に修得するべき資質・能力を定め，教員養成の全国的な水準を確保しようという機運が高まり，コアカリキュラムが策定されるに至った。

このことは，全国で画一的な教員養成の授業をするということではなく，各授業の中で，全体の３分の２程度はコアカリキュラムに準拠した授業を行い，その他の部分では「地域や教員採用者のニーズに応じた内容」，「大学の自主性や独自性を反映した内容」を扱うことが意図されている。このことを反映して，本書でも前半の３分の２にあたる，10 章まではコアカリキュラムを反映させ，残りの部分はスタンダードな内容を踏まえつつ，少し個性も出すようにした。とくに，特別支援に関する内容などは必ずしも従来の教育心理学のテキストにはスタンダードに入っていたわけではないが，今日的な要請の高い領域であるため，しっかりとした記述を盛り込むこととした。

教育心理学のテキストは今までもおびただしい数が出版されてきたが，コアカリキュラムを踏まえた教育心理学のテキストは，まだ2，3冊しかない。一つには，コアカリキュラムを踏まえるテキスト作りの難しさもあるかもしれない。発達段階を踏まえて記述することや，身体・運動面の発達について記述することなどもテキスト作りのハードルを上げている可能性もある。とくに，従来の教育心理学のテキストでは，身体や運動技能の発達を扱うことは非常に稀であった。しかし，コアカリキュラムでは，この領域が入っていることにより，適切な執筆者を探すことは非常に困難ではあったが，本書では，従来の教育心理学では教えることが決して一般的ではなかった身体や運動技能の発達についても，充実した学びができるようになっている。

新学習指導要領の本格実施にあたる年に，東京学芸大学の教育心理学講座の教員・元教員を中心とした執筆陣により，コアカリキュラムを踏まえた教育心理学のテキストを刊行することができるのは，望外の幸せである。講座の教員で教育心理学のテキストを作ることは，初めてのことであり，しかも長年の懸案事項でもあったので，培風館から初めての協働作業としてのテキストを刊行することができ，感謝の念に堪えない。培風館の斉藤部長，編集担当の近藤様には，執筆の遅れなどにも粘り強くサポートを賜り，厚く御礼申し上げます。

令和2年 1月

編者を代表して

杉森　伸吉

本書内の補足資料は培風館のホームページ

http://www.baifukan.co.jp/shoseki/kanren.html

から，アクセスできるようになっています。

参考にして有効に活用してください。

目　次

第Ⅰ部　幼児，児童及び生徒の心身の発達過程

第Ⅲ部　教育の諸問題の心理学的理解

1章　教育心理学の内容と方法

「教育心理学」という言葉から，あなたはどんなことをイメージするだろうか。もしかしたら，心理学的に根拠のある学校や家庭での教育方法とは何かを研究する分野だと思うかもしれない。その想像は当たらずとも遠からずといったところだ。というのも，教育心理学の大部分は，教えることに加え，学ぶことから構成されている。人はどのようなときに新たな知識を学び，行動を変えていくのか。他者との関わり方はどのように変わっていくのか。それらに対して，教師をはじめとした教育支援者はどのような影響を与えるのか。こうした問いに対して，実験・調査・観察などの科学的手法を用いて探求するのが教育心理学である。

教育心理学は，人の年齢に応じた変化(発達)，文章理解や計算などの認知，意欲や動機づけを引き出す教え方に関わる教授・学習，学級や仲間との対人関係というように，幅広い領域に及んでいる。これらは主に第Ⅰ部と第Ⅱ部で扱われる。そして第Ⅲ部では，近年の教育現場における課題――道徳教育，特別支援教育や特別な教育的支援，教師の働き方，学校不適応などを扱う。それぞれの領域について学ぶ準備段階として，本章では教育心理学を学ぶ意義と，教育心理学で用いられる研究方法について紹介する。

1-1　教育心理学とは

(1) 心身の発達

あなたは子どもの頃，自分がどんなふうに毎日を過ごしていたのか，覚えているだろうか。例えば小学生の頃，何を考え，感じ，行動していただろう。朝起きて学校へ行き，友だちに声をかけ，授業を受け，休み時間には校庭で遊ぶ。退屈な授業は果てしなく長く，永遠に続くように感じたかもしれない。多くの人は，そんな何気ない子ども時代を過ごしたのではないだろうか。

それではあなたは小学生のころ，自分が世界をどのように認識していたかを覚えているだろうか。例えば，あなたはいつから，時間を「一年」や「一日」といった具体的な単位ではなく，さきほど述べたような「永遠」といった抽象的な概念として捉えることができただろうか。ほとんどの人にとって，時間の感覚は気がついた時には理解できており，それを理解する前に自分がどのように時間を捉えていたのかを思い出すのは難しいだろう。もしかしたら，自分は最初からわかっていた，と断じる人もいるかもしれない。しかし，「永遠」といった抽象的な概念は，はじめから私たちの頭の中に備わっているわけではない。例えば，筆者の見たある小学二年生の国語の授業では，主人公が「うんと考えた」という文章が出てきた。この場面で，教育実習生が児童に「どれくらい考えたのかな？」と問いかけたところ，「三日！」「10年！」という元気な声が返ってきた。実習生としては「長い間」といった回答を想定していたので，戸惑った様子だった。しかし，これは発達段階を考えると無理からぬことだ。というのも，3章で登場するピアジェの**認知発達理論**によれば，人が抽象的な概念を扱うことができるようになるのは，おおむね12歳前後とされている。したがって，「長い間」という答えは，小学校二年生では出にくいだろう。同様に，密度や慣性といった抽象的概念を小学校低学年で教えたとしても，なかなか理解は進まない。このように，人の知的能力がどのように発達していくのかを学ぶことによって，発達段階に応じた適切な教え方，学び方を提案することができるようになる。

ところで，あなたは中学生のとき，どんなことに悩んでいただろうか。あなたの悩みは，中学に入って急に難しくなった勉強のことだったかもしれない。あるいは勉強や部活じたいは楽しいのに，その中での人間関係がぎくしゃくしていて居心地が悪いことだったかもしれない。さきほどは私たちの知的な能力の変化について述べたが，私たちの心も，成長とともに変わっていく。それに伴って悩みの性質もだんだんと変わっていく。こうした変化を学ぶことで，発達段階に応じた適切な支援を提供できるようになる。これらのパーソナリティや感情，社会性を含む心の発達については，6章で扱う。

（2）認　知

あなたはこれまで，学校や習い事などでさまざまな先生と出会ってきただろう。その中には教え方のうまく，興味をひきつけて離さない先生もいれば，何を言っているのかがわかりにくく，つい眠くなってしまうような授業をする先生もいただろう。それでは，教え方のうまい先生と，そうでもない先生の違いは何だろうか？

答えを出す前に，もう一つ考えてみてほしい。あなたがこれまで知り合った人の中には，勉強がよくできる人もいれば，そうでない人もいただろう。その人たちの違いは何だろうか？

一般的に，知能テストによって測定されるような能力が高い人は，「頭の回転が速い」とか「地頭が良い」などと評されることが多い。知能テストでは，物事を暗記したり，計算したり，文章を理解したりする能力が測定される。このような能力をまとめて「認知能力」ということがある。しかし，学力は認知能力によって一律に決まるわけではない。学校の成績のよしあしには，その人が適切で効果的な勉強の仕方を知っているかも影響する。例えば，授業のノートはどのようにとればいいのか。楽に記憶でき，忘れにくい記憶術はどんな方法か。こうしたことを知っているかどうかによって，効率は大きく変わってくる。では，具体的にどんなやり方が効果的な勉強の仕方なのか。それは，私たちが物事を記憶し，文章を読んで理解したり，計算したりするプロセスに大きくかかわっている。例えば私たちの脳は，見たものを写真や辞書のように記憶していくわけではなく，ある種の秩序に従って記憶していく。したがって，無秩序な情報の群れを記憶しようとしても，なかなかうまくいかない。このような記憶や物事の理解，計算など，人間の情報処理プロセスをまとめて，心理学では認知という。

さて，先ほどの最初の問い，教え方のうまい先生とそうでない先生の違いに戻ろう。認知心理学的に考えると，教え方のうまい先生とは，人間の記憶や理解のしくみを熟知し，それを最大限に活かす勉強の仕方を指導できる先生となるだろう。したがって人間の認知について学ぶことは，勉強の仕方を改善するだけでなく，わかりやすく記憶に残りやすい授業をする手助けにもなる。

（3）学習と動機づけ

ここまで，記憶や計算，理解といった認知能力に焦点を当ててきた。しかし実は学ぶこと，教えることには認知能力だけが関わっているわけではない。そこにはもう一つの能力，非認知能力が大きく関与している。

非認知能力とは何か。認知能力がいかにも「勉強」に関係しそうな能力であるのに対し，非認知能力は，協調性・自制心・意欲・自分に対する肯定感など，勉強以外の領域，言ってしまえば生き方全般にも関わる能力である。認知能力が知能テストや学力テストなどによって測定され数値化されるのに対し，非認知能力の測定はより難しい。例えば児童生徒の意欲の高さを，どのように測定するのが適切だろうか。すぐに思いつくのは，授業中に手を挙げた回数など，目に見える行動かもしれない。しかしそれでは，意欲は高いのに人前で話すのが苦手な子は評価からこぼれてしまう。このように非認知能力の測定は認知能力よりも難しい。それにも関わらず，近年の教育界では，この非認知能力に対する関心が高まっている。その理由は，非認知能力は私たちが学び続ける力に対して大きな影響力を持つからである。何か新たなことを学ぼうとするときには，ノートの取り方や記憶術といった認知能力を高める方略だけでなく，最後までやり遂げようとする意欲も欠かせない。したがって，教え方のうまい先生とは，児童生徒の認知能力だけでなく非認知能力をもうまく引き出せる先生だといえる。

では，どうすれば教師は児童生徒の非認知能力を高めることができるのだろうか。授業の中でどんな問いを投げかけ，どんな評価をすれば，もっと知りたい，やってみたいという気持ちを高めることができるだろうか。このように意欲や粘り強さを含む心の過程は動機づけという（7 章参照）。ここでの「学習」とは，勉強のことではなく，経験によって行動が変わることをさす。例えばあなたが長年続けている趣味や，毎日している習慣も，広い意味で学習によって獲得されたものである。学校教育の場でいえば，授業中，席を立たずに座っていられることも学習によって獲得された行動の一つである。また，評価とはテストだけでなく，授業の中で行うさまざまなフィードバックを含んでいる。学習と評価については，9 章と 10 章でも紹介する。

（4）学級集団づくり

あなたがこれまで出会った担任の先生の中で，クラスをうまくまとめていたのはどのような先生だろうか。クラスの支配者のようにふるまい，厳しい指導でみんなを従わせていただろうか。それとも，友だちのように親しげにふるまい，多少のことには目をつぶってくれただろうか。あるいは，あなたの話をよく聞いてくれて，努力したことを認めてくれただろうか。

このように，学級のような集団をまとめる方法はいくつもありうるが，その効果という点では異なっている。例えば最初に述べたような強権的なやり方は，ある種のスポーツチームのように，短期的に集団として成果を出すことを求められる状況には向いているかもしれない。ルールを厳しく守らせ，従わない者に罰を与えるやり方では，人は努力せざるを得ない。しかし，強権的なやり方には副作用を伴うし，チームメンバーの心の成長という点ではマイナスの効果の方も大きい。それでは，教師がどのような行動をとれば，ルールを守り，しかも主体的に取り組む学級集団ができるだろうか。こうした個人(リーダーとメンバーを含む)と集団の関係については，8章で扱う。

意外に思うかもしれないが，学力には発達段階や教え方や学び方といった認知的な側面だけでなく，教師と児童生徒との関係も大きく影響する。したがって，発達段階に応じた教師と児童生徒の関係について理解することは，学級内の人間関係をよくするだけでなく，主体的な学習を引き出すことにもつながる。

(5) 教育心理学の歴史と実践

さて，ここまでで教育心理学の主な領域については説明してきたので，ここで少しだけ教育心理学を含め，心理学の歴史について紹介したい。

心理学を現在につながるような科学的なかたちで開始したのは，19世紀末のドイツに心理学実験室を設立したヴント(Wundt, W. M.)だとされる。ヴントは天体の動きや化学物質と同様に，人間の心や行動も科学的に研究することが可能だと考えた。ただしその研究は，哲学に由来する内観(自分の思考や感情を観察・記録する方法)に依存していた。この方法は見るからに主観が入り込みそうで，正確とは言えそうにない。

そこで20世紀に入ると，心理学は3つの派閥に分かれていった。一つは，外から観察できる行動だけを研究対象とする**行動主義**である。行動主義は，恐怖条件づけの実験を行ったアメリカの心理学者，ワトソン(Watson, J. B.)にはじまる。ワトソンは人間の心理を刺激(Stimulus)と反応(Response)の組み合わせ，S-Rで理解しようとした。この明快な考え方は後の心理学の発展にも大いに影響した。

一方，同時代のドイツでは，ウェルトハイマー(Wertheimer, M.)らによってゲシュタルト心理学が生まれていた。**ゲシュタルト**(Gestalt)とは，ドイツ語で「形態」を意味する。私たちがものを見るとき，部分の総和ではなく，部分間の関係によって成り立つ一つの形態としてみる。例えば私たちは図1-1のような図形を，4つの方向の違うカギ括弧ではなく，一つの四角形とみなす。

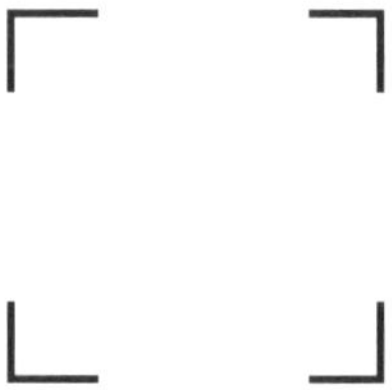

図 1-1　ゲシュタルトの例

こうした知覚経験に関する研究は，上述の人の認知についての理解へとつながっていった。

最後の一派は，フロイト(Freud, S.)を祖とする**精神分析**である。フロイトは，夢を手がかりに人間の無意識の領域に迫ろうとした。特徴的なのは，私たちの現在の思考や感情，あるいは問題行動は，幼児期に禁じられた願望が無意識として現在に影響していると考えた点にある。フロイト自身の考えは多くが性衝動を中心に据えているため，現在の心理学にそのまま取り入れられているわけではないが，過去に解決できなかった問題が現在に影響するという考え方は，後のエリクソンの漸成発達理論(6 章参照)にもひきつがれている。

これらの 3 つの派閥の中でも強い影響力を持っていたのは行動主義であったが，1950 年代に入ってコンピューターが出現すると勢いを失っていく。というのも，行動主義では人間の心の中身の分析は科学的ではないので，外に現れる行動を扱おうとしていた。しかし，人間をコンピューターのように外界からの刺激の情報処理を行うモデルが登場したことで，それまで不可侵だった心の中身についてもモデル化して分析できるようになった。また，神経科学の発展に伴い，心が脳の働きによって生み出されていることも明らかになってきた。これらの一連の心理学における展開は，その影響の大きさから認知革命とよばれている。

さて，実は教育心理学の成り立ちは意外に古く，心理学が 3 つの派閥に分かれるより前，20 世紀初頭にまでさかのぼる。例えば，アメリカの心理学者であり教育学者でもあるソーンダイク(Thorndike, E. L.)は，1903 年に『教育心理学』を刊行している(ちなみにソーンダイクは，8 章で紹介する「ハロー効果」の名づけ親でもある)。ただし，この頃の教育心理学は，現在とは異なり，動物の学習過程に関する研究が主だった(ソーンダイク自身もネコを使った研究を行っている)。当時は児童生徒を対象とした研究を行うのが困難であったためである。しかしそれから数十年の間に教育心理学は大きく様変わりし，児童生徒を含め，人を対象とした研究の蓄積が急速に進んでいった。日本においても1953年にはすでに学術誌「教育心理学研究」が刊行されており，第2号（1954年）には小学校の児童を対象とした対人関係の研究「学級構造の研究―入学時より三年間の友人関係の調査―」（依田新・大橋正夫・島田四郎）が掲載されている。それから現在に至るまで，教育心理学は第Ⅰ部・第Ⅱ部で紹介するように，教育に関するあらゆる領域に手を伸ばしてきた。

教育心理学を単なる心理学の応用分野とみるか，独自に発展した分野とみるかについては意見が分かれるが，他の心理学とは異なる大きな特徴として，教育実践への志向が挙げられる。つまり，教育現場で起きている問題に対応するために理論を構築し，理論に応じた実践を行い，その結果に応じて理論を再構築する，という理論と実践の往還が重んじられている。このため第Ⅲ部で扱う5つの章は，近年の日本の教育実践の場におけるさまざまな課題――例えば教師の働き方やいじめへの対処などに対応して書かれている。

1-2　教育心理学の研究法

心理学には，神経科学のように心の働きをハード面から解き明かそうとする領域もあれば，臨床心理学のようにソフト面から取り組む領域もある。これらの幅広い領域から，教育と学習に関わる理論を積み上げてきたのが教育心理学といえる。したがって教育心理学は心理学で用いられるエビデンスの収集方法を共有しつつ，実践研究など教育現場ならではの研究方法を開発してきた。こうした方法論について知ることで，本書で示される研究結果がどのように得られたのかがわかる。そこでここでは，教育心理学の代表的な方法論として，観察法・実験法・調査法を紹介する。

(1) 観察法

さきほど，児童生徒の意欲を評価する方法の例として授業中の挙手の回数を数えることを挙げたが，観察法はそれに似た方法である。授業中に教師がどんな声かけや発問をしているのか。それに対して，児童生徒はどの程度自発的に応答しているのか。このようなやりとりを正確に観察・記録し，分析するのが観察法である。

具体的な研究を一つ見てみよう。湯澤ら（2011）は，ワーキングメモリ（情報を一時的に頭の中に保持する能力。詳しくは2章参照）の大きさが，授業中にどんな困難に直面しているのかを観察法によって明らかにしている。同じ学年，同じクラスであっても，ワーキングメモリの発達には個人差が自然にある。したがって，全体に向けて同じ指導をしても，全員に同じように伝わるとは限らない。

この研究では，ワーキングメモリが相対的に小さい児童は，教師の説明や他の児童の発言を聞くことが難しく，結果として「落ち着きがない」と評価される傾向が示された。この研究ではさらに教師の声かけや発問を観察し，どのような指導方法が有効なのかについても分析を行っている。

観察法の利点は，日常生活での自然なふるまいを観察することで実践的な知見が得られることにある。行動の観察は，言語のやりとりを介さないため，言語能力が発達する前の乳幼児の行動の研究にも適用できる。しかし，観察という方法上，後述する調査法のように多くのデータを一度に得ることは難しい。また，行動の記録に観察者の主観や解釈が入り込まないよう，行動指標のチェックリストの使用や，2人以上による記録の比較などの工夫も必要である。さらに，観察すること自体が児童生徒に与える影響（次項で紹介するホーソン効果）についても配慮する必要がある。

（2）実験法

近年の教育現場では，学習指導要領の改訂（2020年度から小中高で順次実施）に伴い，「主体的・対話的で深い学び」「アクティブ・ラーニング」という言葉が飛び交っている。おおざっぱに言えば，受動的に与えられた内容を学ぶのではなく，児童生徒が自律的に学ぶように教師は促すべし，といった指針である。こうした指針を実現する上で，児童生徒が交代で教師役になり，理解度を互いにチェックしあう**相互教授法**が着目されている。

それでは，実際に相互教授法には学力を高める効果はあるのだろうか。このように，ある要因（ここでは相互教授法）が結果（学力）に与える影響について仮説を立てて調べるためには，しばしば実験法が用いられる。実験法では，特定の調べたい要因を操作することで，その効果をみることができる。例えば同じ単元を行っている2つのクラスに対して，片方では相互教授法を行い，もう片方では行わない。その他の要因，例えばクラスの平均的な成績，教える先生，使う教材などはすべて同じにする。それによって，いま調べたい要因（相互教授法）以外の影響を取り除くことができる。

実験法は原因と結果(因果関係)を推定する上できわめて強力なツールだが，弱点もある。その一つが，**ホーソン効果**だ。ホーソン効果とは，大ざっぱにいえば観察されること，注目されること自体によってやる気が出て，パフォーマンスが上がることをいう。例えば上の例では，教師が新たな授業法を提案することで，何らかの成果が期待されていると児童生徒は察知するかもしれない。そうなると，学力の向上には相互教授法自体の効果と，期待に応じて頑張ろうとした効果が入り混じってしまう。こうした問題をできるだけ取り除くために，余分なものをできるだけ取り除いた課題と状況をつくり，実験室の中で仮説を検討することがある。しかしそうすると，今度は実験室という特殊な環境で得られた結論が，教育現場にどの程度一般化できるのかという問題が生じてしまう。実験法においては，実験としての厳密さだけでなく，結論の一般化可能性にも配慮する必要がある。

(3) 調 査 法

調査法は，私たちがふだん「アンケート」として回答しているものにあたる。正確にいえば，人が持っている意識や態度について，言語的な質問を通してデータを得る方法と定義できる。調査法は，回答者にとって比較的負担が少ないため，多くのデータを収集するのに適している。このため，近年ではインターネットを用いたアンケート調査もよく行われる。ただし，気軽に回答できるためか，いいかげんな回答が返ってくることもあり，問題として指摘されている。また，言語的な質問を用いるため，質問の意味が誰にでも明確に伝わるように十分に配慮しなければならない。

調査法では，観察法や実験法に比べ，多数のデータを集めることができるが，言語が十分に発達する前の対象には調査できない。これは観察法の強みとして述べたことと裏返しでもある。また，言語能力がある程度発達したとしても，本章の最初に述べたように，抽象的な概念や，現実にはありえない仮定の状況について理解できるようになるのは，もう少し時間がかかる。さらに，調査対象者が自分では意識できない心の動きについては調べることができない。このような主観や意識の及ばない範囲のことを調べるには，調査法より実験法が適している。

(4) 横断研究と縦断研究

ここまで，調査の方法を観察・実験・調査の３つに分類して紹介したが，教

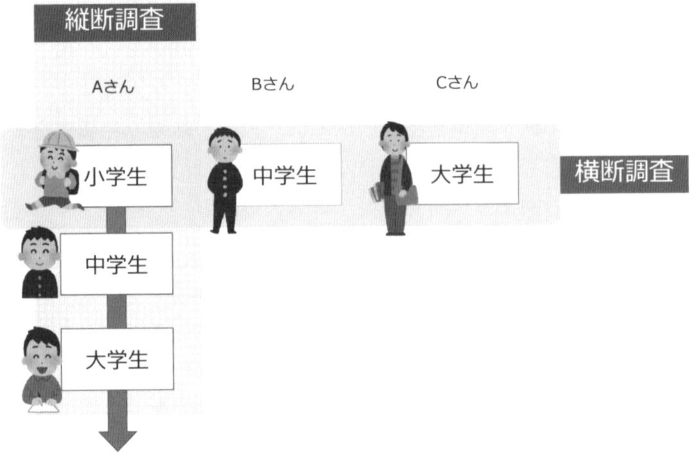

図 1-2　横断調査と縦断調査

育心理学の研究法として，横断研究と縦断研究という重要な分類があるので取り上げたい。これらの方法は，主に発達的な要因の効果をみるために用いられる(図 1-2)。**横断研究**とは，さまざまな年齢の人たちに同じ質問をして，その回答を比較するものである。例えば 50 代の人は，40 代の人よりも消費意欲が強く，楽観的であるという結果が得られたとしよう。この結果をもって，「加齢に伴って消費意欲が上昇し，楽観的になる」と言えるだろうか。実は，ここに横断研究の弱点がある。横断研究の対象の間(この場合は 40 代と 50 代)には，年齢の違いだけでなく，世代の違いが存在する。今の 50 代はバブル世代とよばれ，空前の好景気の中で青年期を過ごした人が多い。これに対してバブルがはじけた後に就職活動を迎えた 40 代はロスジェネとよばれている。この世代は就職氷河期に直面し，希望の職種につくことのできなかった人も多い。このように世代による効果が入り込んでしまうのが横断研究の弱点である。

これに対して**縦断研究**は，同じ人たちを追跡して調査を行う。この方法であれば世代の効果は入らない。ただし，長年にわたって調査を継続するためのコストが膨大になること，対象を追跡できなくなる可能性があるのが弱点といえる。

1-3　教師が教育心理学を学ぶ意義

大学における教職課程(教員免許をとるために履修しなければならない科目等の課程)の中でも，「これだけは最低限習得すべき」学習内容は，コアカリキュラムとして提示されている。そして，このコアカリキュラムの中には，教育心理学的な内容として，幼児・児童・生徒の心身の発達・学習の過程が含まれている。教職課程にこれらの内容が含まれるのは，すべての教師が，児童生徒の発達段階と心の性質に応じた適切な支援をする必要があるからだ。では適切な支援をできるようになるために，なぜ教育心理学を学ぶことが有効なのだろうか。

本章の冒頭で述べたように，私たちはいったん知識や技能を獲得すると，その前に自分が何を考えていたのか，どんな助けが欲しかったのかを思い出すことが難しくなる。教師にとって，教育心理学を学ぶ意義はここにある。人間がどのような性質を持ち，成長していくのかを学ぶことで，私たちは失った過去の自分の視点を取り戻す。それによって，学びの最中にいる人がどんな支援を求めているかを提供できるようになるだろう。

まとめ

- 教育心理学では，人の年齢に応じた変化(発達)，文章理解や計算などの認知，意欲や動機づけを引き出す教え方に関わる教授・学習，学級や仲間との対人関係を学ぶ。また，不登校やいじめ，道徳教育など現代の教育現場で対応が求められる問題についても，適切な対応を学ぶことができる。
- 心理学の歴史は19世紀のヴントの心理学実験室の設立から始まり，当初は内観法が用いられていた。20世紀に入るとワトソンによる行動主義，ウェルトハイマーによるゲシュタルト心理学，フロイトによる精神分析が登場する。現代につながる心理学は心を情報処理モデルとして捉えなおすところから始まった。
- 教育心理学の研究方法には，観察法，実験法，調査法がある。また発達による変化を調べるには，縦断研究と横断研究がある。

2章　記憶の発達

近年の教育界では，教科書の内容や教師の話を単に暗記するだけの学習法は否定される傾向にあり，主体的，対話的な活動を通じ，理解を深めながら学ぶことが推奨されている。しかしそれは，「何をどのように学ぶか」という教育の目的と方法が変わっただけであり，学んだことを覚え（記銘），それを頭の中にとっておき（保持），必要に応じて思い出す（想起）という「記憶」の活動が学習の本質であることに変わりはない。

本章では，こうした記憶の働きがどのような要素からなり，それぞれがどのような特徴をもち，どのように発達するのか，またそれを有効に使い，効果的に学ぶためにはどのようにしたらよいのかについて解説する。

2-1　さまざまな記憶の働き

記憶の働きは，まず情報の保持時間の違いにより**短期記憶**（short-term memory）と**長期記憶**（long-term memory）に分けられ，さらにそのそれぞれが保持内容などの違いで，より細かく分けられる。これらは，記憶としての性質が異なるだけでなく，それぞれ独立した記憶貯蔵庫（異なる脳の仕組み）を基盤に持つと考えられており，これを**複数記憶システム論**という。

短期記憶とは，覚えておくべき情報を心の中や声に出して繰り返す（リハーサル）などの手段をとらない限り，30秒もしないうちに忘れてしまう持続時間の短い記憶のことをいう。例えば，買い物をする時に店員から「3,842円です」と言われ，支払いまでの間それを覚えておく際などにその働きを感じることができる。短期記憶はさらに，言語音を一時的に保持する**音韻的短期記憶**（phonological short-term memory）と，形や色，場所や方向のように目で見た情報やイメージを保持する**視空間的短期記憶**（visuo-spatial short-term memory）とに分けることができる。また近年では，短期記憶は後述するワーキングメモリの下位要素として捉えられることが多い。

これに対し長期記憶は，長期間にわたり情報を保持する永続的な記憶のことである。例えば，日々の出来事を覚えていることや，学校の授業で学んだことを知識として持ち続けること，スポーツなどの技能を習得することなどはいずれも長期記憶の働きによる。長期記憶は，保持する情報の違いによりさらにエピソード記憶，意味記憶，手続き記憶，知覚表象システムの4つに分けられる。

以下では，それぞれの記憶の発達の特徴と，それが児童生徒の学習にどのような意味を持つかについて説明していく。

2-2　ワーキングメモリとその発達

(1) 短期記憶とワーキングメモリ

短期記憶を活用する場面は，パスワードを紙に書き写す場面など，日常生活の中でさまざまに見られる。この例では，パスワードの保持のためだけに短期記憶が使われているが，短期記憶は記憶以外の認知活動を行うために他の処理と並行して使われることも多い。例えば，「14+28」の暗算をする際には，2つの数字を一時的に保持しながら一桁目の計算をし，その結果を保持しながら二桁目の計算をする，というように数字の保持と計算の処理とを同時に行うことになる。また，文章を読む際にも，直前に出てきた人物や用語を忘れないようにしながら文を読み進める必要があり，やはり情報の保持と処理の同時遂行が必要である。こうした何らかの認知活動のために，他の処理と同時に行われる一時的な記憶，ならびにそのための仕組みを**ワーキングメモリ**(working memory)とよぶ。

ワーキングメモリに関するもっとも有名なモデルであるバドリー(Baddeley, 2012)の**複数成分モデル**(multi-component model)では，ワーキングメモリは4つの要素から構成されると考えられている。そのうち2つは前述の音韻的短期記憶と視空間的短期記憶であり，これらはそれぞれ**音韻ループ**(phonological loop)，**視空間スケッチパッド**(visuo-spatial sketchpad)とよばれる。また，近年ではこれに加えて，音韻ループや視空間スケッチパッド，長期記憶など異なる情報源からの情報を統合して保持する第3の短期記憶システム―**エピソード・バッファ**(episodic buffer)も仮定されている。さらに，情報の保持と処理を同時に行うためには，それぞれに向ける注意を適切にコントロールする必要がある。そのために仮定された第 4 の仕組みが注意制御を司る**中央実行系**(central executive)である。

(2) ワーキングメモリの発達とその個人差

ギャザコールら(Gathercole, Pickering, Ambridge, & Wearing, 2004)は，4〜15 歳の子どもの音韻的短期記憶，視空間的短期記憶の能力(一度にどの程度の情報を保持できるか)を，それぞれ数列の再生や視覚パタンの再生テストなどを使って調べ，この 2 つの能力が年齢を重ねるごとに直線的に向上すること，および 14〜15 歳でその伸びが横ばいになることを報告している(図 2-1)。また同様に，処理と保持の同時遂行テストで測定したワーキングメモリの能力も年齢とともに増大することが見いだされている。

また，彼女らの研究では，こうしたワーキングメモリ能力の発達に大きな個人差があることも見いだされている(Gathercole & Alloway, 2008)。図 2-1 の(c)図は，4〜15 歳の子どものワーキングメモリ能力をさまざまなテストで測定した結果であり，黒い四角が各年齢群の平均値，上下に伸びた線の端がそれぞれその年齢群の上位 10%，下位 10%の子どもの成績を示している。これを見ると，ワーキングメモリ能力は同じ年齢の子どもたちの中でも個人差が大きいことがわかる。特に 7 歳児の成績を見ると，下位 10%の子どもの成績は 4 歳児の平均を下回り，一方，上位 10%の子どもの成績は 10 歳児の平均に近くなっている。これは他の年齢群でも同様で，一つの年齢群の中にはおおむね 4〜6 歳分のワーキングメモリ能力の違いを持った子どもたちが混在していることがわかる。

(3) ワーキングメモリ能力と学力

こうしたワーキングメモリ能力の個人差は，文章理解などさまざまな認知活動の個人差と関係することが知られている(Engle, 1996)。その理由は，前述の暗算の例のように，多くの認知活動が情報の保持と処理の同時遂行を重要な要素として含むからである。また，ギャザコールら(Gathercole, Pickering, Knight, & Stegmann, 2004)は，子どもたちの学力テスト成績とワーキングメモリ能力が相関係数にして 0.3〜0.5 程度の相関を示すことを報告している。図 2-2 は，13〜14 歳の子どもたちについて各教科の学習到達度別にワーキングメモリテストの平均得点を示したものであるが，いずれの教科でも，学習到達度上位群，平均群，下位群の順にワーキングメモリテストの得点が低くなってお

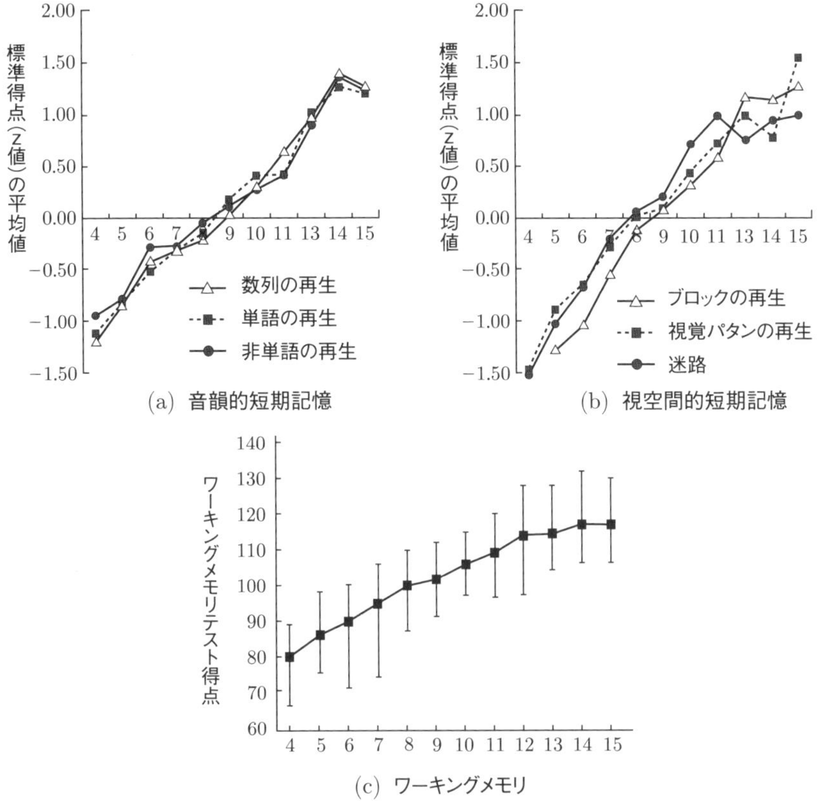

図 2-1　音韻的短期記憶，視空間的短期記憶，ワーキングメモリの発達
（横軸は年齢。Gathercole et al., 2004；Gathercole & Alloway, 2008 より作成）

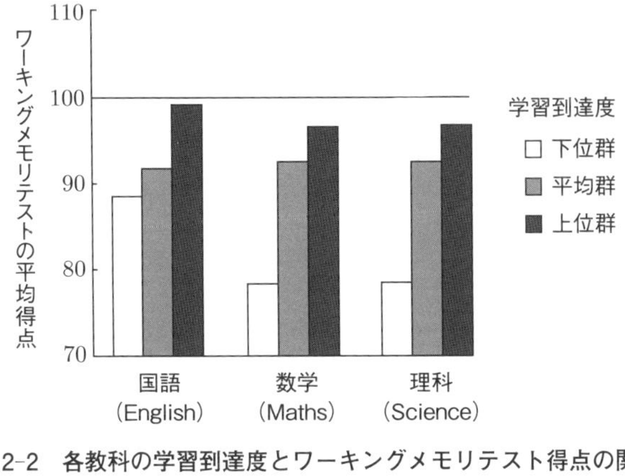

図 2-2　各教科の学習到達度とワーキングメモリテスト得点の関係
（Gathercole & Alloway, 2008 より作成）

り，学力とワーキングメモリ能力の間に一定の関係があることがわかる。

では，ワーキングメモリの能力はなぜ学力テストの得点と関係するのであろうか？ 一つには，テストの解答それ自体がワーキングメモリ能力を必要とするからと言うことがあるが，それ以上に考えなければならないのは，ワーキングメモリ能力の高低が普段の学習活動に影響しているということである。湯澤(2014)は，ワーキングメモリ能力の低い子どもの特徴として，① 教師の指示をすぐに忘れる，② 話し合いに参加できない，③ 黒板を書き写すのが遅いなどをあげている。これらはいずれも情報(例：指示内容，友だちの発言，黒板の内容など)の一時的保持や，それをしながら別の処理(例：指示に従った行動，意見の発案，書字など)を行う必要があることであり，ワーキングメモリの能力が重要である。また，前述のようにワーキングメモリの働きは，文章を読む，話を聞く，計算をするなど，学習の基本をなす活動を支えるものである。ワーキングメモリ能力が低い子どもは，こうした活動に制約があるために学習を効果的に進めることが難しく，そのことが学力テスト成績の違いに繋がるのであろう。このことから，ワーキングメモリ能力の低い子どもに対しては，その特性をよく踏まえたうえで，それに適した指導の仕方や教材を考えることが重要だといえる。

(4) ワーキングメモリのトレーニング

一方で，ワーキングメモリ能力については，それをトレーニングで伸ばすことができると主張する研究もある。クリングバーグら(Klingberg et al., 2002)は注意欠如・多動性障害(ADHD)の子ども(7〜15歳)を対象に1日25分程度のワーキングメモリトレーニングを約24日間実施し，ワーキングメモリ能力の向上が見られたことを報告している。しかし，その後のさまざまな研究では，ワーキングメモリトレーニングは，ワーキングメモリテストの成績を向上させる効果はあっても，それ以外の課題の成績や学力テストの成績を向上させるとはいえず，認知機能改善のための手段としては，あまり期待できないとされている(Melby-Lervag & Hulme, 2013)。

2-3 長期記憶とその発達

(1) 長期記憶の分類

前述のように長期記憶は，どのような情報を保持するかによりいくつかの種類に分けることができる。以下にそれらを詳述する。

エピソード記憶(episodic memory)は，個人が経験した出来事に関する記憶のことである。昨日の楽しい出来事や何年も前の悲しい出来事のことを思い出すことができるのは，エピソード記憶の働きによる。エピソード記憶は「いつ，どこで，誰が」といった，その記憶が形成された時の文脈情報を含む記憶である。また，想起時に過去の自分の体験を「思い出している」という意識を持つ点で他の長期記憶の成分と異なる特徴をもつ。

意味記憶(semantic memory)とは，言葉の意味や事物に関する一般的知識に関する記憶である。エピソード記憶と異なり，それを記憶した際の文脈情報は持たない。したがって，例えば，学校の授業で学習したことは，「3時間目の理科の授業で先生が『地球は46億年前に誕生した』と述べていた」というエピソード記憶としても保持されているし，「地球が誕生したのは46億年前」という意味記憶としても保持されているといえる。

手続き記憶(procedural memory)は，自転車の乗り方や箸の使い方など，何かのやり方に関する記憶のことをいう。手続き記憶には運動技能だけでなく，知覚技能や認知技能も含まれる。手続き記憶は，記憶している内容を言葉で説明することが難しいという特徴を持つ(例：自転車をこいでいる際にどうバランスをとっているかは説明できない)。このように記憶内容を言葉で表現できない記憶のことを**非宣言的記憶**(**非陳述記憶**，non-declarative memory)という。これに対し，エピソード記憶や意味記憶は記憶内容を言葉で説明することができる記憶であり，**宣言的記憶**(**陳述記憶**，declarative memory)とよばれる。

知覚表象システム(perceptual representation system)は，既知の視覚対象や聴覚対象，文字や言語音などの知覚的特徴に関する知識のことである。我々がリンゴを見て「リンゴ」だとわかるのは，リンゴの形を知っているからである。そうした外界の対象の同定に必要な知覚的特徴に関する記憶の集合のことを知覚表象システムという。知覚表象システムは非宣言的記憶に分類される。また，ある対象を見たり，聞いたりすることで，それへよりアクセスしやすくなることも知られており，このような変化により一度見たり聞いたりした対象の認識が促進されることを**プライミング効果**(priming effect)とよぶ。

タルビング(Tulving, 1995)は，これら4つの長期記憶および短期記憶の関係について，①エピソード記憶，②短期記憶，③意味記憶，④知覚表象システム，⑤手続き記憶の順に階層関係にあると考えている。階層関係とは，例えば，知覚表象システムへのアクセスが意味記憶へのアクセスをもたらし，意味記憶へのアクセスがそれを短期記憶として保持することを可能にするというように，それぞれの記憶システムが，一つ下の記憶システムの働きに支えられていることを意味する。またこの順番は発達の順序も表しており，⑤から①になるほど遅れて発達すると考えられている。次節では，このことについて，乳幼児における長期記憶の発達をもとに具体的に説明する。

(2) 乳幼児の記憶の発達

a. 手続き記憶と知覚表象システムの発達

動作の学習は，生後早い時期から可能であることが知られている。例えば，ロヴィ・コリアー(Rovee-Collier, 1997)は，生後2〜3か月の乳児に対し，ベッドの上に吊したモビールと乳児の足を紐で結び，足のキックでモビールを揺らして楽しむという行為を学習させた(オペラント条件づけ)。そして，学習から時間をおいた後でのモビール下でのキックの回数(足とモビールは外した状態)を調べたところ，2か月児では学習から2〜3日後まで，3か月児では7日後まで頻繁なキックが見られたと報告している。また，テストの24時間前にモビールを動かして見せることで動作の記憶を再活性化したところ，2，3か月児ともに20日後でもまだキックが見られたという。このことは，生後2〜3か月の乳児が「足をキックしてモビールを揺らす」という動作を学習し，それを比較的長い間，維持できたことを示唆している。これは手続き記憶の芽生えと考えることができるだろう。

同様に知覚表象システムについても，その発達は早いことがわかっている。例えば，上述の研究では，学習時と違うモビールの下ではそれほどキックが見られない。このことは，乳児がモビールの知覚的特徴を記憶していたことを意味している。また，デ・キャスパーとファイファー(DeCasper & Fifer, 1980)は，生後3日程の新生児が母親の声と他の女性の声を聞き分けることを報告している。この研究では，特定のペースでおしゃぶりを吸うとスピーカーから母親の朗読音声が流れる仕掛けを用意して，新生児が母親の声と別の女性の声のどちらを好んで聞くかを調べた。その結果，新生児は，どのようなペースであっても母親の声が流れる方のペースでおしゃぶりを吸うことが見いだされた。この結果は，産まれたばかりの新生児が母親の声を記憶していたこと，すなわち母親の声の知覚表象を持っていたことを示唆している。

b. 意味記憶とエピソード記憶の発達

意味記憶やエピソード記憶など宣言的記憶の発達は，いつ頃になるだろうか。上にあげたモビールの実験の結果は，宣言的記憶の働きを反映している可能性もあるが，手続き記憶で説明できる以上，そう断言することは難しい。これに対し，言葉によるものではないが，より宣言的記憶の芽生えを反映する課題として**延滞模倣**(deferred imitation)を用いた研究がある。この課題では，乳児にとって新奇な道具を使った動作(例：タッチライトを額で点灯させる)を大人がやって見せて，しばらく後に乳児がその動作をマネして行うかを調べる。これは自分が行ったことではなく，見たことを後から再生するものであるため，手続き記憶でなく，意味記憶やエピソード記憶が必要となる。この課題を用いた研究では，9か月の乳児が動作の観察から1か月後にそれを再生することや(Carver & Bauer, 2001)，6か月児が24時間後に模倣再生をすることなどが報告されている(Collie & Hayne, 1999)。このことから，宣言的記憶は手続き記憶や知覚表象システムに比べると遅れて発達するが，それでも9か月頃にはその萌芽が見られるといえる。

では，延滞模倣を可能にするのは，意味記憶であろうか，それともエピソード記憶であろうか。これについては，そもそも言語能力が未発達な乳幼児が大人と同じ意味記憶，エピソード記憶を持つこと自体が考えにくいが，少なくともこの2つについては，エピソード記憶の方が遅れて発達することが示唆されている。

例えば，2～3歳の幼児でも過去の出来事のことを説明することができるが，それは大人による促しが必要で(例：ディズニーランドで何に乗った？)，自発的な報告は少ない。また，個別の出来事というより一般的な出来事として語る場合も多い。このような特徴は，エピソード記憶よりもむしろ意味記憶の内容の説明に近い。こうしたことからネルソン(Nelson, 2000)は，2～3歳の幼児は，自分が経験した出来事をスクリプト的に記憶していると考えている。**スクリプト**(script)とは，特定場面の出来事の一般的特徴に関する知識(例：ディズニーランドには何があり，何がどのような順で起こるか)のことであり，出来事の意味記憶といえる。これに対し，エピソード記憶の報告は3～5歳にかけて発達してくるとしている。

(3) 記憶能力の発達に影響する要因

エピソード記憶や意味記憶の能力は，学齢期にかけて年齢とともに発達していく。これは一般には「記憶力」の向上と見なされるであろうが，記憶に関する心理学では，記憶力という単一の力が変化するのではなく，記憶に関するさまざまな要因の変化がそこに影響していると考える。

記憶能力の発達やその個人差に影響する代表的な要因には，次の4つがある(Siegler, 1998)。一つは，記憶活動を支える基礎的能力(basic capacity)であり，これには短期記憶やワーキングメモリ，情報の処理速度などが含まれる。二つ目は**記憶方略**(mnemonic strategy)である。これは，よりよく覚えるための工夫のことであり，どのような方略を使うか，またどのくらいそれを効果的に使うことができるかが発達により変化する。三つ目は**メタ記憶**(meta memory)である。メタ記憶は，遂行中の記憶活動に対する自己評価や予想，それに基づくコントロールの力のことである。また，ここには自分の記憶能力や記憶それ自体の性質に対する知識も含まれる。そして四つ目は，記憶対象に関連した内容知識(content knowledge)である。よく知っている分野に関することが容易に記憶できることは経験的にも実証的にも知られているが(Chi, 1978)，こうした内容知識が質，量ともに向上することが記憶能力の発達に貢献しているのである。

では，これらの要因のうち，記憶能力の発達にもっとも強く影響しているのはどれであろうか。ドゥ・マリーとフェロン(DeMarie & Ferron, 2003)は，5〜8歳および8〜11歳の子どもたちを対象とした研究において，記憶再生能力の発達に基礎的能力，記憶方略，メタ記憶のそれぞれが与える影響の強さを構造方程式モデリングにより調べている(この研究では内容知識は扱われていない)。分析の結果(図2-3)，記憶再生能力に直接影響を与えるのは記憶方略のみであることが示された。このことは，基礎的能力とメタ記憶が記憶再生能力に無関係であることを意味するものではない。実際，彼女らは続く研究(DeMarie et al., 2004)において，基礎的能力とメタ記憶が，記憶方略の使用を支えたり，方向づけたりするものとしてその効果に影響を与え，間接的に記憶再生能力に影響していることを見いだしている。

このように記憶能力の発達は，それにかかわる複数の力の総体的な変化として現れるものである。以下では，こうした力のうち，記憶方略とメタ記憶に焦点をあて，それらの特徴についてより詳しく説明していく。

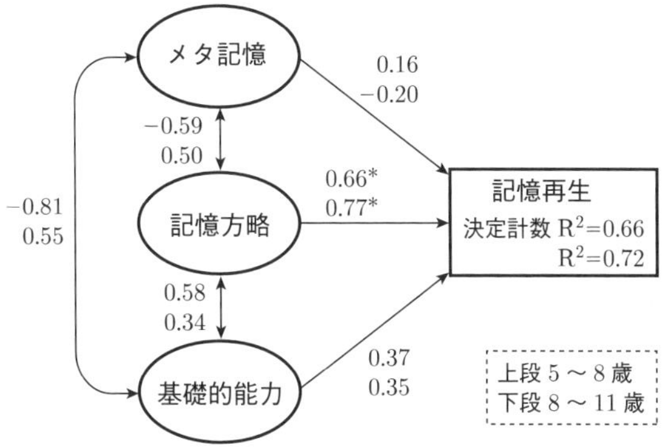

図 2-3　記憶再生能力に影響を与える要因
(DeMarie & Ferron, 2003 より作成。＊印は有意な影響を示す)

2-4　記憶方略

(1) 記憶方略の発達

記憶方略とは，効果的に記憶を行うためのさまざまな方法や工夫を指す言葉である。記憶方略は，幼少期からその萌芽が見られる。例えば，デ・ローチら(DeLoache et al., 1985)は，おもちゃがどこに隠されたかを 4 分間，覚えておく課題を 18〜24 か月児に課した際に，幼児がおもちゃの場所を指さして，その名前を言うなどの記憶方略的な行動を示すことを報告している。

また，フレイヴェルら(Flavell et al., 1966)は，代表的な記憶方略である**リハーサル**(覚えるべき対象を繰り返し唱えること)についてその発達を調べている。この研究では，5，7，10 歳の子ども各 20 人に 2〜5 枚の絵を覚えさせ，直後または 15 秒後にそれを正しい順序で報告させた。そして，その間のリハーサルの使用を調べたところ，自発的なリハーサルの使用は 5 歳児ではほとんど見られず(20 人中 2 人のみ)，7 歳頃からそれが見られ(12 人)，10 歳児でその使用がもっとも多くなっていた(17 人)。そして，7 歳児の中で比較したところ，リハーサルを使用した子どもは，使用しなかった子どもよりも再生成績が高くなっていた。

一方，これに続くキーニーら(Keeny et al., 1967)の研究では，リハーサル方略を使用しない幼児でも，教えられるとそれを使用することができ，また再生成績も向上したという。しかし，そうした子どももリハーサルの指示がない場合には，やはりリハーサルをしなかった。このように記憶方略を自発的には使用しないが，教示や報酬などでうまく誘導されれば使用できる状態のことを**産出欠如**(production deficiency)という。

一般に記憶方略は，年齢とともに多く用いられるようになるが(Schneider et al., 2002)，その発達は記憶方略を知らず，まったく使用できない**媒介欠如**(mediation deficiency)の段階から，指示されれば使用できる産出欠如の段階を経て，自発的に使用する段階へと移行すると考えられている。また，自発的に記憶方略を使用する段階においても，当初は方略をうまく使いこなせず，それがそれほどの効果を持たない時期がある(Miller, 1994)。これを**利用欠如**(utilization deficiency)の段階といい，この段階をへて最終的に記憶方略を効果的に活用できるようになる。これを踏まえると，教育の場で記憶方略や学習の仕方について指導する際にも，単に方略を口で伝えるだけですぐに，子どもたちがそれを使用したり，その効果があらわれたりするわけではないことに注意する必要があるだろう。

(2) 記憶を助けるさまざまな方略

記憶方略の発達は，リハーサルの他，主に**言語的ラベリング**(図や写真に名前をつけて覚える)や**体制化**(複数の対象をカテゴリーなどの基準で整理して覚える)などの方略を中心に検討されてきた。一方で，記憶については，こうするとうまく覚えられるというさまざまな現象が見いだされており，それらを記憶方略として使用することもできる。以下に代表的なものを紹介する。

a. 分散効果

リハーサルは有効な記憶方略であるが，繰り返しによる記憶ひとつをとっても，それを効果的に行うコツがある。マディガン(Madigan, 1969)は，同じ単語を2回繰り返して覚える際に，繰り返しの間にどれだけ多くの単語を介在させるかによって，後の再生成績がどのように変わるかを調べている。その結果，ある単語を連続して繰り返す場合に比べ，間に他の単語を入れて繰り返す方が再生率が高くなり，さらに，その効果は介在する単語の数が多いほど大きくなっていた。これを**分散効果**(spacing effect)といい，英単語や漢字の学習などさまざまな学習場面で応用できる記憶方略である。

b. 処理水準効果

記憶の研究では，単語のリストのようなシンプルな学習項目を使って，記憶成績を調べることが多い。そうした研究で古くから見いだされてきた現象に**処**

理水準効果(level of processing effect)がある。処理水準とは，処理の深さのことである。例えば，単語の読みが，まず文字が処理された後，音韻の処理が行われ，最後に意味がわかると考えると，文字，音韻，意味の順に処理が深くなると言える。このとき，記憶対象に対しより深い処理をした方が後から思い出せる確率が高くなるというのが処理水準効果である(Hyde & Jenkins, 1969)。

これを歴史の学習などに適用するならば，「こんでんえいねんしざいほう」という言葉を，意味を考えず，ただの音の並びとして反復して覚えるよりも，「墾田」「永年」「私財」の法律だと意味まで考えて覚える方がしっかりと覚えられるということになるだろう。当たり前のようだが，意味に注目した方がしっかりと覚えられると言うことは，言葉だけでなく，人の顔など他の対象を覚える際にもあてはまる強力な記憶の原理である。

c. 生成効果

生成効果(generation effect)とは，人から与えられたものを覚えるよりも，自分で考えたことを覚える方が後で思い出しやすくなるという現象である。例えば，「勉強—鉛筆」という連想語のペアを覚える際に，それをただ読み上げて記憶する場合よりも，「勉強—え…」というヒントから「鉛筆」を連想してそれを覚える場合の方がそのペアを思い出せる確率が高くなる(Slamecka & Graf, 1978)。教科の学習の例で考えるならば，英語の例文を覚える際には，教科書に書かれた例文をそのまま覚えるよりも，自分で例文を考えた方がしっかりと覚えられるということになるだろう。

d. 精緻化効果

学校における学習の多くは，「無用の心配をすること」→「杞憂」のように，2つのことを結びつけて覚える**対連合学習**の形式をとる。対連合学習では，項目間の繋がりに理由などの情報を加えて意味のあるペアにすることで，2つの繋がりを強いものにすることができる。このように自らの知識をもとに理由やイメージ，語呂合わせなどの情報を加え，覚えるべき対象の情報を豊富にすることを**精緻化**(elaboration)という。

例えば，ステインら(Stein et al., 1978)は，「太った男が警告板を見ている」のように，人物とその行動をペアにして覚える実験を行っている。この場合，「太った男」と「警告版を見ている」の間には何の関連もないため，これを覚えるのは難しい。これに対し「太った男が“薄い氷についての”警告板を見ている」のように，人物と行為を結ぶ理由の情報を加えることで，それがない場合

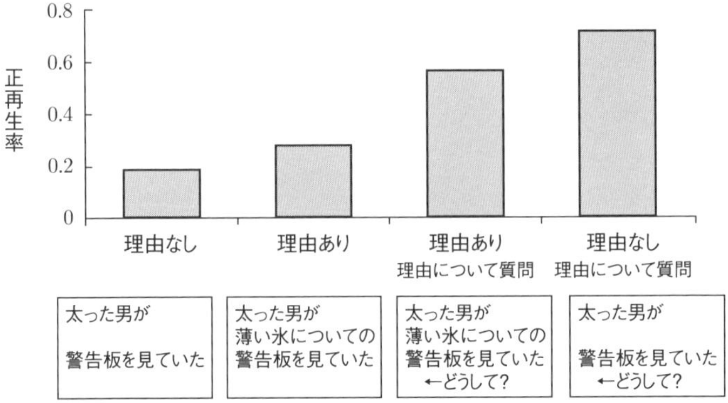

図 2-4　理由を加えて精緻化することの効果
（Presseley et al., 1987 の実験 2 における偶発学習条件の結果より作成）

や理由以外の情報(例：2 フィートの高さの)を加えて覚えた場合に比べ，後の再生率が高くなることが報告されている。また，プレスリーら(Pressley et al., 1987)は，人物と行為を結ぶ理由を加えた上で，その理由の意味を考えさせた場合や，理由を自分で考えさせた場合についても検討している。図 2-4 はその結果であり，人から与えられた理由の情報をそのまま受け入れるよりも，自分自身で理由を考えた時の方が，生成効果が加わってさらに再生率が高くなっていることがわかる。

これはさまざまな教科の学習に当てはまることである。例えば，「千葉県の特産品は落花生」ということを覚える際には，単純に「千葉県―落花生」とリハーサルして覚えるよりも，それには必ず理由があるので(火山灰地でも育てやすい)，それを調べて一緒に覚えることや，さらにはその理由を自分で考えてみることの方が良いといえるだろう。理由などを加えて学習することは，覚えることが増えるため一見，逆効果であるようにも思えるが，実は長く続くしっかりとした記憶を作ることになり，また，思い出す際にも一緒に覚えたことが手がかりとして機能するため再生率の向上に繋がるのである。

(3) 学習場面における方略利用

上にあげたさまざまな記憶方略は，教育に関心のある人間ならば，さして目新しい話ではなかったかもしれない。しかし，こうした記憶方略や勉強のコツを児童生徒や学生はどれくらい利用しているのであろうか？

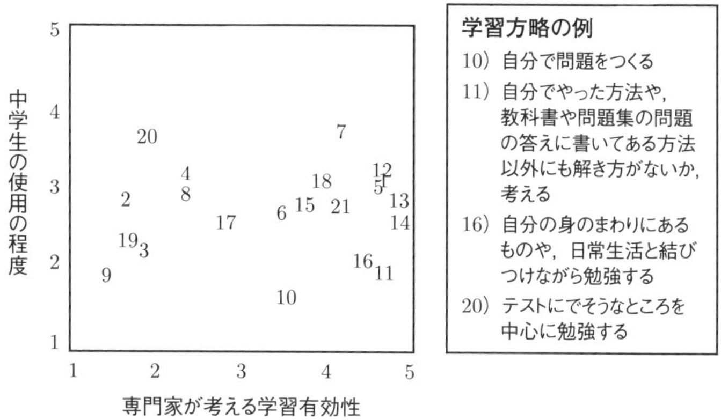

図 2-5　中学生による学習方略の利用
（吉田・村山，2013 より作成）

楠見(1991)は，日本人大学生が「テストのために覚える時」にどのようなやり方をするかを調べている。その結果，もっとも多い方略は「何回も書く」(報告率 57%)，2 番目は「声に出して読む」(38%)であり，「頭韻法(語呂合わせ)」「理解する」「チェックしながら覚える」のような，より記憶の性質を活かした方略を報告した者はそれぞれ 5〜8%しかいなかった。

また，吉田・村山(2013)は，中学生 700 名を対象に，専門家が効果的だと考える**学習方略**がどの程度使用されているかを調べている(学習方略とは，効果的に勉強を行う方法のことであり，記憶方略よりも広い概念である)。図 2-5 を見ると，11 番「自分がやった方法や，教科書や問題集の問題の答えに書いてある方法以外にも解き方がないか，考える」のように有効性の高い方略があまり使われていない一方で，20 番「テストにでそうなところを中心に勉強する」のようにあまり効果的でない方略がよく使われていることがわかる。このことから，中学生は，専門家が学習に有効だと考えている方略を必ずしも使用していないことが示された。

では，なぜ中学生は有効な学習方略を使用しないのであろうか。これについて吉田・村山(2013)は中学生の回答をさらに分析し，中学生たちは，よい方略が面倒くさいと思っているからやらないのでも(コスト感阻害仮説)，よい方略だとはわかっているが，目先のテストには有効でないと感じているからやらないのでもなく(テスト有効性阻害仮説)，そもそも，どのような方略が学習に効果的で，どのような方略がそうでないかを的確に理解していないこと(学習有効性の誤認識仮説)が原因である可能性を示している。これは，記憶能力の発達に影響する要因の中の「メタ記憶」の問題として考えることができる。そこで，最後にあらためてメタ記憶について解説する。

2-5　メタ記憶とその発達

(1) メタ記憶とは

メタ記憶とは，個人の記憶活動や記憶現象に関わる認識や知識，理解，経験などの総称であり，認知活動全般に関する認識や知識を指す**メタ認知**(metacognition)の下位概念に位置づけられる(清水，2009)。

メタ認知は，メタ認知的活動とメタ認知的知識に分けてとらえられることが多い。以下，それぞれを記憶のこと(メタ記憶)にしぼって説明すると，**メタ認知的活動**とは，自分自身の記憶活動について，予測(例：どれくらい覚えられそうか？)や自己モニタリング(例：どれくらい覚えられたか？)をし，さらにそれをふまえて「工夫して覚えよう」「もう一回確認しよう」などのように記憶活動をコントロールしていくことを言う。一方，**メタ認知的知識**とは，記憶の性質について個人がもつ知識や信念のことであり，そこには，自分自身の記憶能力に関する知識(例：自分は漢字を覚えるのが苦手だ)や，一般的な記憶の働き(例：一度にたくさん覚えようとすると覚えきれない)，記憶課題(例：穴うめ問題よりも選択肢式問題の方が答えを思いだせる)に関する知識，そして記憶方略の有効性(例：語呂合わせを使うと覚えやすい)に関する知識などが含まれる。このメタ認知的知識は，あくまで，その人が思っていることや信じていることであり，必ずしも正しいとは限らないことに留意して欲しい。

メタ認知的知識は，メタ認知的活動や実際の記憶活動を方向づける役割を果たす。例えば，「覚える時には繰り返し書くのがよい」という信念を持っている人は，実際の記憶活動を繰り返し書くことで遂行しようとするし，記憶の成果をモニタリングして「あまりよく覚えられていない」と感じたら，「もっとたくさん書いて覚えよう」とするであろう。このことから記憶に関するメタ認知的知識の不適切さは，記憶活動の不適切さに繋がると考えられる。前述の吉田・村山(2013)の結果は，中学生たちの学習方略に関するメタ認知的知識が必ずしも適切でないことを反映しているといえるだろう。

（2）メタ記憶の発達

では，メタ記憶の力はどのように発達するのであろうか。デュフレーヌとコバシガワ（Dufresne & Kobasigawa, 1989）は，6，8，10，12歳児に，簡単なペアの単語リスト（例：バットとボール）と難しいペアの単語リスト（例：本とカエル）のそれぞれをすべて覚えたと思うまで覚えさせ，学習にかける時間を比較した。その結果，10歳児，12歳児では，難しい方のペアの学習により長く時間をかけたが，6歳児と8歳児では，簡単なペアと難しいペアとで学習にかける時間が変わらなかった。このことは，6歳児や8歳児では記憶活動の予測やモニタリング，そしてそれにもとづくコントロールをまだ十分にできていないことを示唆している。

また，ジャスティス（Justice, 1985）は，7，9，11歳児のそれぞれが4つの記憶方略（リハーサル，カテゴリーによる体制化，注視，言語的ラベリング）の有効性の違いをどれくらい認識しているかを調べている。ある子どもが12枚の絵を覚えようとしている場面をビデオでみせ，ペアにした方略のうちどちらの方が有効だと思うかを答えさせたところ，9歳児と11歳児は，体制化の方がリハーサルに比べ有効であると答えたが，7歳児ではこの2つの有効性の違いがわからなかった。

このようにメタ記憶の活動，知識はともに年少児ではまだ十分でなく，学齢期を通じて発達していくようである。こうしたメタ記憶の不十分さは，記憶方略の産出欠如だけでなく，利用欠如の原因ともなっていると考えられている（Justice et al., 1997）。

まとめ

- 人間の記憶は，ワーキングメモリ（短期記憶），エピソード記憶，意味記憶，手続き記憶，知覚表象システムから構成されており，それぞれが発達の中で変化していく。
- 記憶能力には，記憶方略とメタ記憶の力が重要である。記憶方略にはさまざまなものがあり，学習を効果的に進めるのに重要である。それを支えるものとしてメタ記憶がある。
- 教育に携わる人間は，記憶に関してどの時期に何ができるのか，どうすればそれをよく働かせることができるのかを的確に理解して，それを子どもたちの学習に生かしていくことが求められる。

3章 知能と学力・数的思考の発達

3-1 知能と学力

(1) 知能とは

知能という概念はどこからはじまったのであろうか。古代ギリシャの哲学者プラトン(Plato)やアリストテレス(Aristotle)によっても「知能」という概念が考えられていた。プラトンは，心の能力を知能・情動・意志の3つに分類し，このプラトンによる知的能力の概念を『インテリゲンチア　Intelligentia』とローマのキケロ(Cicero, M.T.)が翻訳し，「知能」の概念が誕生したとされている(アイゼンク，1981)。

心理学の歴史の中では，知能は広義と狭義の定義がある。知能の広義の定義では以下のようないくつかのものがある。①学習能力である，② 知識を得る能力・その知識である，③高等な抽象的な思考の能力である，④環境への適応能力である，⑤個人が，目的にあうように行動し，合理的に思考し，自分の属する環境を効果的に処理できる，総合的な能力である，などとされている。

一方，狭義では，「知能とは知能テストで測定されたものである」という，操作的定義がある。操作的定義は概念を測定方法によって定義しようというものである。

(2) 知能の測定—知能テスト

a. ビネー式知能テスト

フランスの心理学者ビネー(Binet, A.)は1905に政府の依頼により，公教育のカリキュラムについていけるかどうかの判別をするために，知能検査を作成した。ビネーは，知能が年齢に従って発達すると仮定して，各年齢集団の4分の3の子どもが解ける検査項目を設定した。子どもの実際の年齢を生活年齢(CA：chronoligical age)とし，通過した検査の年齢を精神年齢(MA：mental age)とした。この両者の年齢差　MA－CA　により知能を判定した。

さらにアメリカでは1919年にスタンフォード大学のターマン(Terman, L.M.)がこの検査を改訂し，スタンフォード・ビネー検査を作成した。ここで，知能指数はIQ(intelligence quotient)が用いられた。知能指数は

IQ(知能指数)=MA(精神年齢)/CA(生活年齢)×100

で表される。これは，スターン(Stern, L.W., 1912)によって提案され，このスタンフォード・ビネー検査で実際に用いられた。

b. ウェクスラー式知能検査

ニューヨーク大学ベルヴュー病院のウェクスラー(Wechsler, D., 1896-1981)は「ウェクスラー式知能検査」を作成した。最初は「ウェクスラー・ベルヴュー尺度(1938)」として発表された。それ以後，幼児から高齢者までの年齢層に対応できる種々のウェクスラー式知能検査が開発された。

1949年に幼児や児童に適用するWISC(Wechsler Intelligence Scale for Children)が発表され，1950年に成人用のWAIS(Wechsler Adult Intelligence Scale)，1966年に就学前児童を対象としたWPPSI知能診断検査(Wechsler Preschool and Primary Scale of Intelligence)，1979年に幼児・児童用のWISCを改良したWISC-R(Wechsler Intelligence Scale for Children-Revised)が発表された。

ウェクスラー式知能検査は言語性検査と動作性検査からなり，それぞれの項目の結果をプロフィールとして表し，個人の知能の特徴を診断的にとらえることを目的としている。偏差IQを算出することで個人の同一年齢集団内での相対的な発達程度を見ることができる。最近では特に，学習障害などの発達障害の診断などの場面で言語性IQと動作性IQの比較や，各項目のバランスを分析することなどが行われている。

(3) 知能の構造

a. スピアマンの2因子説

スピアマン(Spearman, C.E.)は，1914年に，知能には一般能力と特殊能力の2因子があると提唱した。スピアマン(1927)は，1100人の子どもに，感覚，記憶，運動に関する94種類の検査を行い，各検査の相関をもとにして，因子分析を用いて分析した。その結果から，検査した項目に共通して必要な能力を「一般因子」，それぞれの検査ごとに必要な能力を「特殊因子」と名づけた(図3-1)。

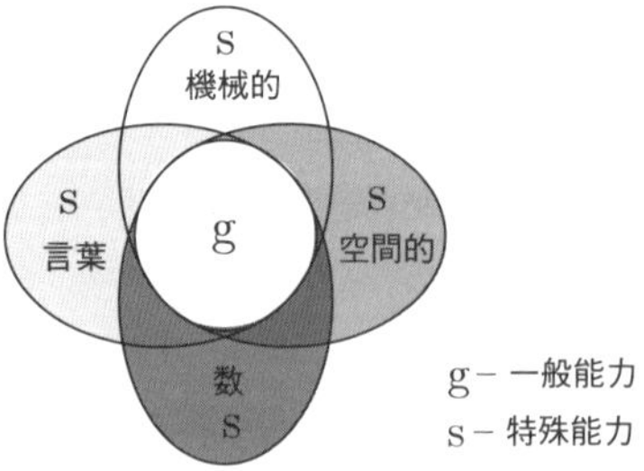

図 3-1　スピアマンの 2 因子説

図 3-2　サーストンの多因子説

b.　サーストンの多因子説

サーストン(Thurstone, L. L., 1938)は，検査を行い，因子分析の結果から 7 因子を基本的精神能力と名づけた。それらは，

・空間能力の因子・・図形を正確に知覚し，比較する能力
・知覚速度の因子・・対象を早く正確に知覚する能力
・数能力の因子・・基本的な計算を早く確実に行う能力
・記憶能力の因子・・基本的な語や数字を記憶する能力
・言語能力の因子・・語の意味や文章理解の能力
・語の流暢さの因子・・同義語を挙げるなどの，語発想の流暢さの能力
・推理の因子・・規則性や原理を見いだし，それを使って問題を解決する能力

である。知能はこの 7 因子の複合体であると考えられている。

c.　ギルフォードの知性構造論

ギルフォード(Guilford, J. P., 1967)は，知能を 3 次元の立方体(120 因子からなるの立体的モデル)にモデル化し，知能因子を抽出するよりも，どのような知的能力が存在するかを確かめようとした。立方体における 3 軸は，それぞれ「操作(OPERATION)」「所産(PRODUCT)」「種類(CONTENT)」と名づけられた。「操作」とは，知的な処理のしかたであり，記憶，認知などを含む 5 つの方法がある。「所産」とは，情報の形式のことで，単位など 6 つの形式があり，「種類」は情報の種類を指し，図的，記号的など 4 つの種類である。このことから，彼は，理論的には 5×6×4=120 の因子が存在すると仮定している。そのそれぞれの因子の仮定を検証する試みがなされてきた。

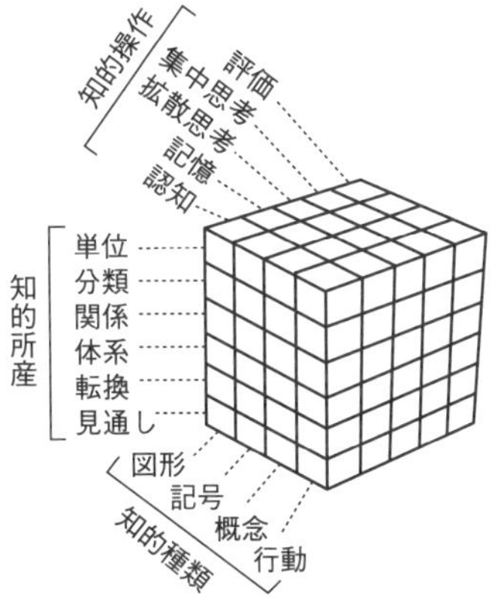

図 3-3　ギルフォードの知性構造論

d. ガードナーの多重知能説

アメリカのガードナー(Gardner, H.)は多重知能というものを提案した。多重知能とは，言語的知能・論理数学的知能・空間的知能・音楽的知能・運動的知能・社会的知能・博物的知能・実存的知能であり，従来の知能テストでは測定できない知能の側面に注目をした。

e. スタンバーグの鼎立理論

スタンバーグ(Sternberg, R. J.)は知能の定義として，「一定の社会的な文脈の中で何かを達成しようとする技術」，「人の生活に関連した現実環境に対する目的的適応，その選択及び形成に向けられた心的活動」を挙げている。

スタンバーグ理論の特徴は，心理測定的なものではなく，より認知的なアプローチであり，実際的な側面について研究し，鼎立(ていりつ)理論(3つの理論の体系)を提案した。その3つは，コンポーネント的／分析的能力の理論，経験的／創造的能力の理論，実際的／文脈的能力の理論であり，その3つのバランスの重要性を指摘した。

コンポーネント理論は，人間の知的行動の背後にある構造と機構を明らかにするもので，帰納・演繹推理能力などを扱う流動性知能の理論と，知識獲得・言語理解能力などを対象とする結晶性知能の理論に分かれている。経験理論は，新しい状況や課題に対処する能力の理論と，情報処理を自動化する能力の理論に二分される。文脈理論は，知的行動が社会文化的文脈によってどのように規定されるかを明らかにするもので，実用的知能の理論と社会的知能の理論からなっている。

f. CHC 理論

キャッテル(Cattell, R. B.)は1963年に一般因子 g を2つに分け，流動性知能(fluid intelligence；Gf)と結晶性知能(crystallized intelligence；Gc)とを提案した(Cattell, 1941, 1963)。流動性知能とは，新しい場面への適応を必要とする際に働く能力，つまり，記憶・計算・図形・推理など空間能力，速度に関係する知能である。また，結晶性知能は，過去の学習経験を適用して得られた判断力や習慣(つまり経験の結果が結晶化されたもの)とされている。

さらに，ホーン(Horn, J. L.)は，流動性知能と結晶性知能に，下位の8因子を置いて，合計10因子を設定した。また，キャロル(Carroll, J. B.)は1993年に知能構造に関する多くの研究のメタ分析を行い，知能が3つの階層構造をなすことを発見し，知能の三層理論を発展させた(Carroll, 2005)。第1層目には，約70項目からなる特殊な能力因子，第2層目には，ホーンの8つの知能因子，さらに，第3層目には，スピアマンが仮定した一般知能因子 g となっている。これらを統合する理論がCHC理論とよばれている(McGrew, 2005)。

知能検査の多くは，CHC理論などに基礎を置いており，それぞれの知能因子が測定できるように作成され，改定が行われている。

(4) 知能テストの教育への利用

以上のように知能テストによる測定と知能の構造の理論が発展してきた。注意しなくてはならないのは，知能テストで測定されるものは，人間の知的能力の一部に過ぎないことである。主として，学校教育に必要な認知能力，また，10代後半にピークを迎えるような認知能力が中心となっている。したがって，人間の知性はもっと広いものであることに留意する必要がある。

一方で，教育の現場では，知能の個人差に対して，そのプロフィルによって，認知能力の個人の傾向を知ることにより，個々の教育に生かすことが行われてきている。

(5) 学力とは

「学力」の概念心理学的な測定の視点からは，「学力」テストで測られる，認知能力をさし，また社会的文脈では，「だれにでも分かち伝えることのできる能力」(中内，1971)とされる。

教育行政においては，平成元年(1989年)の学習指導要領で「新しい学力観」

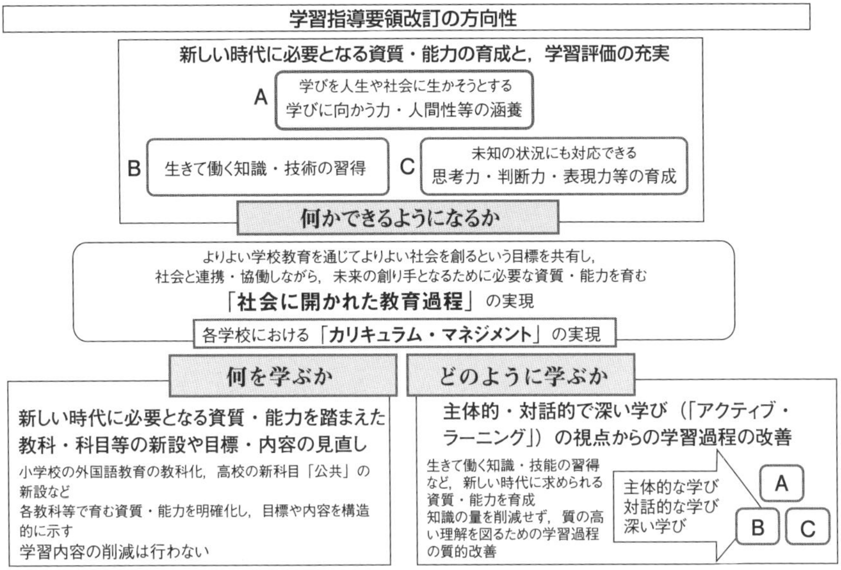

図 3-4　学力の三要素・資質能力の三つの柱（文部科学省，2016 補足資料より）

という考え方が導入された。社会の急速な変化にともなって，子ども一人ひとりがこれからの社会の中で生涯にわたって心豊かに主体的・創造的に生きていくことができる資源・能力を育成することが求められるとされている（文部科学省，2017，2018）。

2007 年の学校教育法の改正により，小学校の教育の学力の三要素として，「生涯にわたり学習する基盤が培われるよう，基礎的な知識及び技能を習得させるとともに，これらを活用して課題を解決するために必要な思考力，判断力，表現力その他の能力をはぐくみ，主体的に学習に取り組む態度を養うこと」（改正学校教育法第 30 条）とされている。高校教育に向けては，高大接続改革答申で，三要素は，基礎的な知識・技能，思考力・判断力・表現力等の能力，主体性・多様性・協働性，とされている。

平成 29，30 年（2017，2018 年）改訂の新学習指導要領では，児童生徒の「何ができるようになるか」という観点を，学力の三要素をふまえて「資質・能力の三つの柱」が示されている。これは，学力の三つの柱とも考えられている。それらは，生きて働く「知識・技能」の習得，思考力・判断力・表現力等，そして，学びに向かう力・人間性等とされている。

そのうちの「何ができるようになるか」は，学力の三要素に対応させ，かつOECDで議論される2030年社会にも対応させて，「資質・能力の三つの柱」としている(図3-4)。

1. 何を理解しているか，何ができるか(生きて働く「知識・技能」の習得)
2. 理解していること・できることをどう使うか(未知の状況にも対応できる「思考力・判断力・表現力等」の育成)
3. どのように社会・世界と関わり，より良い人生を送るか(学びを人生や社会に正かそうとする「学びに向かう力・人間性等」の涵養)

資質・能力には，近年，注目されてきた，コンピテンシーやリテラシー，21世紀型スキルなどの能力や技能・態度だけでなく，知識まで含めて「学力(の三要素)」として概念設定されている。

学力が単に各教科の達成の度合いのみでなく，広く社会に適応し自己実現していくための能力という考え方になってきていることが重要であると考えられる。

3-2　数的思考の発達

(1) 認知発達の理論と数の発達

認知発達の考え方には2つの大きな源流がある。一つはピアジェ(Piaget, J.)の発生的認識論であり，もう一つはヴィゴツキー(Vygotsky, L. S.)の社会文化理論である。

ヴィゴツキーは子どもの発達のパターンを決定づける文化の役割に特に焦点を当てた。ヴィゴツキーは，「子どもの文化的発達におけるあらゆる機能は，どれも二度現れる。まず，社会的レベルにおいて，その後に個人のレベルにおいて現れる。つまり，まず人との間(精神間)に現れ，それから子どもの内面(精神内)に現れる。すべての高次精神機能は，現実の個人間の関係に起源があり，それが精神内機能になっていくと主張した。その間に発達の最近接領域があり，子どもが内面化する以前に大人とのやり取りにより，認知の獲得が起こると考えた。

ピアジェの認知発達理論では，人は発達段階に応じたシェマ(外界を理解する枠組み)を持ち，発達とはより高次のシェマを獲得することだと考えられている。より高次のシェマを獲得すると，認知が質的に変化し新たな発達段階に到達すると考えた。認知の発達を4つに分けることを提唱し，中心的に考えられる数的・論理的な能力の発達段階は以下の4つを考えた。

第1段階は，前数概念の段階である。数えるものの間に一対一対応をつけることができないので，数の概念的な理解ができない段階とされた。第2段階は，直感的，前操作的段階である。数という性質で数えることができるようになるが，おはじきの列が長いとか，列が込んでいるといった，気づきやすい特性に左右されて数による正しい判断ができない段階である。第3段階は，目につきやすい属性に左右されずに数に対する判断ができる段階である。具体的操作によって数概念が定義される段階で具体的操作期とよばれる。数の保存課題が可能になり，足したり，引いたりするという具体的操作で数が変化することが理解される。第4段階は形式的操作期である。if-then の思考で抽象的な思考ができるようになり，代数を使用して考えることができるのもこの段階であると考えられている。

（2）乳幼児期の数能力

1990年代以降の研究では，ヒトは生まれてすぐに算数能力を発揮できることが明らかにされてきた。乳児期に数の判断が可能であることが実験によって知られようになった。

生後5か月の乳児が小さい数の足し算，引き算を行えることを実験によって示された(Wynn，1992)。乳児は話すことはできなくても，興味のあるものをじっと見つめることが知られている。興味のないものには注視時間が短くなるとされている。このことを使って，足し算，引き算の場面を見せて，乳児の注視時間から，乳児が物の数の増減に何らかの興味を示すかどうかが測定された。

図3-5のように，乳児の前に画面を置いて，画面の中で手が伸びてきて人形が1つ置かれる。画面の中についたてが立ち上がり，人形が見えなくなる。そこにまた，手が伸びてきてついたての中にミッキーマウスの人形をもう1つ置く。ついたてが取り払われると，2つの人形が現れる。このとき，足し算どおり2つの人形が現れる状態と，1つの人形が現れるありえない状態と，2つの状態での間で乳児の注視時間が比較された。そこで足し算結果が正しくない場合に統計的に有意に長い注視時間が観測された。2つの人形から1つが取り去られる場面など，いくつかの足し算・引き算の場面が示された。計算として当たり前の場面では，乳児は驚かず，じっと見つめたりしない。計算上ありえない場面ではじっと画面を見つめているということがわかった。ここから5か月

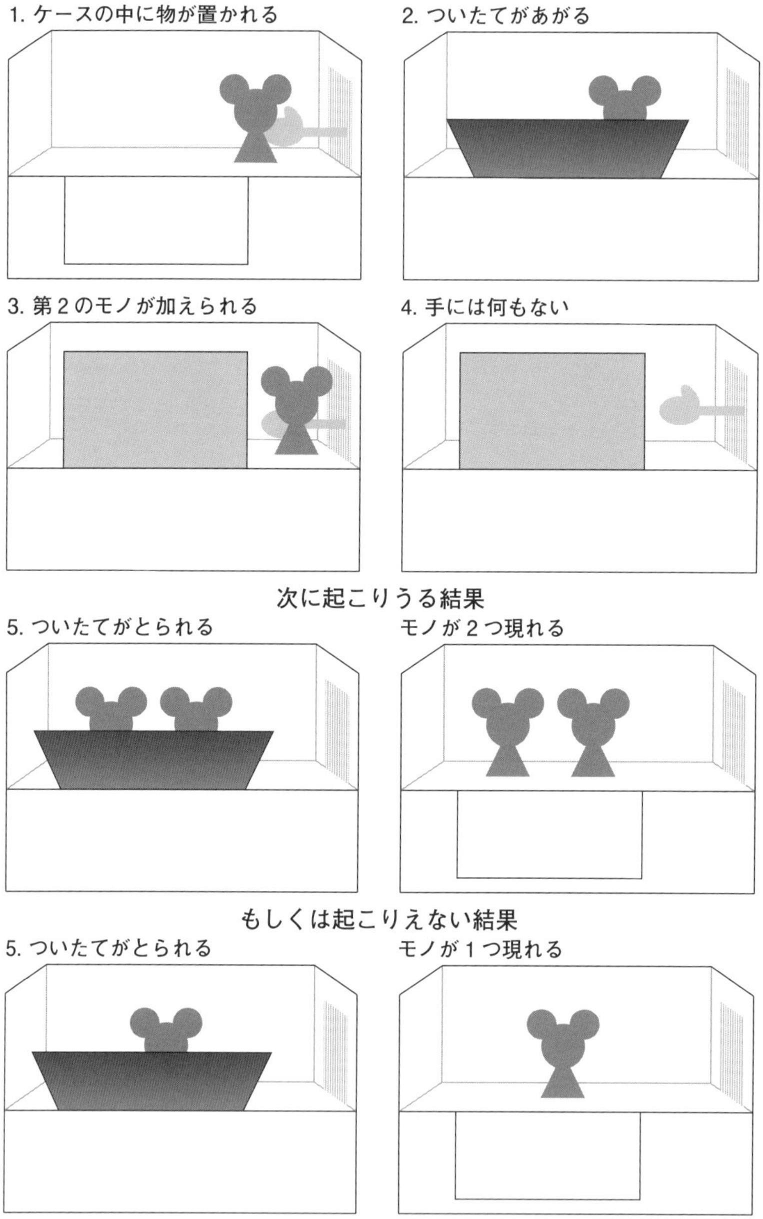

図 3-5　乳幼児の数能力「1+1=1 あるいは 2」の条件の流れ
（Wynn, 1992 より作成）

の乳児が足し算・引き算の能力を持っていると考えられた。

（3）幼児期の数の理解

ゲルマン（Gelman, R.）とガリステル（Gallistel, C. R.）は，2～4歳児の数える行動から，幼児のあやふやに見える数える行動にも原理があることを見出した。幼児の数唱は，ただ，音のまねをしているのではないと考えられる。幼児が数を数え始めたとき，「イチ，ニ，サン，シ，ヨン，ゴ，ナナ，ジュウ，・・」ときちんとした数え方ではない。しかし，大人でも外国語の数唱を覚えるときには似たような状況になる。数の1つずつの名前が正確でなくてもその数唱はシステムがあると考えられる。再度，数えてもらってもその子なりに一貫した数え方になっていることが多い。最初は一貫している部分は少なくても，その子なりの数唱のシステムがある。このように，一定に定まった順序で数えることは**順序安定性の原理**とされた。

ものを数えるときに，指差したりしながら，ひとつのものにひとつの名前を対応させようとすることは**一対一の原理**とよばれる。この対応も始めのうちは，指差しが数に正確に対応していないことが見られる。しかし，やはり部分的には安定した対応が見られる。

ものを数え上げて数え終わったときがその数の大きさになるという**基数性の原理**，いくつかあるものを数えたときにどこから数えても同じになるという「順序無関連の原理」も，早くから獲得されている。また，数はそのもの事態の性質とは切り離して，なんでも数えることができる，いろいろなものを色や形に関連がなく数えることができるという「抽象性の原理」を幼児たちの数唱に見出した。

（4）幼児期の分数の理解

分数は理解の難しい概念だと考えられているが，分数の初歩的な理解は幼児期にも見られる。

数字を使って分数を表すのではなく，図で分数を表すことは記号を使わない分数（non-symboric fraction）とよばれている。

記号を使わない分数の理解についての研究から，3～7歳児において，スポンジでできた円の4分割を使用して4分の1の円と2分の1の円を加えると4分の3の円になるといった演算が可能であることが示された。この課題は，例えば4分の1の円を先に浅い穴にいれ見えなくしてから2分の1の円を加え

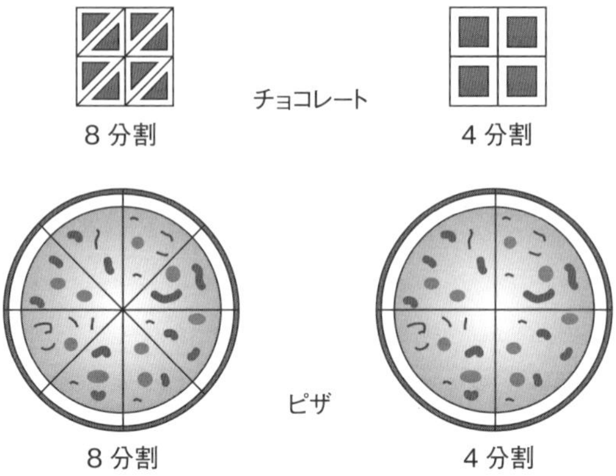

図3-6　ピザ・チョコレートのアナロジー課題
（Singer-Freeman & Goswami, 2001より作成）

て，結果を4つの選択肢つまり1/4，1/2，3/4の円の中から選ばせるという形で行われた。4歳児でほぼ半数の正答ができることが示された（Mix et al., 1999）。さらに円形のピザと四角形のチョコレートという形の違うもの（図3-6）の間でも4分の1や8分の2といった比率を同じだけとることを子どもに求めると，比率を同じにとることができることが明らかになった（Singer-Freeman & Goswami, 2001）。

（5）計算の間違い

幼児期に計算能力の基礎があることが示されてきたが，計算の手続きを獲得していくことやより深い理解を進めていくことには，いろいろな課題がある。

計算問題を解くときには，計算間違いをすることも多い。計算間違いは勘違いやうっかりミスというより，理由がある間違いが多いことが知られている（Brown & Burton, 1979）。

例えば，

$$\begin{array}{r} 25 \\ -17 \\ \hline 12 \end{array}$$

このとき1の位では7－5＝2，10の位では2－1＝1と引く数，引かれる数に関わらず，大きい数から小さい数を引くということが見られる。

$$\begin{array}{r} 25 \\ -17 \\ \hline 10 \end{array}$$

というように上から引けないと0にするという間違いもある。

繰り下がりのみならず計算の誤答はたまたま起きるのではなくてそれを引き起こす原因があるのだと考えられている。つまり，頭の中に計算のプログラミングがあってそのプログラムに誤りを発生させるバグ(虫)とよばれる，プログラムミスがあると考えられている。

そのプログラムを修正しない限り同じような誤答が繰り返される。実際に繰り下がりの引き算できちんと誤りの原因を突き止めて修正しないと，その子どもは何年間も同じような問題で同じ誤答を繰り返すことが調査によって明らかになっている。

また，バグは複合するという傾向もある。もとの数から引く数を引くときに，上から引けないときには0にするバグを持っている子どもは，もとの数と引く数がどちらかに関わらず大きな数から小さな数を引いてしまうバグを持っている可能性があると考えられる。これは，位取りが理解されていない，繰り下がりがわからないという理解の問題を抱えているためにわからない場面で間に合わせのいろいろなバグを使ってしまうことがある。バグの重複を指導者が熟知して，子どもの誤答の背後のバグを見つける必要があるだろう。

(6) 分数の計算の獲得

現在，日本の小学校では2年生から分数の単元が始まる。何年生で分数を導入するかは国によってさまざまで，指導法にも違いがある。分数の理解は幼児期にすでに基礎が見られることを先に述べたが，分数は小学校算数で学習する領域で，理解しにくい領域と考えられている。また，中学以降の数学のいろいろな領域で使われる数学学習の基本領域でもある。

分数の計算の獲得にはいろいろな困難さがあると考えられているが，その一つは，分母と分子の数値を同時に考えることにあるとされている。

吉田・栗山(1991)は分数の大きさがどのように理解されていくか小学3年生から5年生までの3年間について縦断的に研究を行った。

$\frac{3}{5}$，$\frac{1}{5}$，$\frac{4}{5}$ (同分母・異分子)　　$\frac{3}{5}$，$\frac{3}{7}$，$\frac{3}{4}$ (異分母・同分子)

$$\frac{6}{7},\ \frac{2}{5},\ \frac{3}{12}$$（異分母・異分子）

これらの3種のそれぞれで3つの分数の大小を聞いたところ，子どもたちは分子の大きさに関わらず分母が大きい分数を大きいと判断してしまうルールLや，分母の大きさに関わらず分子が小さいほど分数の大きさが大きいと判断してしまうルールSを持っていること場合があることがわかった。

・ルールL

$$\frac{3}{4}<\frac{3}{5}<\frac{3}{7}$$

・ルールS

$$\frac{4}{5}<\frac{3}{5}<\frac{1}{5}$$

3年生の3週間の分数の授業のあとでさらにこれらの誤ったルールの使用頻度が上昇することが観察された。また，学年が進んでもこのような誤りのルールを持ったままの子どもが見られることもわかった。分数でも数値表現と数の大きさの理解が重要である。

自然数では数が大きいほど大きいという当たり前のことが分数では分母においてはまるで逆になっている，2より3が大きいのは当たり前だが，分母が2と3であれば$\frac{1}{2}$より$\frac{1}{3}$は大きくはないということの理解やこれらの分数を使った計算に慣れていくことは簡単ではない。$\frac{1}{2}$と$\frac{1}{3}$の足し算・引き算，そして仮分数・帯分数の計算とさまざまな計算の複雑さが増すたびにこの分数の数値表現と分数の大きさの関係が混乱し，そのたびに分数の数値表現が表す数の大きさを確認しながら計算に習熟していくことが必要になる。計算間違いをしては分数の数値表現と分数の大きさの関係を学習しなおしていくことの繰り返しが分数学習であると見ることができるだろう。

（7）割合の理解

割合（分数）の概念は算数のさまざまな領域で出てくる概念で，濃度，速度，密度，比例，などの形で繰り返して学習される。この濃度や速度など割合の理解にも発達がある。ジュースの濃度でどちらが濃いジュースかを問う課題などを使って，理解の発達が研究されてきた。

例えば，「コップ２杯のジュースとコップ３杯の水を混ぜてできたジュースと，コップ３杯のジュースとコップ３杯の水を混ぜてできたジュースとはどちらが濃いでしょうか，それとも同じ濃さでしょうか」といった問題である。

小学校４年生から中学１年生までの間に以下のような段階があることが明らかにされている(藤村，1997)。

1. 一方の量に着目して判断
2. 一方の量が等しいときに他方の量に着目して判断
3. ２量がそれぞれ倍数関係にある場合に適切に判断
4. 単位量あたりの計算などにより，適切に判断

例えば，「わかくさ丸とあじさい丸はどちらが早いですか？」という問題で２隻の船の進んだ距離とかかった時間は以下のような場合に可能であるかどうかで段階が仮定されている。それぞれの問題の番号は，上の割合の発達段階に対応している。

	わかくさ丸(距離－時間)	**あじさい丸**(距離－時間)
1.	わかくさ丸(54km－3時間)	あじさい丸(42km－3時間)
2.	わかくさ丸(42km－3時間)	あじさい丸(42km－2時間)
3.	わかくさ丸(42km－2時間)	あじさい丸(84km－4時間)
4.	わかくさ丸(84km－4時間)	あじさい丸(66km－3時間)

これらの問題が解けるようになるための，倍数関係の理解から単位あたりの理解へと発達段階を仮定して，小学校高学年でこの単位あたりの理解が成立すると考えられている。

適切な発達段階を把握して問題の構成を見ていくことが必要になる。

(8) 文章題の解決過程

文章題は算数のさまざまな領域に見られる課題である。この文章題を解決する過程については，認知心理学の側面から検討がされてきた(吉田・多鹿，1993)。

Meyer et al(1991)では，児童は「変換過程→統合過程→プラン化過程→実行過程」の順を経て，算数文章題を解決するとされている。

第１段階の変換過程では，問題文を読んで，文章を理解する。第２段階の統合過程ではここの文章の意味からその文章題の全体的な表象を形成する。文の

スキーマと学習者の持っているスキーマを統合して問題状況のメンタルモデルを構成すると考えられている。第3段階のプラン化過程ではそのメンタルモデルに基づき，正解を得るための方略を選択して立式を行う。プラン化過程では方略的知識が必要とされる。方略的知識にはアルゴリズムとヒューリスティクスがある。第4段階は計画過程である。プラン化過程での立式に基づいて計算が行われる。計算には，どのように計算するかの手続き知識が必要になる。

プランを作成するには，2つのタイプの方略がある（Meyer & Hagarty, 1996）。数字やキーワードを手がかりにする直接変換方略と問題状況を理解する問題方略である。「あわせると」や「多いのは」など，キーワードで「＋・－・×・÷」のどれかを選ぶというキーワードのみに着目すると問題全体の構造に気づかない直接変換方略になってしまう。文章題を理解する枠組みとして，部分–全体スキーマを使えないと問題全体の状況を整理できないことが生じる。

これらのことに留意しながら，子どもの認知過程を理解して指導することが必要であろう。

まとめ

- 知能の構造には，スピアマンの2因子説，サーストンの多因子説などがある。
- 新しい学力観が重視されている。
- 認知発達論にはピアジェやヴィゴツキーの理論がある。
- 数的能力は乳幼児期から発達し，さまざまな発達段階を経て形成される。

4章 言語の発達

4−1 聞く・話すの発達

生物のなかで人間だけが持つ特徴として，創造的な言語使用がある。言語の習得過程も人間に特有のプロセスである。このプロセスは人間の持つ高度な認知能力と社会的学習能力によって可能になると考えられる。この章では，まず生後1年の間に完了する音韻システムの習得を取り上げ，人間が先天的に持つ認知能力と言語習得の関係について考えたい。その次に，音韻システムの習得とは対照的に，生後1年半くらいから生涯に渡り継続する語彙の習得プロセスを概観し，それを支える社会的な学習能力とは何かを検討しよう。さらに話す力の発達について，とくに一語文から二語文を使って話す時期に焦点を当てながら，文法的機能語と感情語彙の習得に見られる発達的変化を概観することにしたい。

（1）音を聞く力の発達

世界の言語には600の子音と200の母音が存在するといわれている。しかしその中で，それぞれの言語は40ほどの音素とよばれる，音声の単位を用いている。音素の組み合わせで単語ができるので，大抵の場合，その音素の組み合わせによって異なる意味を伝えることができる。そのため乳児は単語の学習をする以前に，単語を構成する音素を学習する必要がある。言語によってどのような音声が音素となるかは異なっている。例えば，英語では /r/ と /l/ はそれぞれ1つの音素として機能するため，*read* という単語と *lead* という単語は区別される。対照的に，日本語では /r/ と /l/ を区別しない。日本人の英語学習者にとって，英語の /r/ と /l/ を正しく発音したり，聞き取ったりすることが難しいのは，日本語と英語の音素の単位が異なるためである。

ここでは乳児を対象とした標準的な音韻知覚実験の手法である**選好振り向き**

法(the head-turn conditioning procedure)を用いた実験を紹介したい。生後1年間足らずで，母語の音韻体系の学習の臨界期が終わるという仮説の妥当性を支持する調査結果が出されている。より具体的には，6か月から12か月の間に，乳児にとって母語の音韻識別が以前より容易になる一方で非母語の音韻識別が困難となるという仮説が検証されている。

この調査の対象は，英語を母語とするアメリカ在住の乳児と，日本語を母語とする東京在住の乳児であった(Kuhl et al., 2006)。それぞれ6か月から8か月までのグループと，10か月から12か月までのグループに分かれており，グループ間の差異から，1歳になる前の半年間の変化を検証することが目的であった。「選好振り向き法」の手続きは，条件づけから始まる。母親の膝の上に座った乳児は，一方のスピーカーから /r/ の音を聞かされる。その後もう一方のスピーカーから /l/ の音が聞こえてくる。音が変わると，子どもの視線の先にあるおもちゃが動き出し，音をたてる。子どもはこのおもちゃの動きや音に関心を示す。スピーカーから聞こえてくる音が変化すると，おもちゃが動き出すということを乳児が学習できれば，条件づけはうまくいったといえる。その後，実験条件として，異なる2つの音を聞いて音の変化が認識できる条件と，同じ音を2回聞いて音の変化が認識できない条件がそれぞれ30試行ずつランダムな順番に実施され，乳児がおもちゃに目をやるかどうかとそれぞれの条件の間の関係が調べられた。

実験の結果，生後6か月から8か月の間は，日本語を母語とする乳児も，英語を母語とする乳児も，英語の /r/ と /l/ の弁別が同程度にできていたことがわかった。さらに，生後10か月から12か月になると，英語を母語とする乳児は /r/ と /l/ を弁別する能力が高まり，逆に日本語を母語とする乳児はこれら2つの音素を弁別する力が低下していた。このことは，母語の音韻体系の獲得の臨界期が生後10か月くらいまでであること，そしてその時期に母語の音韻の基礎を習得した乳児にとって，それ以降の母語の音韻体系の習得が容易になること，逆に，音韻体系の学習を臨界期にしなかった非母語の音韻の弁別は，臨界期を過ぎると困難になるということを示唆している。つまり，臨界期に母語の音韻体系の基礎を習得すると，それがその後の非母語の音韻体系の習得を邪魔するということになる。

乳児が生後10か月くらいまでの間に母語の音素を学習するメカニズムとはどのようなものなのだろうか。これまでの研究によると，乳児は耳にする周囲の大人の会話の中から，頻繁に耳にする音とそうでない音を区別して，高い頻度で耳にする音を音素として学習すると考えられている。このように入力の頻度が学習の成立の有無を決定するような学習は，**統計的学習**（statistical learning）とよばれている。統計的学習は，環境の中に繰り返し現れる構造パターンを認識し学習する際に用いられる一般的な能力と考えられている。乳児の音韻体系の習得に見られるように，言語習得でも重要な役割を果たしている。

ここで生物の学習プロセスを外界の特定の刺激に対する脳の反応の結果もたらされる変化として捉えてみよう。生物の脳は発達的に変化を遂げるが，どの時期に，どのような刺激に対して最も効果的に反応するか，すなわち特定の学習が最も効果的に行われるかが決まっていると考えられている。つまり，脳の発達において，ある特定の時期に特定の刺激の入力がなければ，生物にとって期待される学習が起こり得ないということになる。

特定の刺激をもとに，生物の脳が最も効果的に学習を遂げる時期は**臨界期**（critical period）とよばれている。臨界期をはずしてしまうと，同じ刺激を与えても，学習の成立は難しいということが予測される。人間の場合，乳児期の母語の音韻の学習がこのような臨界期の学習である（Kuhl et al., 2005）。乳児は母語と非母語の音韻を弁別する能力を1歳前に獲得し，この時期が音韻学習の臨界期と考えられている。そして生後10か月くらいまでの臨界期を過ぎてしまうと，母語として音韻体系を学習することが困難となる。このような臨界期の学習は，**敏感期**（sensitive period）の学習と区別されている。敏感期は，脳が特に環境からの入力に影響を受けやすい時期とされ，臨界期よりも長期に渡る学習を可能にすると考えられている。

言語習得における臨界期については，大きく2つの見方がある。一つは，発達的成熟による制約として臨界期を捉える見方である。例えば，母語習得には脳の両半球の可塑性が不可欠であるため，それが終了する思春期までに母語を習得することができなかった場合，標準的な母語習得は生涯不可能であると考えられている。この考え方は，第二言語習得研究に応用され，生後すぐに二言語環境で育つ同時バイリンガル児と，外国語として第二言語を学習する継時バイリンガル児の言語能力の差を説明するのに用いられている。

もう一つは，臨界期を成熟による制約と捉えるのではなく，その時期に入力された刺激によるその後の学習への制約として捉えるという見方である（Kuhl, 2005）。日本語を母語として育つ乳児は，1歳前に日本語の音韻体系を学習する。そしてそれはその後，乳児が日本語の音韻体系のパターンに合った刺激を学習する素地となる。逆に，日本語の音韻体系を乳児期に学習した子どもにとって，例えば英語の子音である /l/ と /r/ のような，日本語にはない音素の獲得は，その学習を促進する素地がないため，困難となると予測される。

(2) 聞いて意味を理解する力の発達

これまで見てきたように，乳児は母語の学習の初期段階で，母語の音素を学習し，やがて音韻体系を習得する。語彙は母語の音素の組み合わせで認識できるので，音素の学習は語彙をひとつの単位として認識することも可能にする。例えば，英語の right と light は別の語彙であるという認識ができるのは，/r/ と /l/ の音素を区別できるからである。

しかしこの2つの語彙が別物であるという認識と，それぞれの語彙が何を指すかを認識することはまったく異なるプロセスが関わっている。ある1つの音素の組み合わせである語彙が何かを指しているという認識がまず必要となる。さらにはそれぞれの語彙(音の組み合わせ)が別のものを指しているという認識も必要である。その上で，各語彙(音素の組み合わせ)が何を指すかを特定することになる。このように，刺激の入力頻度に依存する音素の学習と異なり，語彙の意味の学習には，学習者側の理論的な思考，あるいは推論が重要な役割を果たすと考えられる。また，語彙の意味の学習は，入力の頻度がそれほど高くなくても可能である。この点も音素の学習と異なっている。

これまでの研究によると，乳児が語彙とそれが指し示すもの(指示対象)を正しく結び付けられるようになるのは生後12か月以降である。それ以前には，乳児は物の見た目や自分の関心にそって，語彙音声と指示対象を勝手に結び付けてしまう傾向があるが，1歳の誕生日を迎えるころから，正しい語彙の意味学習，すなわち語意学習が可能になる。

1歳の誕生日前後を境に語彙学習ができるようになるのには理由がある。この時期に乳児の社会的学習能力に大きな変化が起こるからである。生後9か月から12か月にかけて，乳児は対話の相手と対話の話題となっているものの両方に注意を向けることができるようになり，会話の相手と注意の対象を共有することができるようになる。例えば，母親がりんごを指して，りんごと子どもを見ながら「これはりんごよ」と子どもに言ったとする。それを聞いている子どもは，生後9か月を過ぎると，母親の視線の先にりんごと自分があるということを理解し，さらに母親は自分にりんごに注意を向けてほしいという意図を持っているということも推測できるようになるのである。このように対話の相手と注意の対象を共有することができる能力を**共同注意**とよんでいる。この共同注意の獲得によって，生後12か月ごろから，乳児は対話の相手の視線の動き，指差し，発声などを介して，相手が自分に注意を向けてほしいものは何かを理解することができるようになる。対話の相手が発した語彙の音声と，それが指すものを視線や指差しなどを通して結びつけることも，この共同注意によって可能になるのである。生後18か月くらいになると，視線や指差し以外にも，対話の相手の声に表れる感情などを含めたさまざまな社会的な手がかりを使って，相手の意図した対象と語彙音声を結びつけることができるようになる。そして乳児の社会的学習力が高まるのに比例して，日々の語彙獲得の数が増え，生後18か月から24か月くらいまでの間にそれ以前と比べて急激に日々の獲得語彙数が増える**語彙爆発**(vocabulary explosion, word spurt)とよばれる時期を迎えるのである。語彙爆発の時期には，子どもは多ければ1日に9つの新しい語彙を獲得するといわれている。

子どもの語彙学習のプロセスは，そもそも環境において母親の語りかけという社会的な刺激に注意を向けることがなければ，統計的学習の能力があっても，言語習得は困難になることを示唆している。言語習得には周囲の大人の言語の入力が必要であることは疑う余地はないが，人間の言葉という社会的な刺激に選択的に注意を向けるという社会認知能力がなければ，刺激だけが存在しても学習にはつながらないということである。人間の場合，そのような社会的学習を可能にする社会的認知能力を生得的に持っていると想定しなければ，言語習得のメカニズムを説明することができないということだろう。

(3) 話す力の発達

乳児が最初の言葉(初語)を発するのは，生後10か月くらいからである。初語として使われる言葉の例としてこれまでに挙げられているのは，「まんま」「ママ」「ワンワン」「はい」などといった語彙である(小椋，2017)。1歳ごろ，単語を1つだけ使って話をする時期があり，「一語文」の時期とよばれている。1歳半くらいから，2つの単語を結びつけて使用する「二語文」の時期が始まる。2つの単語を使って表現するためには，単語と単語を結びつけるルール，すなわち文構造の理解が不可欠である。そのため，二語文で話をする子どもには，初歩的な文構造の理解が始まっていると考えられる。1歳半から2歳までの間に現れる二語文は，「これ　ウサギ」のように「これ」という表現と物の名前の組み合わせが最も多く，「フミちゃん　帰った」のように，行為者と行為の組み合わせがそれに続くようだ。

二語文が話せるようになると，文の法則性(文法)の理解が始まり，助詞や助動詞のように，文法的機能を持つ「機能語」の習得が始まる。小椋ら(2016)の報告によると，格助詞の「の」（パパの），「と」（お母さんと），「が」（お母さんが），「に」（お外に)や，文末助詞の「ね」（きれいね），「よ」（あついよ)などは１歳後半から２歳前半と早い時期から使われる(小椋・綿巻・稲葉，2016)。同じ格助詞でも，「を」（パンを)や「へ」（公園へ)などは３歳ごろまで使われず，比較的習得時期が遅いこともわかっている。

助動詞の習得時期は助詞より遅いが，２歳から３歳初頭に使われるようになる。習得時期が比較的早く，２歳前半で使われるようになるのは，「～る」「～た」「～てる」「～たい」と否定の「ない」などである。２歳半くらいで使われるようになるのは「～よう」や断定の「だ」，「～たかった」「～じゃない」などである。さらに２歳後半になると「～れる」「～られる」といった受動や可能の表現が習得される。そして３歳初頭には使役の表現である「～させる」が使われるようになる。このように子どもは３歳くらいになると，基本的な文法機能を表す表現が使えるようになり，会話における文の使用が質的にも量的にも多くなる。

この時期の話す力の発達のもう一つの特徴は，２歳の後半くらいから，基本的な感情を表す言葉を使い始めることである。２歳から３歳の子どもは感情を表す語彙をどのように会話の中で使うのだろうか。女児１名，男児１名の母子

表 4-1　日本語を母語とする子どもの肯定的・否定的感情語彙の使用時期(初出)

肯定的感情語彙

	うれしい	おかしい	おもしろい	好き	すごい	大丈夫	楽しい	良い
女児	2歳1か月	2歳1か月	2歳0か月	2歳0か月	2歳0か月	2歳0か月	2歳0か月	2歳0か月
男児	2歳0か月	2歳0か月	2歳0か月	2歳0か月	2歳0か月	2歳0か月	2歳0か月	2歳0か月

否定的感情語彙

	怒る	悲しい	かわいそう	困る	こわい	寂しい	恥ずかしい	びっくりする
女児	2歳0か月	3歳0か月	3歳1か月	2歳0か月	2歳0か月	3歳0か月	2歳0か月	2歳0か月
男児	2歳0か月	2歳0か月	3歳0か月	2歳0か月	2歳0か月	3歳0か月	2歳0か月	2歳0か月

会話をデータとした調査の結果を見てみよう(松井，2014)。この調査で用いられたデータは，子どもの2歳の誕生日から6週間と3歳の誕生日から6週間，週5日間に渡って母親と子どもとの自然な会話をビデオ録画し，書き起こしたものである。肯定的感情の語彙として「うれしい」「おかしい」「おもしろい」「好き」「すごい」「大丈夫」「楽しい」「良い」を，否定的感情の語彙として「怒る」「悲しい」「かわいそう」「苦しい」「困る」「こわい」「寂しい」「残念」「つまらない」「恥ずかしい」「びっくりする」「悪い」を選択し，これら20の語彙を子どもが会話の中でどのように使用しているかを分析している。

肯定的感情と否定的感情を表す語彙を子どもが初めて使った時期を調べたところは表4-1のとおりである。いずれも2歳の誕生日から6週間と3歳の誕生日から6週間の間に子どもが初めて使った時期を記載している。否定的感情語彙の中で「苦しい」「つまらない」は2人とも使っておらず，「残念」と「悪い」は1人しか使っていなかったため，表には記載していない。

2人の子どもが感情語彙を文脈的に的確に使っているかどうかを確認するために，感情語彙を含む子ども発話を前後の母親の発話をいくつか見てみよう。

・**女児　「おもしろい」**(2歳0か月)

母：何が始まるかな？
子：おもしろいね。
母：おもしろいかな？
(「お話」(一寸法師)がテレビで始まるときの会話)

・**女児　「だいじょうぶ」**(2歳0か月)

子：くくちゃん，だいじょうぶ？
母：どうしたの？
(女児が籠を持ってきてそれを「くくちゃん」にぶつけてしまったときの会話)

・**男児　「怒る」**(2歳0か月)

母：とんとん　しない。
子：怒ってるね。
母：どんどん　したら　怒っちゃう。
(夕食中，男児がテーブルをたたいたのを母親に注意されたときの会話)

・**男児　「恥ずかしい」**（2歳0か月）

子：はだかんぼう　はずかしいね。

母：はだかんぼう　はずかしいね。

（男児が着替えているときの会話）

・**女児　「びっくりする」**（2歳1か月）

子：びっくりしちゃった，びっくり。

母：びっくりしちゃったか？

（シールを貼っている時に大きな飛行機が現れて女児がびっくりしたときの会話）

・**女児　「寂しい」**（3歳0か月）

子：いや，くまちゃん見たい，わーん。

母：終わっちゃった。

子：やだ，寂しいよ，わーん。

（女児が折り紙で遊んでいるうちに「くまちゃん」の出るテレビ番組が終わってしまい，女児が泣いているときの会話）

・**男児　「かわいそう」**（3歳0か月）

子：かわいそう？

母：かわいそうだよ，パチンてしたら。

（弟の近くで男児が手をパチンとたたいた後の会話）

実際の感情語彙の使用を会話の文脈と照らし合わせて見ると，子どもが文脈に合わせて正しく感情語彙を使っていることが確認できる。

日本人の子どもの感情語彙の使用を，英語を母語とする子どもの感情語彙の使用に関する先行研究（Wellman, Harris, Banerjee, & Sinclair, 1995）と比較すると，2歳の時点で喜びを中心とした肯定的感情の語彙を使い始める点と，怒りやおそれについて話を始める点が，両言語に共通することがわかっている。否定的感情のひとつである寂しさについて話をするのが3歳以降であるという点も英語の場合と同じである。

子どもが2歳でも使える感情の語彙がある一方で，3歳にならなければ使えない語彙もあるという点はどのように説明できるだろうか。感情を個人的なものと社会的なものに分けて捉えると説明しやすいかもしれない（Widen &

Russell, 2010)。一般的に，社会的な感情は個人的な感情に遅れて理解が始まる傾向があるようだ。個人的な感情というのは，他者を介さなくても生まれる感情である。対照的に，社会的な感情とは，自分と他者との関係性に起因するものである。社会的な感情にどのような感情を含めるかは意見が分かれるところであるが，「怒り」「恐れ」「悲しみ」「喜び」「驚き」「嫌悪」といった基礎レベルの感情は含めないことが多い。幼児期に発達する社会的な感情には，「恥ずかしい」「かわいそう」「うらやましい」などが含まれると考えられる。これらの言葉が共通して会話の中で3歳以降に使われることは，このころに社会的関係に基づいた感情の理解が始まることを示唆しているといえるだろう。

4-2　読み書きの発達

「読むこと」や「読んでわかること」，そして「書くこと」について，私たちは一見矛盾した信念を持っているようだ。例えば，「読解力」をキーワードにしたハウツー本がたくさん出版されていることからは，多くの人が読解力は意図的なトレーニングで身につけるものだと考えていることがわかる。一方で，読む力は自然に身につくものだという信念も持っているようだ。教師であっても「国語は教えようがない」「たくさん本を読むしかない」と言う人も少なくない。読む力は学習するべきスキルなのか，それとも，自然と体得されるワザなのか。どちらの信念をより強く持つかによって，学習方法や教授方法も異なるだろう。

こうした信念の背景には「読み書き」の発達の多様な姿が関連していると考えられる。読み書きには「自然にできるようになった」(ように見える)側面も少なくない。一方で，意図的な教授学習が読み書きの力の育成に重要であることは多くの研究から示されている。本節では，読み書きの発達を概観しながら，読み書きの指導のポイントを考えてみよう。

(1)「読み」の発達

「読んでわかる」というのは，「文字を見て頭の中にそれを再現することができる」こと，と定義できる。「りんご」という文字を見たら，皆さんの頭の中には(そのようにしようと意識しなくても)りんごが再現されているだろう。これが「読んでわかる」ということなのだ。このように頭の中に再現されたもののことを，心理学では**表象**とよぶ。つまり，「読んでわかる」というのは「表象がつくられること」だといえる。では，子どもたちはどのように読んで表象をつくるのだろう。

就学前に文字を読めるようになる子どもが多いが，読むことの学習の初期においては，文字を「読む」ことと「表象がつくられる」ことの間に大きなギャップがある。例えば，おにぎりが大好きなあやこちゃんに，保育園の給食メニューに「おにぎり」と書いてあるのを見せると，まず「おーにーぎーりー」と読み，それから「おにぎり！おにぎりだ！」と喜ぶ。はじめの「おーにーぎーりー」では，あやこちゃんの頭に表象はつくられていない。文字を音に変換しただけである。その音があらわす言葉から，「ああ，“おにぎり”だ！」と表象がつくられたので「うれしい！」という反応が生まれたのである。この時期は，文字を音に変えることにワーキングメモリ（2章参照）が使われているので，表象をつくるのに使えるリソースが限定されてしまう。したがって，読みの発達の初期に大事なことは，まず，文字を音に変える作業が自動的にできるようになることだと言ってよい（Stanovich, 1990）。文字を見たら自動的に音にできるようになることで，そのさきの表象をつくることにリソースを使えるようになるのである。

こうした音への変換スキルは，基本的には繰り返し文字と音を関連づけることによって身につけられるが，個人差が大きく，繰り返し音読練習をすればすべての子どもが「スラスラ読める」ようになるというわけではない。特に，**読み書き障害**を持つ子どもはこの変換をスムーズに行うことが生まれつき困難である。その場合，繰り返し音読をするという活動はその子どもにとってできないことを強要されるだけで意味がない（12章を参照）。視力の弱い人に遠くのものを示して「頑張ってよく見て！」というくらい乱暴なことである。視力の弱い人にメガネが必要なように，読み書き障害を持つ子どもにもその子の困難にあった手法でのトレーニングや代替的な手段の利用が必要なのだ。

また，小さい子どもに無理やり音読を強いても，文字に対する拒否感が強くなるだけで読みの発達にとっては逆効果であることも知られている。子どもが「あっ“まりこ”の“ま”だ！」と文字に興味を持つようになるまで，一緒に絵本を楽しむ活動を通して子どもが「文字を読む」ことに興味を持つのを待つことが重要である。

では，文字から音への変換がスラスラできるようになれば，「読解力がある」と言えるかというと，残念ながらそれだけでは不十分である。RAND Reading Study Group（2002）は，「小学校3年生の“よい読み手”がそのまま熟達した読み手になるわけではない」と指摘している。小学校低学年までの読む力は音への変換がスムーズにできるかどうかに大きな影響を受けるけれども，成長に伴い，それ以外の力の影響が増してくるからである(Cain et al., 2004)。子どもたちは，より長くより複雑な文章を読むようになり，新しい知識を身につけるために，知らないことについて読んで理解することも必要になる。このとき表象をつくるためには，ただ音にするだけでは不十分なのだ。

そこで必要になるのが，**読解方略**である。読解方略とは，理解を促進するための行動や思考で，いわば「読み方の工夫」である。読解方略は古くからたくさん提案されてきた。プレスリーとアフェラーバッハ(Pressley & Afflerbach, 1995)は，読んでいるときに実際に考えていることを口に出して報告してもらい，読む前から読んだ後にかけてさまざまな読解方略があることを示した(表4-2)。さまざまな読解方略を用いて，積極的に文章に働きかけて表象をつくっ

表4-2　読解方略の例(Pressley & Afflerbach, 1995 をもとに筆者が作成)

段階	具体的内容の例
読む前	●テキストを読む目的を明確にする ●全体をざっと読んでテキストの長さや重要そうなところを大まかに把握する ●トピックや著者に関して知っていることを思い出す
読んでいる途中	●予想を立ててそれがあっているか確認する ●繰り返して覚えようとする ●読む目的に関連する情報を探して読む ●線をひいたりして重要なところを目立たせる ●代名詞が何を指しているか考える ●欠けている情報を補う ●筆者の意図や背景を考える ●全体像を把握しようとする ●パーツごとの関連性を考える ●わかりやすく言い換える ●図などに表して視覚化する ●具体例を考える
読んだ後	●読み直す ●よく覚えられるように書き直す ●テキスト内容を箇条書きにする ●要約を書く ●自分自身の理解をテストしてみる ●仮説的な条件のもとでテキストの内容を再検討する ●後で使えるように復習する

ていることがわかる。

中学生になると，こうした方略はますます重要になる。多様で複雑な文章を読んで理解するためには，それぞれの**ジャンル**に合わせた方略とそれを適切に使いこなすことが必要である。説明文を読むための方略と物語文を読むための方略は大きく異なるから，物語を読むように説明文を読んでもなかなかうまく読めない。方略そのものだけでなく，どの文章でどの方略を用いるとよいのか，読み手自身が判断できるようになるとよりよく「読んでわかる」ことができるようになる。

では，こうした方略はどのように身につけられるのだろうか。学校の授業で意図的に教えられているのかというと，これまでのところ，学校での**明示的指導**があまり行われていないという指摘が多い(例えば Pressley et al, 1998)。特に，生徒たちに「どのように方略を身につけたか」と質問すると「誰からも教わっていない」という回答も多く，ごく限定的な方略しか学校では教えられていないという現状が示唆されている(犬塚・椿本，2014)。

また，児童・生徒たちが自分から授業外で多くの本を読み，その中で自然と方略を身につけていくのにも限界がありそうだ。文部科学省が公表している「子供の読書活動の推進等に関する調査研究(平成 29 年)」からは，小学生から高校生へと学年が上がるにつれて読書量が減少傾向にあることがわかる。量だけでなく，読む本のジャンルも限定されていく傾向があり，物語や趣味に関する本は読まれる一方で自然科学や社会科学に関する本が読まれにくくなっている(文部科学省，2017)。したがって，方略を身につけたり洗練させたりしていく必要のある発達段階において，積極的に多様な本を読むという生徒は必ずしも多くないと考えられる。こうした現状において，多くの学習者が「自然と方略を身につける」ことは期待できない。方略をきちんと指導することが必要だろう。

では，方略を「きちんと」教えるというのは，どういうことだろうか。方略の明示的指導の原則としては，「役に立つ道具であることを知らせること」と「練習の機会を十分に与える」ことが重要である。「役に立つ道具であることを知らせる」ためには，まず，「このような場合に有効な読み方は・・・」とはっきり方略を提示したり，「うーん。この文章は難しいな。どこが難しいかっていうと・・・」と教師自身が読み手としてどのような方略を用いているかのお手本を明示することが効果的だ。しかし，それだけでは児童・生徒が自分で方略を使うようにはなれない。そこで「この文章を読むときにはどんな読み方をする必要があるかな」「○○さんは読むのが得意だね，どんなことを意識して読んだらいいかな」と必要な方略を考えさせたり，実際に方略を使いながら読んでみる練習が必要になる。また，練習の際に，児童・生徒が方略を使ったことを褒めたり，アドバイスしたりすることも有効である。テストの成績や問題の正解不正解といったアウトプットでしか読解の評価がされないことが多いが，読み方というプロセスに注目した評価をすることで，「よりよい読み方を身につける」ことが教育目標となっていることが児童・生徒によりよく伝わる。何より，褒められた行動をもっと実行しようとするのが人間の「学習」原理なのだから，プロセスに注目し，よりよい方略使用を褒めることは有効だろう。

(2)「書き」の発達

書くことに関する研究は，多くの場合読むことと切り離して行われてきた。しかし，実際には「読み」と「書き」には密接な関係があるはずだ。読むことを通して「文字とはどのようなものか」「文章とはどのようなものか」を知り，それを自分で生み出すというのが書くプロセスだと言えるからだ。

ひらがなが読めるようになった子どもの多くは「書く」ことを始める。就学前にひらがなを書けるようになる子どもも多いが(島村・三神，1994)，文字が書けるようになるためには，さまざまな能力が必要である。読みに関わるさまざまな知識やスキル(単語の表し方のルール，言語のスキルなど)のほか，運動面の能力も重要である。姿勢のコントロール，指先を独立に動かす能力，手と目の協応などは代表的な運動面の能力である。こうした運筆に必要なスキルは**前書字技能**ともよばれている。幼稚園などで文字を書くトレーニングをする際には，いきなり文字を書かせるのではなく，直線や曲線をなぞる課題からスタートすることが多いが，これはそうした「前書字技能」の習得を目指すものだといえるだろう。

前節で「読み書き障害」に触れたが，特に「書き」に障害が大きい場合は，運動面で大きな困難を持つ場合が多いことが知られている。「読み」に関わる困難と「書き」に関わる困難は多様であり，読み書きに困難を持つ子どもによって大きな個人差がある。また，**鏡文字**(「つ」が「⊂」になるような反転した文字)は読み書き障害を持つ子どもに多く見られるが，書くことの発達の初期には読み書き障害を持たない多くの子どもにもみられる典型的な現象である。文字が読めない，書けない，ひらがなを間違えやすい，という児童・生徒

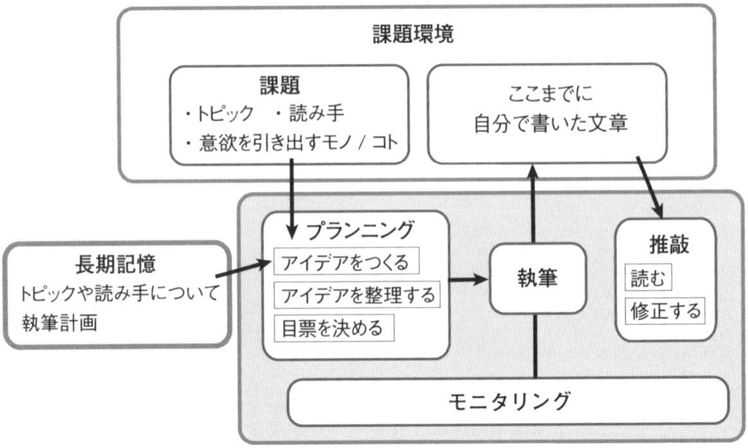

図 4-1　作文のプロセス(Hayes & Flower, 1980 をもとに作成)

に対して，すぐに単純なトレーニングを課すのではなく，その児童・生徒の特性をよく観察し，その児童・生徒に話を聞きながら，一人ひとりに合ったやり方を検討することが重要だろう。

さて，文字を書けるようになれば，文章も書けるようになるだろうか。読みの場合と同様，文字を書けるようになっても文章が書けるとは限らない。文章を書くというと**執筆**しているところを想像するが，ヘイズとフラワー(Hayes & Flower, 1980)は，書く前に目標を設定したり，アイデアを生み出したり，どのように書くかを考える**プランニング**や，書いた後に自分が書いた文章を読み直し編集する**推敲**の活動があることをモデルに示した(図 4-1)。この 3 つの活動を繰り返していくことで文章が生成されていくのである。文字を書くことは，整理したアイデアを文字にすることに必要な能力だが，適切な目標設定をしたり構成を検討したりするには「文字が書ける」以外のスキルが必要になる。

したがって，うまく文章を書く場合にも，適切な方略を身につける必要がある。ベライターとスカルダマリア(Bereiter & Scardamaria, 1987)は，小学校 6 年生と大人の書き手を比較して，どのように文章を書いているかを調べた。すると，「プランニング」と「推敲」に大きな違いがみられた。書き始める前に注目すると，小学生は，すぐにテーマについて思いついたことをどんどん書き連ねていったが，大人は，15 分以上「どんな読み手か」「目的は？」「構成をどうするか」と考え，いくつかのアイデアをメモしてそれを文章にしていく，というやり方をしていた。推敲では，小学生が表面的な修正しかしないのに対して，大人は目的に合った文章になっているか，全体の構成や内容を吟味し，本質的な修正をする傾向があった。

ベライターたちは，小学生などの初心者の書き方を**知識語り方略**とよび，大人の熟達者の**知識構成方略**と区別をしている。初心者があまり「プランニング」や「推敲」をせずに「執筆」を続けているのに比べ，熟達者はこれらを行ったり来たりするような方略を用いているといえる。

どうすれば「知識構成方略」を使えるようになるだろうか。具体的に書き始める「前」と書いた「後」にどうすればよいか指導することで，よりよい文章が書けるようになることが研究から示されている。特に「プランニング」に焦点を当てた研究は多く，例えば，書き始める前に「準備書き」をすることの有効性が知られている(Kellogg, 1993)。子どもによっては「下書きはいつもしてるよ」と言うかもしれないが，その「下書き」が文章全体の構成を考えるものになっているかどうかが重要である。例えば，説明文を書くときには，階層的な概念図を描くことで，因果関係が整理されたよりよい文章になることを示す研究(岩男, 2001)などがあるが，単に思いついたことを羅列するような準備書きではあまり効果がない。必要なのは，全体に目を向けさせ，書く目的に合った内容や構成になっているかを振り返らせるための方法を指導することだといえる。

(3) より高度な「読み書き」へ

より「高度」な読み書きを考えるときにまず重要なのが，文章のジャンルである。物語文を読むときの方略と論説文を読むときの方略は大きく違うため，その違いを意識しないと有効な読み書きの方略が身につきにくくなると考えられる。また，文章のジャンルごとの目的の違いや書き方の違いに注目することで，有効な読みの方略を身につけ，書くときのプランニングに役立つ知識が得られるだろう。例えば，意見文であれば「文章や段落の冒頭に注目して読む」「結果を示す接続詞に注目する」という方略が有効になるし，書くときには「主張を示してその説明を後に続ける」というプランニングができるようになるだろう。

また，近年重視されている教育的課題として，より多様な題材を批判的に読み書きする力の育成が挙げられる。例えば，OECD による生徒の国際学力調査(通称 PISA)では，複数の文章の良さを比較したり，書いてある情報をもとに推論することが「読解力」として位置づけられている。また，文章だけでなく図やグラフ，イラストなどを含めた**非線形テキスト**を読んで理解することも「読解力」とされている。このように，より多様な題材を「読む」こと，そしてその内容に基づいて考えることが「読解力」として重視されるようになってきたのである。また，インターネットを使って「誰もが発信できる」現代においては，書いてある内容が正しいという保証のない題材を読み，その妥当性を判断し意思決定に役立てる**批判的読解**も生きる力として欠かすことができない。教育の中で，どのような「読み書きの力」を高めていくことが必要か，子どもたち一人ひとりの発達に応じて適切な課題や目標を設定することが，教師の大切な役割である。

まとめ

- 言葉の音を聞く力は，生後 10 か月までに習得される。
- 言葉の意味の学習は，生後 12 か月ごろから始まる。
- 生後 18 か月くらいに「二語文」を使って話すことができるようになる。
- 2 歳半くらいになると，自分の感情を表現できるようになる。
- 「文字」を読める／書けるからといって，「文章」を読める／書けるわけではない。
- 題材や目的に応じた方略の明示的指導が必要である。
- 読み書き障害をもつ子どもには，単純なトレーニングを課しても効果は小さいので，特性にあった訓練や代替的手段の利用が必要である。

5章　運動の発達

5-1　子どもの発育

(1) 子どもの成長と発達

人間は，誕生してから大人になるまでに，単純な状態から少しずつ複雑な状態になっていく。子どもの発達には，身体の発育とさまざまな能力の発達がある。身体の量的な増大は，**成長**とよばれ，体が育つことを指す。**発達**とは心臓や肺のような身体の機能の成熟を意味する。加えて，精神面，情緒面，社会性の面等の能力の成熟もあり，それらが互いに刺激し合い，関連し合いながら発達していく。つまり「発達」とは，心を中心として身体の構造や機能が育つことを指し，「成長」と「発達」を統合したものが**発育**である。

子どもの発育期は，新生児期(出生後の4週間)，乳児期(生後1か月から1年)，幼児期(小学校入学まで)，児童期(小学校在学期間)，青年期(中学校入学から青年になるまで，あるいは身長の伸びが止まるまで)に区分することができる。

乳幼児期から青年期は，常に成長し，発達しているところにその特徴があり，一般的な原理や原則が存在している。特に身体的な成長が著しい幼児期・学童期には，その基礎がつくられる。それは，子どもの身のまわりの環境の中でなされ，身体行動を通した心理的及び社会的実体験を繰り返していくことで青年期を迎えていくことになる。

青年期には，運動的な発達が遂げられ，大人になる基礎が整う。成人期，高齢期には，身体的な成長は停滞していくが，精神的には変化し続け，熟していくことになり，人は心身ともに発達する存在だといえる。

(2) 発育・発達に関する理論

先述の通り，発育・発達には一般的な原理や原則がある。代表的なものを以下に挙げる。

a. 個 人 差

現代では，人の発達を考える際には，遺伝的要因及び環境的要因が重視される。身体の機能的な発展だけでなく，人としての円熟や知性の発達等も加味し，生涯に渡っての発達だと捉えられる。それは決して右肩上がりに成長し続けるということではなく，一時的な停滞や表面的には逆行に見えることもある。つまり，発達とは生きていく一生の間を通した連続的な変化である。この進行は決して一定ではなく人それぞれ異なる。これを「個人差」という。個人差が生じる要因としては，遺伝的なもの，性差，その人の周りの環境などがある。

b. 発達の順序性

個人差が存在するにせよ，発育・発達は段階を踏んで行われるという原則があり，発達は一定の順序で進行する。ウィニック(1992)は，健常児の運動発達の順序について，0～1 歳の間には「背から横に転がる」「背から腹に転がる」「這いずる」「両手両足の姿勢をとる」「人差し指と親指でつかむ」，1～2 歳の間には，「一人で立つ」「一人で歩く」「横に歩く」「後ろに歩く」「まっすぐの姿勢から投げる」の順で発達することを示している。

c. 発達の方向性

新生児は運動的には未熟な段階で生まれるが，正常な発達の場合は一定の方向性をもって進む。まず，「頭部から尾部への発達」，そして「中心から末梢への発達」のような大きな方向性である。「頭部から尾部への発達」は，主に姿勢と移動の発達に関するもので，頭，肩，腕，腰，足の方向へ，身体の上部から下部に運動の発達が進むことを表す。「中心から末梢への発達」は，手足の運動に関する発達の方向性を示すものであり，中心部に近い肩や股から，肘，膝，手首，手のひら，指先へと運動の発達が進む。また，「全体から部分へ」「両側から片側へ」「粗大から微細筋へ」という方向性も認められる。これらは，内部的な成熟の進行により運動の準備性が整い，環境からの刺激に反応しながら自然に獲得すると考えられており，練習によって身につく性質とは違う。

d. 発達の連続性

人が生まれてから人生を歩む中で，絶えることなく発達し続けることを「発達の連続性」という。表面的には停滞しているように見えても，身体や精神はいつでも変化し続けている。こうした連続性や順序性は存在するものの，進み

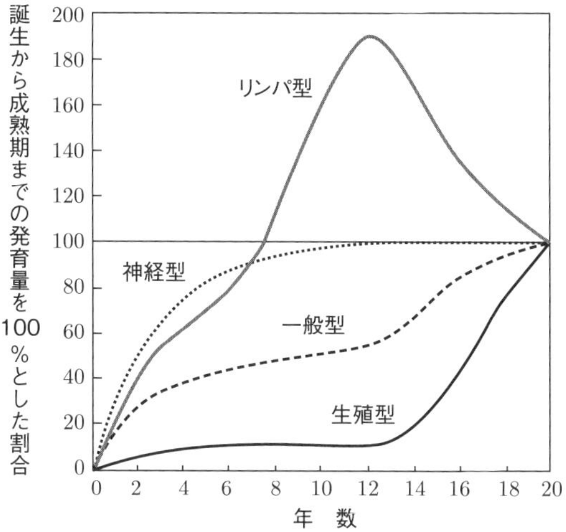

図 5-1　スキャモンの発達曲線(Scammon, 1930)

方は一定ではない。乳幼児期は，**第一次発育急進期**とよばれ，短い時間に著しい発達が見られる。また，思春期には，**第二次発育急進期**とよばれ，急速な発育が見られる。児童期から思春期の時期は，筋力が大きく発達する時期である。

身体内の器官の発達は年齢によって個々それぞれに発育する。これを示しているのが，スキャモンの発育・発達曲線である(図 5-1)。これは，20 歳時の身体各部・器官の重量を 100 として，20 歳に至るまでの各年齢期のその重量の割合を示したものである。

身長や体重の発育及び臓器の重量の発達を示す一般型発達期(頭径を除く全身の計測値，呼吸器，消化器，腎，心大動脈，脾，筋全体，骨全体，血液量)では，乳幼児時期後に大きく発達するが，その後緩やかになり，青年期に再び大きくなる。

生殖器発達期(睾丸，卵巣，副睾丸，子宮，前立腺など)を見ると，思春期になると第二次性徴が出現し，女子は 9 歳，男子は 11 歳頃から始まる。この時期の身長は年間で 10cm 前後増加し，男性ホルモンや女性ホルモン等の性ホルモンの分泌も多くなる。

免疫力を高めるリンパ組織(胸腫，リンパ節，同質性リンパ組織)は，13 歳頃に大人のレベルを大きく超えてピークを迎えて，その後少しずつ大人の数値に戻っていく。

神経系統(脳，脊髄，視覚器，頭径)は，生まれた直後から 4，5 歳頃までの間に約 80%に成長し，12 歳になるまでには約 100%近くに達する。この時期は，さまざまな神経回路が形成されることから，この時期までにさまざまな運動経験をさせる必要がある。神経系は，その経路ができ上がると消えることはあまりない。神経回路に刺激を与え，多種多様な動きを経験させることで回路を幾重にも張り巡らせることが大切である。

述べてきたように，発達とは，「分化と統合が繰り返されて進展し，相互作用をもって特定の方向に向かう変化である」といえる。「発達の分化・統合」とは，初めは一つの受精卵であった細胞が，時間の経過とともに各器官に分化していき，機能的にも分業体制を取りつつ最終的には一つの完成したものとして相互的に整合性がとれた統合を成し遂げることである。発達がどのような要因から影響を受けて起こるのかを考えてみると，遺伝的要因による成熟と環境的要因による学習との相互作用によって起こるといえる。

5-2 乳児期の運動発達

(1) 乳児期の運動発達の特徴

運動行動が変化していく過程を**運動発達**という。心的・知的等，精神的に行動が変化していく過程を**精神発達**という。ここでは，乳児期の運動発達について概観していく。

運動発達にはそれぞれの時期において，特徴がみられる。誕生して 4 週間までの新生児期においては，不随意的，反射的な運動が見られる。例えば，歩行反射(自動歩行)や非対称性緊張性頸反射のような原始反射である。歩行反射とは，新生児を手で支えて立たせると下肢を交互に動かすことを指す。非対称性緊張性頸反射は，新生児を仰向けで寝かせ，体を動かさずに頭だけ左に回すと，左の上下肢は伸展し，右の上下肢は屈曲するような反射である。こうした運動は，次第に消滅していき，生後 1 か月から 1 歳までの乳児期には自らの意思を伴う**随意運動**が出現して発達していくようになる。随意運動には，3 つの要素が存在する。まず，多くの感覚器からの情報が脳に送られる。その情報をもとにして脳で運動が計画され，神経を通じて筋肉に命令が行く。そして，筋肉の働きで骨が動き，運動がおこる。また，随意運動の種類には，握る，つかむ，持つ，指差しする，投げる，転がすなどの「手や腕に関する運動」，立つ，歩行する，走る，跳ぶ，跳ねる，座る，蹴るなどの「足や腰に関する運動」，うなずく，視線を動かす，噛む，飲むなどの「顔や首に関する運動」などがあり，それらの運動は，「感覚器の働き」「脳・神経の働き」「筋肉と骨の働き」の3つの要素の発達が揃い，互いに作用することで可能となる。

(2) 姿勢運動，移動運動の発達

人は，生後約1年で歩行が可能になるため，出生後の1年間，つまり乳児期は，歩行運動を可能にするための準備期間であるといえる。4か月から6か月頃には不随意的，反射的な運動が消失し，随意運動が中心になる。この時期は，運動コントロールを自己の意識をもって行うようになるためである。乳児期の子どもは，まずは姿勢運動を獲得していくようになる。姿勢運動は頭部，座位，立位へと発達していく。首がすわる(3〜4か月)状態は，頭を自分の力でコントロールできることを意味する。うつ伏せから首の座り，ねがえり(5〜6か月)，やがて指示をされての座位，そして支持なしで座れるようになる(7〜8か月)。そして，次第に意思や欲求を伴い環境に働きかけるようになっていく。身体運動として，自己の身体を何かに近づけたり遠ざけたりする**移動運動**や身体で直接的にも間接的にも対象物に働きかける**操作運動**が生じ始める。はいはい(7〜9か月)，つかまり立ち(8〜10か月)，ひとり立ち(12〜15か月)，ひとり歩き(12〜18か月)といった運動が獲得されていく。

このような姿勢の変化や運動の発達は，**歩行運動**ができるようになるための過程である。歩行運動の獲得過程は，両足交互にタイミングよく動かすことができるようになる過程であり，運動の分化が統合されて，協応した運動になっていくことを表している。

(3) 操作運動の発達

操作運動の中には，物をつかむという運動がある。物をつかむ**把握運動**は，**不随意運動**としても**把握反射**として胎児の頃から備わっている。不随意運動としての把握反射は，屈指運動で4〜6か月，把握運動で約6か月のうちに消失するといわれている。その後，随意的な把握運動として習得されていく(森，2011)。例えば，16週目では物に触れない乳児が，20〜28週目に「触れる」「握る」，32週目に「手のひらで握る」，36週目に「指でつかむ」，52週目に「指でつまむ」という発達の段階がある。また，把握運動は，物をつかむために手を伸ばす運動が必要であり，対象物に手を伸ばす運動は，目と手の協応関

係によって形成される。初めは触覚刺激(対象物に手を触れる)から誘発されるが，その後視覚刺激によって誘発されるようになる。この過程を経て，随意的な把握運動に発達していく(臼井，1968)。随意性の運動になると，肩や上腕の大筋群から手関節，指の微細筋の運動へと進み，手掌で握ることから物を持つ位置が指先に移動し，同時に尺側(小指の側)から橈側(親指の側)へと移行，最後に示指(人差指)と拇指(親指)の先に至るという特徴がある(臼井，2011)。

5-3　幼児期の運動発達

(1) 幼児期の運動発達の特徴

成長に伴い次第に意思や欲求を伴った運動が増加する。1歳前後で歩行が可能になった後，2歳までの1年間は歩行運動から発達する運動の発達の時期である。歩き始めたころはぎこちなかった歩行運動は1年ほどかけて動きが洗練される。2歳ごろにはほぼ歩行の型が整い，それと同時に走ることや両足揃えての跳躍ができるようになる。基本的な動作(立つ，歩く，つかむ等)を獲得すると，走る，跳ぶ，投げる，蹴る，ころがるなど，複雑な動作も身につけられるようになっていく。幼稚園に入園する3〜4歳という年齢は，非常に多様な動きを習得し，運動能力が著しく発達する時期にあたる。この時期に習得した動きを遊びの中で繰り返すことによって5〜6歳には個々の動きが洗練化され，やがて身のこなしが巧みになってさまざまな運動のコントロールができるようになり，小学校入学前にはひととおりの運動の基本が身につくとされている。走り方でいえば，はじめはぎこちない走り方であっても，徐々に歩幅が広がり，腕の振りがスムーズになり，体の角度が前傾していくといった変化がある。宮丸(1975)は，2歳から6歳の幼児の疾走活動を，6つのパターンで示した(図5-2)。同じ動きでも，滑らかさ，正確さが増してスムーズな動きになっていくといった質的な変容が見られる。

(2) 基礎的運動パターンの獲得と幼児期の運動発達

幼児期は，走・投・跳等の基礎的な運動パターンを獲得する時期である。これらは随意運動であり，自発的な運動を通して習得されていく(森，2011)。この基礎的な運動パターンは，杉原(2000)の整理によると，「たつ」「ねる」「まわる」「ころがる」「のる」「ぶらさがる」「体をふる」「バランスをとる」などの「姿勢制御運動」，「あるく」「はしる」「とぶ」「はう」「すべる」「のぼる」

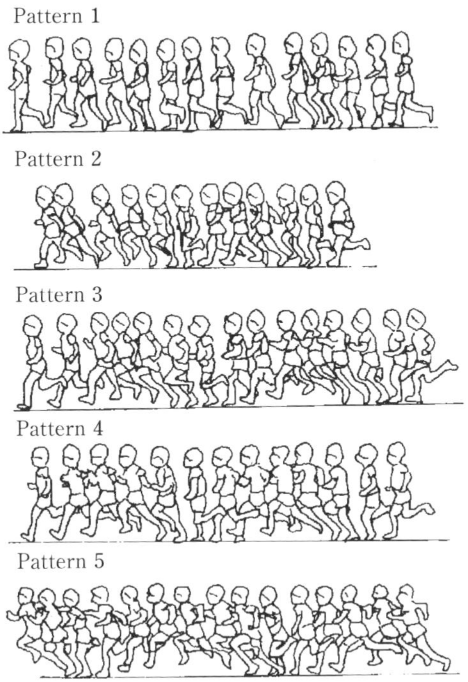

図 5-2　2歳から6歳の幼児の疾走活動（宮丸，1975）

「はいる」「スキップする」などの「移動運動」，「うつ」「ける」「なげる」「うける」「まわす」「ふる」「ひく」「おす」などの「操作運動」からなる。また，ガラヒュー(Gallahue, 1999)は，発達的な視点から運動分類し，「運動発達の段階とステージ」（図 5-3）に表した。

この整理では，人間の運動は胎児期から1歳ごろまでは「反射的な運動の段階」，3歳ごろまでは「初歩的な運動の段階」，10歳ごろまでは「基礎的運動の段階」，10歳以降は「専門的な運動の段階」という段階を踏みながら発達するとされている。

このように，幼児期は基礎的な運動パターンを身につけながら洗練されていく段階である。さまざまな動きを身につけていくことで，子どもの生活や遊びの世界は大きく広がっていく。ケンケン，スキップのような動作が可能になり，器械器具を使った運動遊びも可能になる。神経系の発達が10歳ごろまでに行われることと考え合わせると，この時期に多様な運動に取り組み，日常の

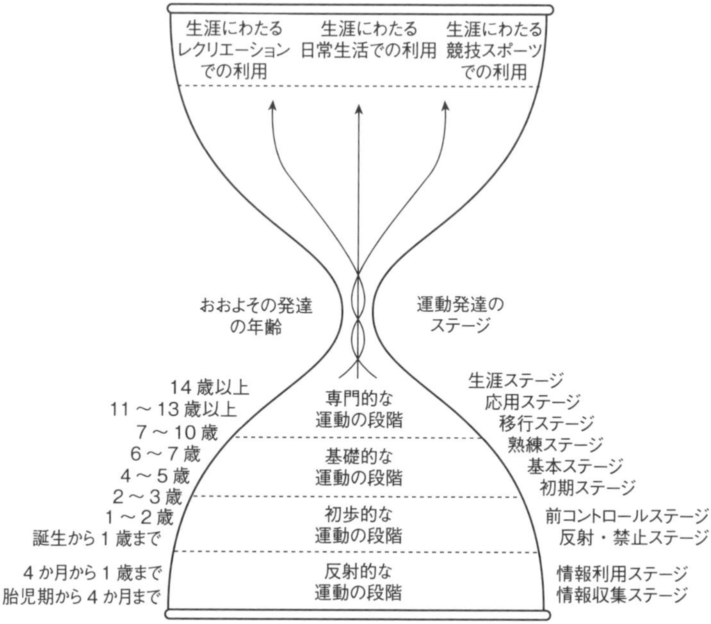

図 5-3　運動発達の段階とステージ（Gallahue, 1999）

生活，学校生活や体育の学習の場などを通して運動感覚を身につけていくことが大切だといえる。

（3）幼児期の運動発達に関する課題

以上のように，幼児期では歩行の獲得をもとにして身体各部の協応による複雑な全身運動が可能になっていく。全身運動の発達に伴い，活動範囲も広がっていく。自分ができないことを他の子がやっているのも見て刺激を受けたり，周囲からやることを促されたり，大人の助けを得ながらやってみる経験を重ねたりするなど，社会的な動機づけが与えられることによって運動能力の発達が促されていく。こうしたことからも，運動を伴う遊びは幼児期の子どもにとって大切であるといえる。

ところが 2012 年に文部科学省が策定した幼児期運動指針によると，現代の幼児期の子どもたちの身体活動や運動について「活発にからだを動かす遊びが減っている」「からだの操作が未熟な幼児が増えている」「自発的な運動の機会

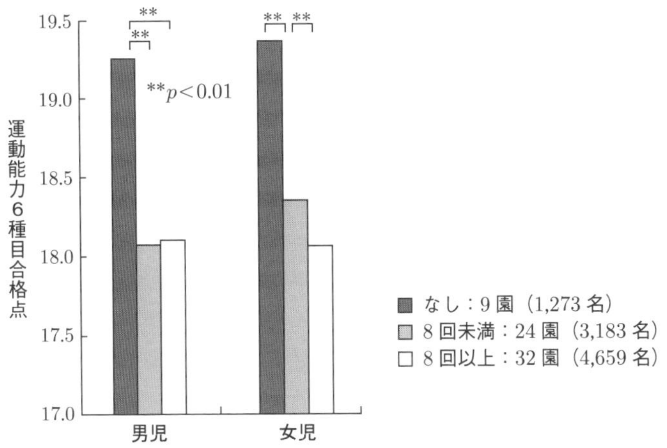

図 5-4　幼稚園での 1 か月あたりの運動指導頻度による運動能力の比較（杉原ら，2010）

が減っている」「からだを動かす機会が少なくなっている」の 4 点を問題として挙げている。幼児期には，積極的に身体活動を行う機会を意図的に実施し，基礎的な運動パターンが習得され，洗練されていく運動経験をさせていく必要があるといえる。しかしその際に，留意していくこととして示唆を得られる研究がある。

杉原ら(2010)は，「幼児の運動能力と運動指導ならびに性格との関係」について調査した。幼児の保育時間における運動頻度(なし，8 回未満，8 回以上)と運動能力(運動能力 6 種目合計点)の関係では，「なし」の園が，「8 回未満，8 回以上」の園よりも高い結果であった(図 5-4)。杉原らの報告では，運動の機会を設定している園の多くが体操，器械運動，球技といった運動が繰り返し行われており，これが，基礎的運動パターンを引き出したり，発展的に多様な動きに発展させたりすることに貢献していなかった可能性が指摘されている。また，運動指導を行うにしても，遊び要素の高い運動遊びを行っている幼稚園ほど，運動能力が高い結果になることも報告されている。以上のことから，幼児期の運動の発達を促すためには，自己決定による遊びを中心とした内容がよく，幼児がやりたいと思うような自発性を伴う運動遊びを十分に経験させることを保障することが大切である。

5-4　児童期の運動発達

（1）児童期の運動発達の特徴

児童期のからだの発達は，乳児期及び青年期のはじめと比較すると，それほど急激とはいえないが着実な成長の時期である。10～12歳は，身長，体重，胸囲においては，女子の方が男子よりも早めに成長することが特徴である。また，個人差も大いにみられる。

また，児童期のからだの発達の特徴として「発達加速現象」があげられる。これは，身長，体重などの身体の成長及び精通初経などの成熟の指標が低年齢化している現象である。現代においては発達加速度が低下しているという報告もあるが，こうした発達の変化は好ましい結果をもたらしているばかりではない。肥満児，痩身児の増大，背骨の側湾症の問題を引き起こす一因ともいえる。過度にならない栄養摂取と適度な運動習慣が必要である。

（2）運動技能の発達

9～10歳の時期を**ゴールデンエイジ**という。神経系の発達がこの時期に100％に近づく。その全段階であるプレ・ゴールデンエイジ(5～8歳)の時期から急激に発達が始まっていくので，外遊びなどで神経の発達を促す活動が必要とされる。激しい運動でなくとも，程よい運動をして栄養を十分に取ることが望まれる。

この時期に当たる児童期は，運動の発達が著しい時期である。日常生活やスポーツ活動の中で行っている身体的動作を「運動技能」とよぶが，その構造は

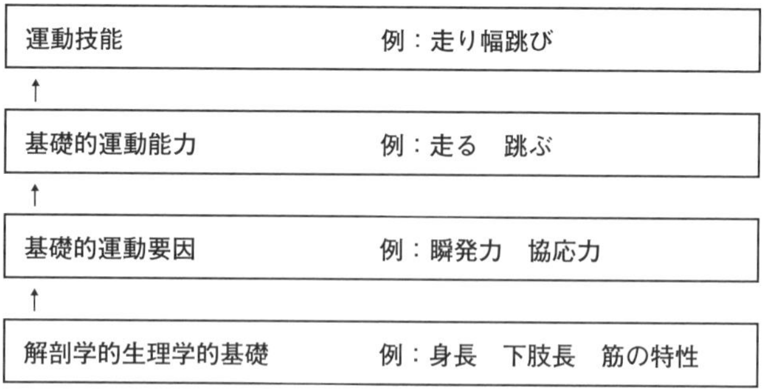

図5-5　運動技能の構造(市村・海野，1974)

図5-5に示される(市村・海野，1974)。下のものが基礎となって上位のものが身につく関係になっている。上位のものほど，練習，学習で形成される程度が高いとされる。基礎的運動能力や基礎的運動要因に優れていることが運動技能に優れていることではないが，高度の運動技能を習得する潜在可能性を持っているといえる(高野・横島・新井・高橋，1977)。

幼児期に習得されて洗練されてきた基礎的運動パターンは，児童期に身体的な発育と運動経験の広がりが作用し，「跳ぶ」動作が「走り幅跳びへ」，「投げる」という動作がバスケットボールのパスやシュートへというスポーツの技術に洗練され向上していく。「専門的な運動の段階」(Gallahue，1999)へと移行する時期といえる。

こうした運動技能は，運動学習や練習で獲得されていく。この時期は早期から固定したスポーツを行うのではなく，幼児期と同じようにできるだけ多くの運動，スポーツを経験させることが大事である。学校体育における小学校体育科学習指導要領(文部科学省，2017)でも，各領域において運動遊びから始め，ボール・ゲーム領域では，易しいゲーム，簡易化されたゲームを行うように示されている。

(3) 児童期の運動発達に関する課題

児童期の運動発達は，身体活動のパターンである走る，跳ぶ，投げるといった動きが含まれる遊びの中で行われている。加えて，学校における体育の学習においてもその獲得が期待される。以前に比べると外遊びをしなくなっている子どもにとっては，体育の学習はその機会として重要である。なお，この時期の子どもは運動能力が未分化であるため，局部的な特殊技能を伸ばすことよりも，全身的で総合的で多様な動きづくりと動きを高めていく活動が望ましい。

また，近年は栄養状態の改善から発育・発達加速化現象が見られる。これは，身長・体重等の発育は加速されて，最高レベル発現年齢が若くなっていることを示す。一方で，スポーツ庁が実施している体力・運動能力テストの結果は，1980年代をピークに低下現象にある。その意味でも，児童期の子どもたちに運動習慣を身につけていく指導の重要性が指摘されている。一方で，早期からの過度な運動経験によるスポーツ障害を引き起こすことも危惧されるため，児童期は固定したスポーツではなく，できるだけ多くの運動を経験させていく配慮が必要である。

5-5　青年期の運動発達

(1)青年期の運動発達の特徴

青年期は，身体の顕著な成長，成熟が始まる時期である男子は体毛の発生，声変わり，女子は初経，乳房の発達などが見られ，**第二次性徴**とよばれる。こうした身体の変化は，「自分自身が変わってきている」という自我の発見ともつながる。身体の変化が心に大きな影響を及ぼすことがこの時期の特徴である。

運動発達との関連でいえば，身体の変化が筋肉に与える影響がある。女子は8歳頃からホルモンバランスが崩れ始める。女性ホルモンは，筋肉の緊張を低下させ，これにより子宮筋，腹部筋群が弛緩して胎児を育てることが可能になる。男性ホルモンは蛋白同化作用を促進して筋繊維の肥大の状況をつくる。これにより，女性は丸みを帯びたからだつきになり，男性は筋肉質になっていく。特定の箇所に発育発達のエネルギーが集中することから，体格は急増するが筋力や調整力がついていけないようなアンバランスが生じることがある。

身体の機能的な面である運動能力については，一般的に男子は17～18歳ころにピークに達する。以降，年齢を増すごとに徐々に下降していく。女子は，15歳前後でピークを迎え，以降停滞下降していく。体力のピークと体格の完成期を比較すると，男女ともに3年前後体力のピークの方が早い。

こうした青年期の特徴は，女子固有の発達は男子より早く出現するように，男女差が著しいことにある。また，身体の変化が心に与える影響が大きく，今までの自分とは違った自分を感じることが多くなり，その変化に戸惑うこともある。子どもの頃は外の世界に目が向いていたことに対して，自分の内面のような内側に向いていき，自我の発見をしていく時期といえる。

(2)青年期の運動技能

運動の段階と発達段階の関係を見ていくと，乳児期は反射的運動の段階，幼児期は初歩的運動の段階から基本的運動の段階，児童期はスポーツに関連する運動の段階といえる(鈴木，1994)。段階的に見ると，児童期には基本動作が発達する。その後青年期になると，特殊な運動技能の段階になる。この時期は，専門的な運動技能を獲得できるようになる。特に，スポーツの技能を身につけていく上で青年期は適時期である。

ここで，運動技能について触れておく。杉原(2003)は，**運動技能**と**運動技術**

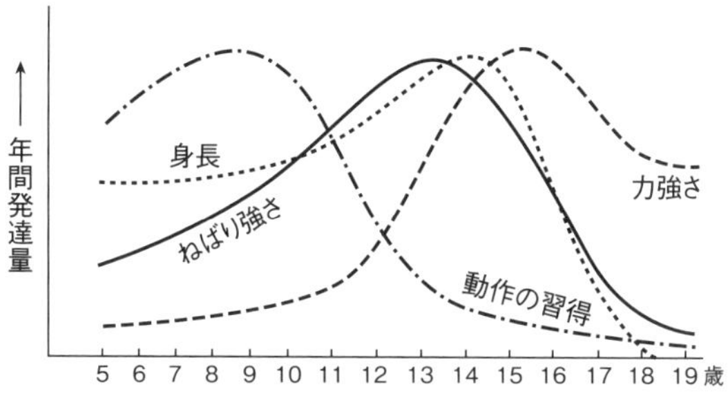

図 5-6　発育・発達のパターン（宮下，1980）

は混同して使われることが多いが，はっきりと区別して理解することが重要だと述べている。「運動技術」とは，特定の運動課題を効果的に遂行するための合理的かつ効率的運動の実施方法のことである。運動技術は，創意工夫や用具の開発，研究成果によって進歩発展するものである。運動技術は，人類が創り上げてきた知識や文化であり，「わかる」という形で習得できる。理解した技術が「できる」という形で習得された能力が「運動技能」である。運動技能には個人差があり，変容するものである。運動技術を練習で身につける過程が運動学習であり，その結果として身についた能力が運動技能である。運動能力を身につけていく上で，どうやったらその運動がうまくできるかという運動技術をしっかりとおさえて目標を立て，効率的に練習を重ねながらその能力を伸ばしていくことが，運動学習の際には大切である。

また，身体運動を行うための身体的能力を「体力」という。体力は，「防衛体力」と「行動体力」に区分される。また，「行動体力」には，筋力，持久力，柔軟性など骨格や骨格筋，呼吸，循環系に関わる「エネルギー的体力」と，平衡性・協働性など，脳や神経系の機能を表す「サイバネティックス体力」に分けられる。ねばり強さや力強さはエネルギー体力，巧緻性はサイバネティックス体力である。宮下（1980）は，5歳から19歳までの発育・発達における「巧みさ」「ねばり強さ」「力強さ」の年間発達量のパターンを示した（図5-6）。「ねばり強さ」は中学校期，「力強さは」高等学校期にピークを迎える。「巧みさ」のピークは小学校期になる。青年期の初期は，身長が伸び，呼吸・循環機能が著しく発達する。運動を継続できるような経験をして「ねばり強さ」の能力を伸ばしていくことが望まれる。また，青年期の後期には，筋肉が肥大し，骨格の発育が完成に向かうため，力強さの向上を目指した運動も効果

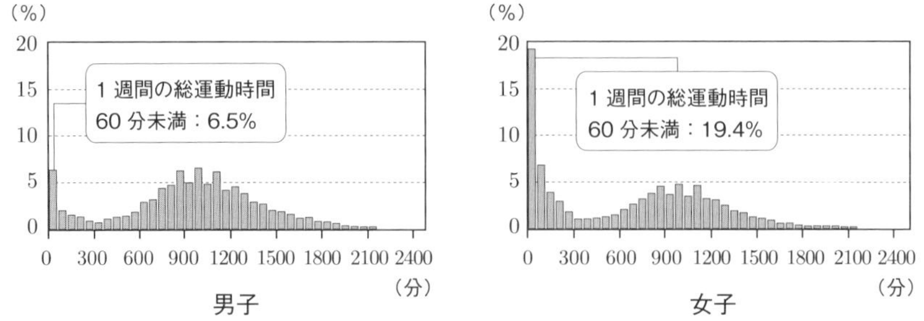

図 5-7　1 週間の運動時間の分布(中学 2 年生)(スポーツ庁，2018)

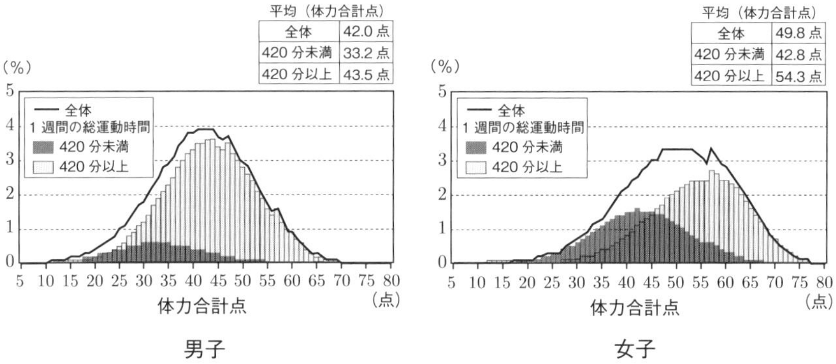

図 5-8　1 週間の総運動時間と体力合計点との関連(中学 2 年生)(スポーツ庁，2018)

的である。一方で，過度な運動は怪我や故障の原因になることや個人差の存在を考慮した上での技能習得を目指しながら，生涯にわたって親しめるスポーツを選んでいけるようにしていくことが必要である。

(3) 青年期の運動発達に関する課題

平成 29 年度スポーツ庁全国体力・運動能力，運動習慣等調査によると，中学 2 年生において，保健体育の授業を除く 1 週間の総運動時間は，60 分未満の割合は男子 6.5%，女子 19.4%であった(図 5-7)。また，体力合計点と比較すると，図 5-8 で示すように，1 週間で 420 分以上運動している生徒のグループは，1 週間で 420 分未満のグループより体力合計点の平均値が高かった(スポーツ庁，2018)。

1980 年代をピークに青年期の体力低下が進んでいる。この結果からも青年期の運動時間が少ないことが伺える。一方で，スポーツのキャリア形成においては，パフォーマンスの絶頂期の多くは青年期，成人期に達成される(中本，2011)。青年期の運動離れは，運動の発達の面においても大きな課題といえる。

まとめ

- ●子どもの発達期はいくつかに区分することができ，乳幼児期から青年期は常に成長し，発達している。
- ●発育，発達には「個人差」「順序性」「方向性」「連続性」等の原理や原則がある。
- ●乳児期の運動発達の特徴は，不随的，反射的な運動と，随意的な運動がある。随意運動には，「感覚器の働き」「脳・神経の働き」「筋肉と骨の働き」の3つの要素が存在する。
- ●幼児期の運動発達の特徴は，成長に伴って意思や欲求を伴った運動が増加していく。同じ動きであっても次第に滑らかさや，正確さが増し，スムーズな動きになる。
- ●児童期の運動発達の特徴は，体の発達との関連が大きく，過度にならない栄養摂取と適度な運動習慣が必要である。
- ●青年期の運動発達の特徴は，特殊な運動技能を身につける段階にあり，スポーツ技能を身につける上で適時期といえる。

6章 パーソナリティ・自己と情動・社会性の発達

6-1 パーソナリティの発達

パーソナリティとは，人の行動や心理の大きな違いを説明する概念である。そのため，パーソナリティ研究には，多くの個人差が関係するが，ここでは現在のパーソナリティ研究の中核的な対象である，Big Five について主に説明する。

その前に，パーソナリティの基本的な考え方と，パーソナリティの発達の前提である，遺伝と環境の関係について概略を説明する。

(1) パーソナリティの基本的考え方

パーソナリティについては，古くから**類型論**と**特性論**という2つの考え方が存在する。類型論とは，個人をその特徴の一部から複数の類型(タイプ)のどれか1つに分けられるとみなして，その類型の典型的記述がその個人にほぼ当てはまると考える立場である。例えば，古典的な例としては，クレッチマーの体型と性格の関係に関する説などが有名である。クレッチマー(Kretchme, E.)によれば，筋肉質の人は頑固，几帳面，肥満の人は社交的，おおらかであり，痩せ型の人は，内気，物静かであるという。

類型論に対して特性論は，個人のパーソナリティを複数の特徴(特性)から構成されるものとみなす。そして，各特性の高低の違いによって，全体として個人のその人らしさが表れると考える。例えば，攻撃性，社交性，勤勉性の3つの特性から人のパーソナリティが構成されているとする。A さんは攻撃性と社交性が高く，勤勉性が低いため，自分を売り込んでいくような仕事が向いているだろう。それに対して，B さんは攻撃性と社交性は低いが勤勉性が高いため，コツコツと努力して何かを作り上げる仕事が向いているだろう。

以上のような考え方が存在するが，現在では特性論からのパーソナリティ研究の方が一般的には盛んである。そのため，この節でも主に特性論の立場からパーソナリティを検討する。

（2）遺伝と環境

人の心理機能の発達には，主に遺伝と環境の両方が影響するとされている。そして，これらの影響の仕方は，要因どうしが互いに影響し合う相互作用説が一般に支持されている。後で詳しく述べるように，主にパーソナリティの遺伝的な表れとしては気質が想定されている。そして，気質をベースにしながら，社会文化的経験が人の多様なパーソナリティを作り上げていると考えられる。

（3）パーソナリティのBig Five説

過去30年ぐらいの間，さまざまな質問紙への調査参加者の回答を分析したところ，パーソナリティは主に5つの因子から構成されていると考えられるようになってきた。これをパーソナリティ特性の**Big Five説**とよぶ。

この5つの因子は，研究者によって名前が異なっているが，比較的一般的な名称を紹介する。それは，「**開放性**」「**誠実性**」「**外向性**」「**協調性**」「**神経症傾向**」である。開放性とは創造性，新しい物への好奇心の高さを表す。誠実性とは責任感，まじめさの高さを表す。外向性とは，社交性や物事への積極性を表す。協調性は共感性，寛容性の高さを表す。神経症傾向とは不安や緊張の高さ，刺激への敏感さを表す。

では，このような5つのパーソナリティの構成因子はどのように発達するのだろうか。

（4）Big Fiveの発達

気質とは，人が生得的にもっているパーソナリティの基盤である。気質の最近の研究によると，「社交性」「負の情動性」「持続性」「活動性」という4つの次元が発達の最初期からみられるという（Soto, 2016）。これらの一部はBig Fiveの一部と対応がある。例えば，負の情動性は神経症傾向，活動性は外向性と重なる部分が大きいとされる（Trofimova, 2010）。

しかし，発達初期にいきなりBig Fiveが完成するのではなく，児童期から青年期前期にわたって少しずつパーソナリティは発達していく，と一般には考えられている。そして，児童期後半にはほぼBig Fiveが完成するとされる。だが，5つの因子すべてができ上がるわけではない。「誠実性」「外向性」「協調性」「神経症傾向」は安定した特性として見出されるが，「開放性」は見出されにくい(Shiner, & Caspi, 2003)。この理由として，認知発達が十分ではないことなどが挙げられている。少なくとも，青年期前期ぐらいまでは，開放性は安定した特性としては，研究で見られない。

青年期も後期になると，開放性も比較的安定した特性としてみられるようになり，5つの因子特性が安定したパーソナリティとして確立するようになる。

こうした発達には，もちろん自己や他者の特徴を理解する認知の発達が不可欠であり，さらにさまざまな社会文化的経験の影響がある，と考えられる。

(5) パーソナリティへの社会文化的影響

パーソナリティの発達に，社会文化的な影響があることを述べてきた。具体的にはどのようなことなのだろうか。例えば，ジェンダーの発達を考えるとわかりやすい。子どもは最初から女の子らしく，男の子らしく生まれてくるわけでは必ずしもない。むしろ，養育者が，「この子は女の子だからお人形遊びをさせよう」とかあるいは，「男の子だから怪獣遊びが好きに違いない」というふうに，一定の子ども観，養育観をもって接することが大きいだろう。そして，このような親の価値観を次第に子どもは取り入れて，行動や心理面での基準として振る舞うようになる。性の多様化ということが言われる今日では，もっと多様なジェンダーのあり方としてのパーソナリティが存在するに違いない。それには，生物学的な気質面だけではなく，以上のような養育行動に代表される，社会文化的影響が無視できないのである。

6-2 自己と情動

(1) 情動の発達

a. 基本情動と自己意識的情動

試験に落ちて落ち込んだり，友だちにバカにされて怒ったり，授業中に先生に叱られて恥ずかしくなったり，私たちは日常生活の中でさまざまな気持ち(感情)を経験している。その感情を生じさせるような明らかな出来事が先行してあり，始まりと終わりがはっきりしていて，何らかの生理的・身体的反応を伴うような強い感情は，情動(emotion)とよばれる。特に，喜び，悲しみ，怒り，恐れ，驚き，嫌悪など，生まれつき発生の準備ができていて，生後間もない頃から生起し，国や文化や言語に関わらず，普遍的に経験・理解されるような情動は，**基本情動**(basic emotion)とよばれる。基本情動がいくつ存在するのか，については研究者によって意見が分かれるが，少なくともいくつかの情動は，普遍的・生得的な基本情動であると考えられている。

一方，生まれて間もない頃には見られないが，子どもが自分と他者を区別できるようになり，自己についての意識が形成され始めることで経験するようになる情動もある。照れや，罪悪感，恥，誇り，妬み，感謝など，自己意識の芽生えとともに経験されるようになる情動は，**自己意識的情動**(self-conscious emotion)とよばれる。ルイス(Lewis, M.)は，喜び，興味，驚き，嫌悪，怒り，悲しみ，恐れなど，生後間もないころから生起し，生まれつき発生の準備ができていると考えられる情動を一次的情動とよび，照れ，羨望，誇り，恥，罪悪感など，1歳後半頃に自己意識が芽生えることに伴って経験し始める情動を，二次的情動または自己意識的情動とよんで区別している。

こうした情動は，いずれも，それを経験したり，表出したりすることによって，私たち自身や，対人関係を支えるさまざまな働きを持つ。例えば，悲しみを表出することで共感が生まれたり，恐れが生起することで危ない場所を避け，とっさに逃げることが可能だったり，喜びを共有することで社会的な絆が促進されたりする。もし不当な仕打ちに私たちが怒りを感じることがなければ，社会の秩序は保たれていないかもしれない。従来，哲学や心理学では，情動は私たちの知的活動を妨害する厄介者として扱われ，理性の対局にあるものと考えられてきたが，最近では，情動に潜む適応的な機能にも，注目が寄せられている。

b.　情動経験の個人差

私たちは発達の過程で，家族だけでなく，園や学校の友だち，先生，地域の人たちなど，さまざまな人たちと出会い，関わるようになる。さまざまな人との関わり合いの中で，いくつもの情動を経験し，子どもたちの情動経験は，次第に豊かなものになっていく。一方で，特定の情動の経験のしやすさには個人差もある。怒りっぽかったり，怖がりだったり，照れ屋だったり，同じ学校の学級で，同じような生活サイクルで過ごしていたとしても，特定の情動状態になりやすい子どももいれば，そうでない子どももいる。特定の情動の経験のしやすさは，**情動特性**(emotion trait)または**情動性**(emotionality)とよばれる。情動特性の個人差は乳児期からすでに見られ，その後も比較的変わりにくく，安定したものであることが示されている。こうした情動特性は，その人のパーソナリティの一側面であると考えられている。

（2）他者との関わりと情動

a. マインド・マインディッドネス

生後間もない乳児は，自らの気持ちを言葉で伝えることはできない。しかし，私たちは，目の前の乳児が泣き出すと「お腹空いたね」とか，「どうして怒るの」などと声をかけ，ほんの少し乳児が口角を上げただけで「楽しいねえ」，「うれしいねえ」などと，乳児の気持ちになりこんで，さまざまな声をかけたくなる。乳児が本当はどう感じているかはともかく，私たちは，つい，乳児の側にさまざまな気持ちが生じていることを想定しながら，やりとりをしてしまう。発達早期の乳児をすでに豊かな心の世界を持つ存在とみなし，乳児に心を見出す傾向は，**マインド・マインディッドネス**(mind-mindedness)とよばれる。

マインズ(Meins, E.)は，養育者側がマインド・マインディッドネスを持ちながら子どもと関わることで，子どもとのスムーズな相互作用を促し，子どもの発達にとっても，促進的に働くことを指摘している。実際に，発達早期に養育者側がマインド・マインディッドネスを持ち，子どもの心理状態を敏感に読み取ろうとしながら関わることで，結果的に，後の子ども自身の自他感情の理解など，子どもの社会情緒的能力の発達をもたらすことが示されている。

b. アタッチメント

乳児は，母親や父親，祖父母など，いつも側にいて育ててくれる養育者との間に情緒的な結びつきを形成していく。例えば，初めて会う人や場所に不安になった時，怖い思いをした時，養育者にしがみついたり，抱っこしてもらったりすることで，落ち着きを取り戻す様子が見られたりする。不安や恐れを感じたとき(あるいはこれから感じるかもしれないとき)に特定の相手との近接を求め，維持しようとする傾向は，**アタッチメント**(attachment)とよばれる。

アタッチメントは，子どもと養育者の相互のやり取りによって成立する。子どもが不安や恐れの情動を感じて養育者に接近し，近接を求めたときには養育者がそれを受け入れて子どもが逃げ込める**安全な避難場所**(safe haven)としての役割を果たし，子どもが落ち着いたときには，養育者は子どもが外の世界を探索したり新しいことに挑戦したりすることを促し，見守る**安全基地**(secure base)としての役割を担う(Marvin, Cooper, Hoffman, & Powell, 2002)。こうした相互のやりとりを繰り返すことで，子どもから養育者への信頼感が生まれ，アタッチメントが形成・維持されていくと考えられている。アタッチメント対象の存在によって，子どもは安心して外の世界で多くのことを学び，やがて，たとえアタッチメント対象との物理的・身体的近接がなくとも，自分なりに自分の気持ちを上手く立て直すこともできるようになっていく。

アタッチメント理論を提唱したボウルビィ(Bowlby, J.)は，アタッチメントは，形を変えながらも，生涯を通じて存続するものだとしている。乳幼児期から児童期前半の主たるアタッチメント対象は養育者であるが，児童期後半からは，学校の中での生活を通して，仲の良い友だちや，学校の先生，青年期以降は，恋人，配偶者など，養育者以外の人に対しても，アタッチメント対象は広がっていく。

c. 教室の中での情動サポート

学齢期になると，子どもは多くの時間を学校の中で過ごすようになる。学校においても，子どもたちが安心感を感じながら過ごし，必要な時には，先生やクラスメイトからサポートを得られると感じられることは重要である。特に，「つらい気持ちになった時，先生やクラスメイトが気持ちを和らげようとしてくれる」という感覚や，「必要な時には先生やクラスメイトを頼ることができる」といった感覚など，先生やクラスメイトからの**情動サポート**(emotional support)が得られるような学級に所属することは，学級内の関係性を良好にし，学級での居心地の良さをもたらすだけでなく，学習への取り組みにも影響を及ぼしうる。実際に，先生やクラスメイトからの情動サポートが多い学級では，学習への意欲的な取り組みが見られることや，教科の学習についての授業中の対話の深まりが見られること，学業成績が高いことなどが示されている。

(3) 情動面での賢さ

a. 情動制御の発達

生活の中で豊かな情動経験をし，それを他者に伝えたり共有したりすることは，子どもたちの発達にとって意味のあることである。一方で，過度に怒りっぽく，すぐに暴力を振るってしまったり，あるいは，過度にシャイで，上手く授業中の議論に参加できなかったりするような場合，上手く自分の情動を調整し，その時々のシチュエーションに合わせて行動することも必要になる。さまざまな情動を適度に調整することは，**情動制御**(emotion regulation)とよばれる。適応的な情動制御とは，自分の情動を押さえ込んでしまうということではなく，純粋な自分の情動を感じながらも，周囲の環境に合う程度に，その情動を柔軟に調整することであると考えられている。

自分にとって不快な情動が生じたとき，その状態を変えようと対処する様子は1歳頃からすでに見られる。例えば，大きな音の出るおもちゃが怖いとき，自分から遠ざけたり，親に片付けさせようとするなど，不快な情動が生じた原因そのものを変えようとする場合(一次的コントロール)もあれば，指しゃぶりをしたり，お気に入りのタオルを触ったり，養育者に甘えたりして，生じてしまった情動をどうにかしようとする場合(二次的コントロール)もある。

また，3～4歳頃からは，一般的に望ましいとされる情動表出のルール(社会的表示規則)を理解し始め，「好みじゃないプレゼントをもらっても，嫌な顔をしない」「お葬式では笑わない」といった場所や状況に合わせた情動表出が徐々にできるようになっていく。こうした社会的表示規則の理解は，10歳頃に大人と同じ程度の理解に至ることが示されている。

b. 情動理解の発達

情動の機能の一つに，言語や文化を超えた，コミュニケーションツールとしての役割がある。言葉を話す前の乳児であっても，テーブルに置いた熱いヤカンを目の前にして，手を伸ばそうとしたその時，母親が必死な様子で「危ない！」と止めたら，ヤカンを触るのを止めるだけでなく，ヤカンには近寄らなくなるかもしれない。顔や声や行為によって情動が表出されることで，乳児であっても，他者の情動状態を読み取り，状況の判断を行うことができる。子どもが今までに経験したことのないモノや状況に遭遇したとき，他者の視線と表情から状況を知ろうとすることは，**社会的参照**(social referencing)とよばれる。キャンポス(Campos, J. J.)は，生後1年目後半頃の乳児がすでに，危険なのか安全なのか曖昧な状況において，母親が笑顔を向けるか，恐怖の表情を向けるかを見て，自分の置かれた状況を判断し行動することを実験的に示している。

一方，言葉で情動を表したり，理解したりするようになるのは，1歳半頃からであるとされている。3歳頃にかけて「楽しい」「怖い」「悲しい」など，情動を表す言葉の使用が増えていき，自分の情動だけでなく，他者の情動についても言葉で話せるようになっていくことが示されている。また，6歳頃になると，人の情動の原因と，それによってもたらされる結果を正確に理解し説明できるようになってくる。こうした他者の情動の理解と，自分の情動によってもたらされる結果の理解が進むことによって，状況に応じてどのように振舞うことが適切なのかを判断し，情動制御ができるようになると考えられている。

c. 情動知性

情動制御や，自他の情動の理解には，個人差もある。情動制御の上手な人，自他の情動の理解に長けた人は，どんな人だろう。例えば，学校の勉強は不得意だけれど，周りの友だちの気持ちがよくわかり，関わり方が上手な人や，学校の勉強は得意だけれど，気持ちのコントロールが苦手な人や，周りの友だちと上手く関われない人もいる。この個人差は，学校のテストの成績の良し悪しや，知能指数(IQ)だけでは測れないように思われる。

こうした情動面での賢さについて，メイヤー(Mayer, P.)とサロヴェイ(Salovey, P.)らは，情動に関する知能を**情動知性**(emotional intelligence: EI)として提案している。彼らは，①自他の情動を正しく知覚する「情動の知覚」，②情動の情報を利用して思考を進める「情動による思考の促進」，③その情動によって生じることを予想したり，情動によって生じた結果を理解したりする「情動の理解」，④感じたくない情動を回避したり，そのために出来事の評価をし直したりする「情動の管理」の4つの能力領域を仮定したEIの「4肢モデル」を提案した。メイヤーらのモデルでは，EIは，知能の一側面であり，情動を理性的に扱う能力であることを想定すると同時に，情動によって，自分の思考や行動を上手く導いていく能力であることも想定されている。

6-3　自我の発達

(1) 漸成発達理論

エリクソン(Erikson, E. H.)は，**漸成**(epigenesis)という考え方を用いて，自我の発達を論じた。そのポイントは以下の3点にまとめることができる(Erikson, 1980/2011, p. 47)。

①すべての成長するものはグラウンドプランをもち，このグラウンドプランから各部分が発生する。

②各部分は，それぞれが特に優勢になる時がある。

③各部分は，機能する全体を形成していく。

このエリクソンの発達観が見事に表現されているのが，**漸成発達理論図**(図6-1)である。この図の縦方向は発達の時間の流れに対応するものである。一方，横方向はグラウンドプランに対応するものといえる。エリクソンによれば，生涯発達のそれぞれの段階で優勢となるさまざまな心理社会的な要素があり，また，それらの要素はいずれも初めから内在しているとされている。これを**グラウンドプラン**(ground plan)という。漸成発達理論図が横方向に8つの列を設定しているということは，人間が生まれながらに内在する心理社会的な

基本的強さ	希望	意志	目的	適格性	忠誠心	愛	世話	知恵
Ⅷ 成熟期								統合 対 絶望
Ⅶ 成人期							世代性 対 停滞	
Ⅵ 若い成人期						親密性 対 孤立		
Ⅴ 青年期					アイデンティティ 対 アイデンティティ混乱			
Ⅳ 学童期				勤勉性 対 劣等感				
Ⅲ 遊戯期			主体性 対 罪悪感					
Ⅱ 早期幼児期		自律性 対 恥・疑惑						
Ⅰ 乳児期	基本的信頼 対 基本的不信							

図 6-1　漸成発達理論図（Erikson, 1980 をもとに作成）

要素として８つのものが想定されているということである。これらの各要素がそれぞれの時を経て優勢となったものが，この図の対角線上に布置されたものである。ここでいう「優勢となる」とは，それぞれの時期に「クローズアップされる」というニュアンスと考えてよい。そのため「達成すべきもの」というニュアンスのある「課題」というよりは「テーマ」として理解する方が適切であろう。

エリクソンは，そのテーマをポジティブなものとネガティブなものの対で表現した。例えば，乳児期の発達段階のテーマは「基本的信頼　対　基本的不信」であるが，乳児期になるとその２つについて，どちらに傾くのかということが重要になってくる。この状況をエリクソンは**危機**（crisis）とよんだ。ここで大切なのは，ポジティブなものがネガティブなものを上回る比率になることである。ネガティブなものを全く経験しないことを理想とするものではない。そして，ポジティブなものがネガティブなものを上回る比率で危機を超えると，その結果として，**基本的強さ**（basic strength）が得られる。乳児期の場合は「希望」という基本的強さが得られる。

次にエリクソンが提示した発達段階に沿って，そのテーマと危機および基本的強さを確認しつつ，自我の発達についてみていこう。

（2）各発達段階の理解

a. 乳児期：基本的信頼　対　基本的不信→希望

基本的信頼とは，生後の経験から引き出された自分自身と世界に対する１つの態度である。適度に人を信頼し，自分自身については「信頼に値する存在である」というシンプルな感覚を意味する。

この時期に基本的信頼の感覚が**基本的不信**の感覚を上回る比率で生じれば，その子どもには**希望**という基本的強さが生じる。この希望とは「期待に満ちた熱望」（expectant desire）である（Erikson & Erikson, 1997/2001, p. 76）。基本的信頼の感覚を十分に味わい希望を抱くことは，まさにこれから人生がスタートし，自我を発達させていく乳児期の子どもにとって，必要不可欠なことであろう。

b. 早期幼児期：自律性　対　恥・疑惑→意志

この時期を特徴づける１つのポイントは体の筋肉の発達である。筋肉が発達することによって子どもは自分の体をより自由に操れるようになる。その成功体験の蓄積から自尊心を失うことのない自制心が生まれ，その感覚が**自律性**につながっていく。一方，この時期はトイレット・トレーニングなどのように何らかのしつけが開始される時期でもある。そのしつけには「**恥**をかきたくなければ上手くやりなさい」というように，子どもの恥の感覚を利用したものが少なからず存在する。また，この時期の子どもは，さまざまなしつけに対して，それを行う養育者の期待にうまく自分が応えられていないと感じたときに，あるいは，養育者に自分が過剰にコントロールされていると感じたときに，自分に対する無力感とともに**疑惑**を感じてしまう。

この時期に自律性の感覚が恥・疑惑の感覚を上回る比率で生じれば，子どもは**意志**という基本的強さを獲得する。この意志とは，自己抑制をしながら，自由選択を維持していく決意である。わがままにふるまうことではない。法や義務を受け入れられるようになるための基盤でもある（Erikson, 1964/2016, p. 117）。

c. 遊戯期：主体性　対　罪悪感→目的

この段階になると子どもは，より広範囲の対象に働きかけ，挑むようになっていく。つまり，「環境に対する積極的な働きかけの欲求」をもち始める。これを**主体性**という。子どもは，自分が養育者から分離した一人の人間であるという強い確信を得ると，次は，自分がどのような人間になろうとしているのかを考え始める。実際にできることに加えて，今自分にできるかもしれないことについても考えを巡らすようになる。大人も含めてさまざまな対象と自分を比較したりもする。一方，その主体性に伴うさまざまな欲求や空想が極端に肥大化してしまった場合，子どもには**罪悪感**が生じてしまう。また，それらの欲求や空想が周囲の大人に適切に扱われなければ，子どもは自己を抑制してしまう。

この時期に主体性の感覚が罪悪感を上回る比率で生じれば，子どもは**目的**という基本的強さを獲得する。この目的とは，さまざまな厳しい状況においても，価値ある目標を心に描き追及する勇気である（Erikson, 1964/2016, p. 120）。自分の将来に目を向けて具体的な目標をもち，それに向かってがんばっていこうという気持ちが芽生えるのである。

d. 学童期：勤勉性　対　劣等感→適格性

この段階の子どもは，文化を問わず，組織的な教育を受けることになる。そこで子どもは遊びや幻想の産物ではなく，現実的・実用的だからこそ魅力的と思えること，大人たちの現実世界に自分も参加しているという感覚のもてることを望む。道具を駆使し，技術を学び，ものを作り，その結果，自分は役に立っているという感覚をもつようになる。これを**勤勉性**の感覚という。この勤勉性は，自分の将来を見据えたものである。すなわち，将来働く存在になる者として，そして，社会の一員になっていく者としての意欲や自負心と考えてよいだろう。子どもはものを生み出すことによって認めてもらう術を学ぶ。弛まぬ努力を続けて，完成させる喜びを知るようになる。その取り組みを通して，分業や機会均等といった感覚も発達させていく。この時期に，自分の能力に絶望したり，仲間たちと比較して自分の能力について失望したりすると，子どもには**劣等感**が生じてしまう。

この時期に勤勉性の感覚が劣等感を上回る比率で生じれば，子どもは**適格性**という基本的強さを獲得する。適格性とは，課題を達成させるために道具や知性を鍛え，技術をもって協働するための基盤である（Erikson, 1964/2016, p. 122）。将来，社会の一員として自分はうまくやっていくことができるのかどうか（自分は適格なのか否か），子どもはこの時期にすでにそういった深刻な自己評価を始めているといえる。

e. 青年期：アイデンティティ　対　アイデンティティ混乱→忠誠心

この段階では，青年は**アイデンティティ**の確立に取り組むようになる。アイデンティティの感覚とは，エリクソン自身，明確な一意の定義はしていないものの，大枠では，次の2つについて自分が確信するものと他者から承認されるものが一致したときに生じるものといえるだろう。1つは，社会的側面(集団や周囲の人々との関係)における自分の位置づけ(**斉一性**)，もう1つは，自分自身の歴史的・時間的側面における一貫性(**連続性**)である。この2つに対する自分の確信と他者からの承認が一致したとき，青年にはアイデンティティの感覚が生じる。つまり，アイデンティティの確立は青年個人の自己完結的なものではなく，そこに「承認してくれる他者」の存在が必要ということである。しかも，ここでの「承認」とは単なる「認める」ことではなく，青年のさまざまな取り組みに対して「応答する」という意味が含意されている。このアイデンティティの感覚を得るために，青年は**心理社会的モラトリアム**という期間を経験する。この期間に青年は自由な**役割実験**を通して，社会のある特定の場所に自分のニッチ(自分にぴったりとはまるもの)を見つけ，それがアイデンティティの感覚につながっていく。そのプロセスに生じるさまざまな表現を，何らかの環境からの働きかけによって奪われそうになると，青年は驚異的な強さをもって抵抗する。それだけ，アイデンティティの感覚を得ることは青年にとって重要なことであり，この点を理解することが青年の問題をより深く理解することにつながるのである(Erikson, 1980/2011, p. 96)。アイデンティティの感覚をつかみ取ることができず混乱した状態を**アイデンティティ混乱**という。職業がアイデンティティのすべてではない。しかし，職業的アイデンティティを獲得できないことが何よりも若者を混乱させるというエリクソンの指摘(Erikson, 1980/2011, p. 99)は，近年の若者の就職状況を鑑みても看過できないものといえるのではないだろうか。

この時期にアイデンティティの感覚がアイデンティティ混乱を上回る比率で生じれば，青年は**忠誠**という基本的強さを獲得する。忠誠とは，自分で自由選択したものに尽くす心を持ち続ける能力である(Erikson, 1964/2016, p. 123)。誰かに導いてもらいたいという欲求の表れでもある(Erikson & Erikson, 1997/2001, p. 98)。

(3) 教育への示唆

エリクソンが提唱した漸成発達理論に沿って，乳児期から青年期までの自我の発達についてみてきた。エリクソンの発達観は心理社会的とよばれるように常に「人と人との相互作用」を前提としている。教育という文脈でいえばそれは「子どもと大人の相互作用」ともいえる。ここでの大人には教師や養育者などが該当する。それらの大人との関わりの中で(によって)子どもは自我を発達させていくのである。「自分が実現可能な将来に向かって効果的に学びつつあるという確信」(Erikson, 1980/2011, p. 96)を子どもたちのこころに生じさせるような関わりをもつことが教育に携わる大人の責任の1つであろう。

漸成発達理論から子どもの教育を考える場合に，もう一つ忘れてはならない大切なことがある。それは，人は青年期以降も各発達段階に応じたテーマに取り組んでいるということである(図6-1に示したように，エリクソンは第8段階までを提唱している)。すなわち，子どもを教育する側の大人自身も自らの発達段階のテーマに取り組んでいるということである。教育とは，そういう中で行われているのである。教師や養育者などの大人は，子どもを育てることを通して自らが育てられている，子どもの自我の発達を支援すると同時に自分の発達段階のテーマを乗り越えていく(乗り越えさせてもらう)のである。そのことに思いを馳せることは，教育に対する視野を広げることにつながるのではないだろうか。

6-4　社会性の発達

(1) 社会性の発達とは

「社会性」は，「仲間や友人などの社会的な関係を追求するために必要なもの，およびその傾向」と定義され(『APA 心理学大辞典』)，概ね他者との関係を形成することや集団参加についての能力や傾向を指すと考えられる。「他者」には，養育者，きょうだい，教職員，級友や同級生，先輩後輩，地域の方などが含まれる場合もある。また「集団」には，家族，コミュニティ，仲良しのグループ，学級，学年，学校，委員会，部活動などが含まれる。子どもの社会性の発達を理解しておくことは，授業経営や学級経営を行っていく上で不可欠なことである。

(2) 社会化と個性化

社会化とは，個人が社会や特定の集団の一員として必要とされる社会的スキル，信念，価値観，行動を獲得していくプロセスのことであり，社会化とは社会性を身につけることとも端的に言われることもある。子どもの社会化を担う存在としては，家庭，学校，地域がその代表である。しかし，社会化は家庭，学校，地域が子どもに対して一方的に行うものだけではなく，子どもの側も主体的に社会に働きかけ，自らに必要なものを積極的に獲得していくこともある。それに対して個性化とは，個人が他の人とは違う側面(個性)を獲得していくプロセスである。個性化は，その人の独自性が際立っていくことであり，子どもが自らの個性や特徴を理解し，なりたい自分を実現していくことで達成されるが，その際に家庭，学校，地域が重要な役割を果たすこともある。

(3) 気質と環境が社会性の発達に及ぼす影響

社会性の発達はパーソナリティ・自己と情動の発達とも共通するが，気質と環境の両方の要因から影響を受ける。気質は，狭義には「個人の体質に起因する情緒的特性や環境刺激に対する感受性の強さ，順応性，あるいは反応の早さを意味する」と定義され，パーソナリティの基盤にある遺伝的・生物的な側面を示す用語である(『新版　心理学事典』)。気質は，人と関わるときの不安の高さ，いらだちの感じやすさ，人にすぐに慣れることができるか，働きかけられたときの反応の早さなどにも関係するため，社会性に強く影響する。したがって，社会性の個人差はある程度は生まれつきの気質にも影響を受けている。

しかし，気質のような遺伝的・生物学的な要因だけが社会性を規定しているのではない。すでに述べたように，社会性においては家庭，学校，地域などの環境の要因も大きな影響力を持っている。環境の社会化が十分に機能していないと，そこで育つ子どもは適切な社会性を獲得できずに，個人としても，集団としても困難を抱える結果になることもある。

(4) アタッチメントと社会性

アタッチメント(愛着)は，子どもの情緒や社会性の発達を理解する上で重要な心理学の概念であり，幼い子どもが特定の他者(養育者など)に情緒的に親密さ・絆を感じ，その人がいると精神的に安定する傾向のことである。アタッチメント行動(愛着行動)は，子どもが養育者などに接近・接触し，関係性を築く行動であり，泣く，微笑む，名前を呼ぶ，よじ登るなどが含まれる。アタッチメント理論では，子どもと養育者との関係には，乳幼児期・児童期に形成されるいくつかのアタッチメントのタイプ(回避型：A タイプ，安定型：B タイプ，両価値型：C タイプ，混乱型：D タイプ)がある。その時期に形成されたアタッチメントは内在化され，人との関係性について基本的にどのように感じ，考えるかという表象である「内的作業モデル」となり，青年期や成人期の情緒・社会性の発達にも影響を与えると考えられている。アタッチメントは，子どもの側のアタッチメント行動と，養育者の養育行動の相互作用によって形成される。例えば，養育者が子どもに対してイライラしながら接することが多く，Cタイプのアタッチメントが形成されているが，それは子どもが気質的に難しく，アタッチメント行動が激しすぎるから引き起こされている場合がある。

（5）社会的スキル

社会的スキルとは，「ある社会的文脈において効果的，適応的に相互作用し合えるようにする一連の学習された能力」と定義される（『APA 心理学大辞典』）。社会的スキルには，反社会的行動，非社会的行動，向社会的行動の３つがある。「反社会的行動」とは，社会規範に反する行動であり，暴力行為，攻撃行動などが含まれる。「非社会的行動」とは，社会との関わりを避けたり，社会との関わりの形成に消極的になったりする行動であり，過度の引っ込み思案，ひきこもりなどが含まれる。「向社会的行動」とは，社会規範や社会で望ましいとされている価値に合致した行動であり，援助行動，分与・分配行動などが含まれる。反社会的行動，非社会的行動，向社会的行動を生みだす要因はさまざまなものがあるが，「社会的スキル（ソーシャル・スキル）」の考え方では，シンプルに，あるスキルが獲得されているか否か，という観点から考える。

運動スキルや学習スキルと同じように，社会的スキルも学習によって成立する。適切な社会的スキルの大切さに気づき，練習を行い，よい結果が得られたり，称賛されたりすることで，行動は強化され，スキルは獲得される。反社会的行動や非社会的行動をしてしまう子どもは，適切な社会的スキルが獲得されていない，あるいは不適切なスキルが獲得されていると考えることができる。

（6）友人関係・仲間集団の発達

子どもが保育園や幼稚園に通うようになると，家族以外の人との日常的な関わりが増加する。その中でも，同世代の子どもとの関わりが多くなってくる。ごっこ遊びや，ルールがあってみんなで行う遊び（おにごっこ等）は，コミュニケーションやもめごと，けんかの解決スキルも求められ，社会性が育まれていく。

小学校に入学すると，各教科や特別活動等でも，子どもどうしのやりとりが求められ，活発化してくる。話し合い，合意形成などが求められる場面も増えてくる。特に小学校中学年，高学年になると，大人のいないところで，子どもだけで徒党を組み，集団で活動したり，遊んだりすることも増えてくる。同じ遊びをしていることなどでつながりを感じている集団であり，「ギャング・グループ」ともいわれる。

中学校の頃には，成熟や経験により認知能力の向上，自己像の変化，性意識の変化などの心身の変化がある。また，中学校の入学により，異なる小学校出身の生徒との出会いによる集団の再構成，定期試験や教科担任制，部活動等の先輩後輩関係など，環境的な変化も大きい。自分らしさの探求が始まるが，まだ自分に自信が持てないため，同質性の高い友人からの承認が必要である。こうしたことにより，同質性の高い仲間を求め，異質性を排除・攻撃する「チャム・グループ」が形成されやすい。興味，関心，価値観が同じであること，似ていることを確認するような会話が行われやすい。

高校生の頃になると，同質性を過度に求めるのではなく，互いの異質性を受け止め，尊重できる人間関係や集団が成立することも増えてくる。異なる特徴を持つものどうしが仲良くなること，ぶつかり合い，磨きあうことができる「ピア・グループ」が形成される。

こうした仲間関係の発達はあくまで目安であり，実際の時期や集団の特質はこのとおりであるとは限らない(保坂，1998；黒沢・森・寺崎，2003)。

（7）道徳性の発達

社会性の発達のひとつの側面として，道徳性の発達がある。道徳性の心理学的定義としては，「道徳的な行動とは人としてより善く生きようとする行為であり，そのような行為を生み出す社会的能力を道徳性と呼ぶ」(『新版　心理学事典』)，「正しい行為に関する信念体系，あるいは価値の集合であり，それによって，行動を受け入れるか受け入れないかを判断する」(『APA 心理学大辞典』)などがある。

幼児期から小学校低学年の子どもは，認知的発達や経験が十分でないことから，相手の立場や集団全体の観点から善悪を考えることには制限がある。その代わり，親や教師などの大人に対する尊敬や従順さがあることから，大人などの権威者が示す価値観やルールを順守するという他律的道徳を発達させる。10歳頃になると，認知的発達や仲間集団での経験に伴い，他者の立場，集団全体の利益，行為の動機と結果の差異などを柔軟に考えられるようになっていく。その結果，権威者の決定と善悪とが必ずしも一致しないこと，ルールは関わる者の合意があれば変更してもよいこと，善悪は状況によって結果の重大さではなく行為者の動機によって判断することなどに気づいていく。権威者や既存のルールに機械的に従うのではなく，自分たちで善悪を考えていくという自律的道徳を徐々に発達させていく(11-1 参照)。

まとめ

- 生まれて間もない頃から経験するさまざまな情動は，自己を形づくるパーソナリティの一側面となる。人との関わりのなかで豊かに情動を経験することで，自分や他者の情動について理解し，次第に環境に合わせた情動制御ができるようになっていく。
- 自我は，各発達段階の危機を適切な形で乗り越えていくことで，基本的な強さを獲得し，成長していく。
- 社会性の発達には，社会化と個性化のプロセスが関係しており，発達的な変化や個人差についてさまざまな理論からとらえられている。

7章　主体的学習を支える動機づけ・学習意欲

動機づけというと，よく「意欲」や「やる気」と結びつけられて，教師等にとって望ましい活動をすることが，動機づけが高いとされる。しかし，本当にそうだろうか。本章で後に示すように，心理学での動機づけの定義の1つは，「**報酬**を得て**罰**を避ける」ことである。したがって，勉強嫌いな子どもに勉強するように圧力をかけることは，勉強という子どもには罰としか思えないことを強制することであり，なおさら勉強から遠ざかることにつながる。これは，上の定義からすれば罰を避けることになる。つまり，「動機づけが高い」ともいえることになる。このような点に注意しながら，動機づけについての考え方や，それに基づきながら考えると，学習への動機づけを高めていく方法を考えていく必要がある。

7-1　動機づけとは何だろうか～一般的な視点から

(1) 動機づけの定義と特徴

動機づけ(motivation)とは，行動や心の活動を開始し，目標に向けて方向づけ，行動を持続し，行動を調整する，心の機能を指す。ゆえに，たいていの人の行動は動機づけが関係することになる。 また，より簡潔には動機づけは目標志向的な心理プロセスとして捉えられる。ここでいう目標志向性とは，報酬を求め，罰を避けること，つまり正の目標に接近し，負の目標を回避することである。

その他の特徴としては，動機づけのプロセスには以下の3点がある，**方向性**，**強度**，**長さ**である。方向性は上記の志向性にあたるもので，どの目標に向かうか(報酬にむかう)，あるいは別の負の目標(罰)から遠ざかろうとする，という動機づけの向かう先を示している。続いて，強度は，動機づけ自体の強さを表す。同じ学習欲求をもって勉学に励んでいるとしても，AさんとBさんの学習行動は同じではなく，Aさんの方がBさんよりも活発だ，ということはよくある。最後に，長さは，動機づけプロセスが続く時間や期間を指す。学生が有名企業の経営者になるという目標を立てるとすれば，その動機づけプロセスは当然長くなる。逆に，有名企業のすでにある程度の役職についているならば，その人の動機づけプロセスは，学生に比べれば短いものになるだろう。

(2)「やる気」や「意欲」と動機づけの関係

ところで，ふだん私たちが「やる気」や「意欲」という言葉を使うとき，なんとなく性格やパーソナリティのような安定した，人がもっているものとして使っていないだろうか。「やる気のある人」や「意欲の高い子ども」等は，暗黙に性格として動機づけを想定している。

これらは，「動機」(motives)にあたるもので，動機づけの一部にすぎない(Reeve, 2014)。動機とは，動機づけプロセスを始める原因の総称のことである。しかし，実際の動機づけのプロセスは個人の特性等の動機と環境のそれぞれのあり方と両者の関係で決まるはずである。このように，動機づけの基本は「心理プロセス」だということを忘れないようにしたい(図7-1参照)。

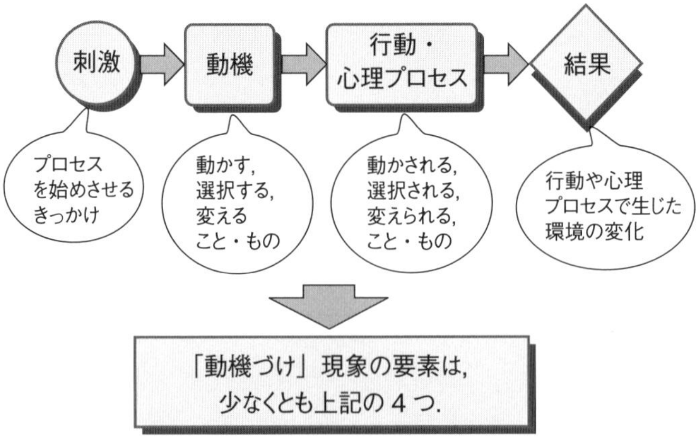

図7-1　動機づけ—関係からみた心理現象—

（3）動機づけへの考え方の違い～各動機づけの立場の説明

さて，一口に動機づけといってもさまざまな考えがある。そこで，主に動機にあたるものを中心に動機づけについて述べることとする。その代表として，よく研究に取り上げられるものに，以下のものがある。

欲求・・・何かをしたいあるいはしたくないという感情
期待・・・自分の行動が環境を変えるという予測
価値・・・自分の行動からもたらされる結果に与える価値づけ

本章では上の3つの観点に基づき，次の4つの動機づけアプローチについて取り上げて検討したい。左側の言葉が，それぞれの立場を表す言葉で，点線の右側はその典型的な考え方やモデルを指す。

欲求論・・・内発的動機づけ
期待×価値理論・・・原因帰属
期待理論・・・自己効力
価値理論・・・達成目標

（4）発達的観点

なお，発達からみた場合，上の動機づけアプローチはどの発達期にも当てはまるわけではない。内発的動機づけは基本的には幼児期から大人と同様のプロセスで生じると考えられる。しかし，その他のもの，特に原因帰属や達成目標は児童期後期から青年期前期にかけて，大きな成長を遂げるものと考えられる。ゆえに，幼児期や児童期中期までの子どもたちに，このようなアプローチで関わるには注意が必要である。自己効力も，主に児童期以降に発達するものと考えられる。

7-2　自ら積極的に行動すること～内発的動機づけ

（1）内発的動機づけとはなんだろうか

内発的動機づけとは，積極的に環境と関わり，その関わる行動自体を目的として楽しむという人の心のあり方を指す。

この考え方の原点の1つに，ホワイト（White, 1959）が提唱した，**コンピテンス**（competence）という概念がある。これは，環境と積極的にかかわる能力や欲求，という意味だ。コンピテンスの，特に欲求の側面は，自発的，能動的なものとみなせる。このコンピテンスの提唱から，内発的動機づけの研究は始まったといえるだろう。

今では，上記のコンピテンスは，例えば知的「好奇心」と言い換えてもよいかと思われる。**知的好奇心**とは，興味をもって積極的に調べたり，学んだりする学習者の気持ちである。

以上のように，内発的動機づけ，コンピテンス，知的好奇心は，かなりおおざっぱにいえば，同じようなものだと考えても差し支えないだろう。

一方，内発的動機づけに対して，**外発的動機づけ**という言葉もある。これは，行動が何かの目的のためにされるという人の心のあり方を指す，と考えられる。特に他人から強制されて学習や作業をするようなときに，生じやすいといえる。

実際には内発的動機づけの定義や立場は，研究者によってかなり違っているのだが，ここでは特に，デシとライアン（Deci & Ryan, 1985）の「自己決定感と有能感を求める欲求」という定義も挙げておこう。この定義は，次節で説明するアンダーマイニング効果と深い関係がある。

また，内発的動機づけは，教育界によく普及している。その背景としては，1950年代までは機械論的な行動主義が隆盛であったのに対し，1960年代に，人の能動性を主張する動きがみられたことも見逃せない。こうして内発的動機づけは教育界でのキャッチフレーズになったのである。では，続いて，内発的動機づけを下げる関わりについて有名な例をあげておこう。

（2）内発的動機づけが下がる現象〜アンダーマイニング効果

アンダーマイニング効果とは，次のような現象を指す。まず，自発的な行動（例：パズル解き，絵を描く等）を人が行う。次に，その自発的な行動に報酬（例：金銭，シールなど）を与え続ける。その後，報酬を与えるのをやめる。すると，自発的な行動の量や質が，報酬を与える前よりも低下する（Deci, 1971）。自発的な行動は，内発的動機づけに基づく行動だと考えられるので，アンダーマイニング効果は，内発的動機づけを下げる現象と，みられている。

この現象について複数の説明があるが，ここでは**認知的評価理論**（Deci & Ryan, 1986）にのみ触れる。認知的評価理論の長所は，アンダーマイニング効果だけではなく，**エンハンシング効果**も説明できる点にある。エンハンシング効果とは，上記の実験手順にも関わらず，自発的な行動が，報酬を取り去った後でも持続するかあるいは高まる現象を指す。つまり，同じ事態であっても，異なる効果が生じるのである。これを，デシとライアンは，主に自己決定感の観点から説明している。すなわち，報酬を自分をコントロールするための手段だと判断した場合，人は自己決定感が低下するために，アンダーマイニング効果が生じる。一方，報酬を自分の遂行を認める情報として理解した場合は，エンハンシング効果が生じる，というのである。特に物を報酬として与えることは，行動を外部から制御される感覚を人に与える，とされる。

ゆえに，内発的動機づけを高めて下げないようにするには，報酬の与え方に注意し，コントロールするためにほめたり，物を上げているのではないことを，理解させる必要があるだろう。

（3）自分で自分のことを決める大切さ〜自己決定理論（自律性理論）

デシとライアンは，認知的評価理論の発展版として，**自己決定理論**という大がかりな動機づけ理論をまとめるに至っている（Deci & Ryan, 2005）。この理論は複雑だが，主要な点を述べれば，人の主な3欲求とそれへの支援が，動機づけを決定する，という主張がまず挙げられる。また，最初は他律的だった行動（外発的動機づけ）が，次第にその価値を内在化させて，自律的になる（内発的動機づけに近づく）という，発達論も展開している（図7-2）。この発達において重要なのは，学習などの行動を指示する人との関係が親密であることである。それが，次に述べるように，**関係性**の欲求をこの理論に取り入れた背景にあるようだ。

さて3つの欲求としては，第一に有能さの欲求は，自分のまわりの環境と適切に関わりたいという欲求である（実際には，「能力を高めたい」気持ち）。第二の自律性の欲求は，自分のことは自分で決めたいという欲求である。第三の

行　動	非自己決定的					自己決定的
動機づけ	非動機づけ	外発的動機づけ				内発的動機づけ
制御段階（スタイル）	制御なし	外的制御	取り入的制御	同一視的制御	統合的制御	内発的制御
認知された行動の原因	非自己的	外的	外的より	内的より	内的	内的

図7-2　自己決定性と動機づけの段階（Ryan & Deci, 2000）

関係性の欲求は，重要な他者と仲良くしたいという欲求である。これらの三つの欲求に対する支援が，人の動機づけや適応を促す，と考えられている。

7-3　将来の予測と価値づけの大切さ

(1) 期待×価値理論

期待×価値理論とは，動機づけ研究の認知的な大きな枠組であり，人が行動をし，その行動を続ける原因は，行動の結果への期待と価値の高さだとする説である。期待の例としては，「勉強すれば成績が上がると思う」から「勉強する」ことが考えられる。また，価値の例としては，「成績が上がるのはうれしいと思う」から「勉強する」ことが考えられる。現在の動機づけ研究は，この期待×価値理論を背景としているものが多い。

ここでいう期待(予期ともいう)とは，自分の行動の結果，どうなるはずかについての認知である。プラスの意味での変化だけではなく，あるいはマイナスの意味での変化の予測も考える。例えば，「勉強したら成績が上がると思う」や「売り込みをしても営業成績が下がると思う」という認知がこれに該当する。

次に，価値とは自分(あるいは他者)の行動の結果に与える値打ちであり，「成績があがっても意味がない」や「次の試合には絶対勝ちたい」というような見方が例としてあげられる。

(2) ワイナーの原因帰属理論

原因帰属とは，物事の原因が何かを考える推論過程の一種である。ここで動機づけと深い関係にある，ワイナー(Weiner, B.)が提唱した原因帰属理論について説明する(Weiner, 1972, 1986)。

この理論は，期待×価値のモデルを原因帰属の観点から解釈化することで，導き出されたものである。原因帰属を達成動機づけプロセスに組み込むことによって，なぜ期待や価値が状況によって異なるのかを説明することに成功したのである。

ここで重要なキーワードとして，**帰属因**と**帰属次元**を説明しよう。帰属因とは，原因を帰属される理由のことである。例えば，短距離走でいつもよりもタイムが遅かったのを運が悪かったとみなしたり，あるいは試験で高得点をあげたときに，いつも努力したせいだと，日常生活で私たちは考える。これらの場

表 7-1　原因帰属の二次元と典型的な帰属因

安定性＼統制の位置	外　的	内　的
安　定	課題の困難度	能　力
不安定	運	努　力

合の「運」や「努力」が，帰属因である。

次に，帰属次元について述べる。帰属次元とは，帰属因を構成する主な次元である。ふつう2つあるいは3つの次元が想定されている。

帰属次元の種類としては，**統制の位置**(後にワイナー自身が「原因の位置」と名称変更)，**安定性**，**統制可能性**の内の前2つか，あるいはこれら3つが取り上げられる。

まず，統制の位置は，ある出来事が起きたとき，その原因は自分か(内)それ以外か(外)ということである。したがって自分のせいで物事がうまくいかないと思ったときは，内的帰属をしているのであり，反対に他人のせいで失敗したと思うときは，外的帰属をしていることになる。続いて，安定性とは，物事の原因が時間的に安定しているか(安定)，そうではないか(不安定)に関わる。統制可能性とは，その出来事の原因は，誰かにとってコントロール可能だったのか，ということに関わる。

特に統制の位置と安定性の二次元から，以下動機づけとの関係をみていこう。原因帰属の二次元と典型的な帰属因の関係を表7-1に示す。

ワイナーの考え方では，期待×価値理論の「期待×価値＝行動」を，帰属次元から読みかえることができるとされている。そして，期待に安定次元が影響し，価値に統制の位置の次元が影響している。

では，より具体的に帰属次元からの影響について述べよう。期待には，安定次元が影響するとワイナーは考えた。原因が安定的な場合，将来にも同じことが起こる(期待高)とみるだろう。逆に，原因が不安定な場合は，将来のことについてはわからない(期待低い)と考える。次に価値(実際には行動の結果に対する「価値づけ」を，結果に対して経験する感情に置き換えて調べている)には統制の位置次元が影響すると，ワイナーはみている。具体的には，成功の原因が内的なら，誇りが生じる。失敗の原因が内的なら，恥が生じる。原因が外的の場合，経験する感情は弱いとされる。

このように，原因帰属を調べることによって，期待と価値の原因を決められ，行動の予測がつくことになるのである。ゆえに，達成行動を促すには，成功は自分のせいだとみなし，失敗は自分以外の問題か，あるいは安定的ではない帰属因，例えば努力などに帰属させるように援助することが，肝要である。

7-4 将来の予測から動機づけが変わる〜期待理論

期待×価値理論の中でも，特に期待が人の動機づけの高さ(ある行動の頻度や量の多さ)を決定するという立場を指す。ここでは自己効力に関する理論を取り上げる。

(1) 目的を果たすために行動できるという気持ち：自己効力

自己効力(Bandura, 1977)の考え方の前提として，**目的-手段関係**が明確なことが，まず指摘できる。ある手段を使えば目的が果たせると思うときでも，その手段を使えないと思うことがある。例えば「勉強すれば成績が上がる」と思うが，「自分は勉強することができない」と思うと，当然，うまくいかない。

上記のような場合を想定すると，自己効力とは，ある手段を使えば目的が果たせると思うとき，「その手段を使うことができる」という信念を指す。自己効力に関わる信念は2つある。1つは，**結果期待**といい，ある手段を使えば目的が果たせるという信念である。もう1つは，自己効力(別名，**効力期待**)自体である。これは，結果期待に基づいて，その手段を使うことができるかという信念である。いいかえると，手段的活動(行動)が自分のレパートリーであるという信念が，自己効力である。

では，なぜ自己効力という考えが必要か。この概念は，もともとは心理臨床場面で考えられた。行動療法等では，クライエントに積極的な行動を求める。だが，「ある治療法を使えば症状が治まる」ことはわかっていても，「その治療法を自分はできない」と思うと，症状は治らないのである。ゆえに，治療法を自分が使える，できる，という信念が，治療には必要である。

以下，研究例として「ヘビ恐怖」の治療を紹介する。バンデューラら(Bandura, Adams, & Beyer, 1977)の実験では，ヘビ恐怖症の人に治療をさせる。ここでの目的(治療目標)は，「ヘビ恐怖を治す」ことであり，そのための手段は，目標に到達するための小目標である。例えば「ヘビに近寄る」，「ヘビを手で触れる」といったことが段階的に連続して，最終目標につながっている。この研究例でいう自己効力とは，上記の下位目標行動をとれるという報告である。このような小目標に到達できるという信念(自己効力)をクライエントが得られるように，セラピストは関与する。そして，ある小目標に到達できるという自己効力が得られれば，次の小目標ができるための働きかけをする，といった段階を幾度も繰り返すことによって，自己効力が高まり，その結果，治療は進展したのである。

さて，自己効力が高いとその手段的活動ができると思うので，目的を果たす活動をする。つまり，動機づけが高まる。ゆえに，本当は手段的活動があまりできなくても，自己効力が高いと積極的な活動が促されるという意味で，効果があるといえる。

では，自己効力を高めるにはどうすればよいか。自己効力が低い人が他の人が実行している様子を観察する**モデリング**や，できないと思っている人に言葉による説得をする，できないと思っている人自身が自分にいい聞かせる自己教示，まずは自分でとりあえずやってみることで，意外とできる自分を発見することや，緊張をほぐすことなどが，指摘されている。

自己効力の応用研究としては，学習方法を使うための自己効力を高めることによって，効率的な学習ができるようになった例(Schunk, 1996)や，進路を決められない人に，決定のための方法(情報収集，情報の長所短所の比較等)を使えるという自己効力を高めて，進路決定行動を促した例(Taylor & Betz, 1983)などがある。

自己効力の研究には問題点もある。目的–手段関係が明確でないと，何が自己効力かわからなくなる。しかし，目的–手段関係が不明確な測定が横行している。数学の自己効力の質問例として，「あなたは数学ができると思いますか」のようなものが多い。しかし，こうした例では，何が目的で何が手段か不明である。ゆえに，自己効力を調べるにあたって，目的–手段関係を厳密に見極めてほしい。

7–5　成し遂げる目標の置き方から動機づけが変わる～達成目標理論 –

期待×価値理論でも，特に価値づけを強調した理論に1つに**達成目標理論**がある。達成目標理論とは，文字通り，物事を達成する必要がある場面で，人がもつ「目標」の内容が，その人の行動や適応などに影響するというものである。

では，目標の内容であるが，能力に対する態度の違いから達成目標の中身も異なるとされている。主に2つの態度からなる目標が取り上げられている。「もっと有能になる」という目標と，「有能だと判断される」という目標である。これらの目標について，ここではドゥエック(Dweck, C. S.)のモデルをもとに詳細に説明しよう。

(1) 達成目標の種類

達成目標には2種類ある。1つを**マスタリー目標**，もう1つを**パフォーマンス目標**とよぶ。マスタリー目標とは，努力し，能力を伸ばすことである。パフォーマンス目標とは，能力が高いという判断を得て，低いという判断を避けることである。

(2) 知能観（または能力概念）

ドゥエックのモデルの特徴の1つに，達成目標理論を規定する要因として，**知能観**を想定していることがある。知能観とは，知能(または能力)について，一般の人がもつ素朴な考え方のことである。ふつう2種類を想定している。1つは**固定理論**で，知能は1つの実体で，安定していて変わらない，というものである。もう1つは**増大理論**で，知能は多数のスキルの集合に過ぎない。だから努力をしてスキルを獲得するほど成長する，というものである。

達成目標理論による動機づけプロセスの典型的なモデルとしては，図7-3のドゥエック(1986)のモデルをみてほしい。

図7-3のように，固定理論をもつ場合，人は自分の知能は決まっているが，知能が高いと思われないと自尊心が下がるので，知能を高く見せよう，低くみせまいとする，パフォーマンス目標を設定すると考えられる。一方，増大理論

知能観	達成目標	期待	行動傾向
固定理論	→パフォーマンス目標	高	→熟達志向
		低	→無力感
増大理論	→マスタリー目標	高	→熟達志向
		低	→熟達志向

図7-3 達成目標理論によるプロセス(Dweck, 1986)

をもつ場合，人は知能を努力によって高めようとするのでマスタリー目標を設定するだろう。さらに，現在の能力への自信が高い場合，パフォーマンス目標をもつ場合は，より自分が優れていることを示そうとするので努力し続けるが，逆に現在の能力への自信が低い場合は，知能は変わりにくいと考えているので，自分はだめだと考えて無気力に陥るか，目の前の課題を避ける等をして，**自尊心**が下がらないような行動をとるとみられる。他方，マスタリー目標をもつ場合は，自信が高くても低くても，努力することでいずれ知能が成長するとみるので，努力し続けることになる。

このように，無力感や自尊心の防衛，内発的動機づけ(積極的な努力から推測される)等を1つのモデルでうまく説明できるのである。

実証研究から基本的には，次のようなことが言える。マスタリー目標を設定すると教師からみれば適切な方略や態度(理解を重視し，深い情報処理を行い，難しい課題に挑戦し，失敗に強い)を選択し，パフォーマンス目標を設定すると必ずしも適切ではない方略や態度(暗記等の学習方法，浅い情報処理，難しい課題を避ける，失敗に弱い)の選択を促すとされる。

(3) 達成目標理論の問題

遂行目標の予測性については，実証研究で一貫した知見が得られない場合もある。ただし，筆者の意見では，これは期待(自信)による交互作用を検討しないためではないかと考えるが，他の研究者はそうは考えなかった。次のように達成目標の種類を増やすことで対応しようとしたのである。

(4) 達成目標の改訂理論

最近の研究者は，より多くの目標を提唱(Elliot, & Church, 1997; Pintrich, 2000 など)を，特にエリオット(Elliot, A. J.)らは，接近-回避と個人内-相対の2つの基準の組み合わせで4つの目標を提唱している。実際には，**マスタリー-回避目標**は研究が少数なので，一般には**マスタリー-接近目標**と，**パフォーマンス-接近目標**，**パフォーマンス-回避目標**の3つを扱う研究が，現在では増加している。最近の達成目標の区別については，表7-2を参照されたい。

(5) 達成目標理論からみた教育的関わり

能力の高さや低さをあまり強調しないこと，特に他人との極端な比較は，パフォーマンス目標の設定を促すことにつながり，一部の人は無気力に陥る可能

表 7-2　最近の達成目標の区別

有能さの基準	接近への注目	回避への注目
個人内基準	課題の熟達，学習，理解に着目 自己の成長，進歩の基準や，課題の深い理解の基準を使用 **マスタリー−接近目標**	誤った理解を避け，学習しなかったり，課題に熟達しないことを避ける 課題に対して正確にできなかったかどうか，よくない状態ではないかという基準を使用 **マスタリー−回避目標**
相対基準	他者を優越したり打ち負かすこと，賢くあること，他者と比べて課題がよくできることに着目。 クラスで一番の成績をとるといった，相対的な基準の使用 **パフォーマンス−接近目標**	劣等であることを避けたり，他者と比べて愚かだったり頭が悪いと見られないことに注目。 最低の成績を取ったり，教室で一番できないことがないように，相対的な基準を使用 **パフォーマンス−回避目標**

性が高まる。一方で，努力すれば少しでも伸びることができる，という経験を積極的に提供することが必要だろう。

まとめ

- 学習者が外から強制されているという気持ちを抱かないようにする。
- 自ら積極的な活動をするようになるには教師等との良好な関係が大切である。
- 最初はすぐにできることを目標にして，自信をつけさせる。
- ほめたり物を与えるのも1つの方法だが，押しつけにならないようにする。
- 他者との競争は決して悪くないが，過度にならないようにする。
- 学習者自身の中での成長や上達を確認させていく。

8章 主体的学習を支える学級集団づくり

8-1 学級内の人間関係

(1) 安心できる学びの環境の重要性

教員には，すべての児童生徒が落ち着いて学び，安心して生活できる場をつくるために，さまざまな働きかけを行うことが求められる。学校の中で安心できる居場所がなく，不安にさらされている児童生徒を見逃さないことが，教員にとって重要な仕事の一つとなる。例えば朝のあいさつや，休み時間の他の児童生徒とのやりとりなどを意識して観察することで，孤立している児童生徒を発見する手がかりが得られるだろう。

本来的な能力には大きな差がない子ども同士であっても，日常的に家庭などで安心して生活できている子と，虐待や家族の離婚，学校でのいじめなど，さまざまな問題にさらされている子どもとでは，動機づけ，集中力や学習効率，認知技能の発達に大きな差が出てしまいやすく，ひいては数年間で大きな学力差がついてしまいかねない。

したがって，主体的学習への動機づけが高まるためには，不安の種がなく，安心して目の前の課題に取り組める状況づくりが非常に大切になる。昨今は貧困や虐待など，家庭においても子どもたちの自己肯定感や意欲，安心感を低下させる要因が多い。これらの阻害的な要因をクリアして初めて，教師の授業力が生きてくる。「授業さえよければ，クラスが安定する」ということは，よほど生育環境に恵まれた児童生徒の集団であれば当てはまるかもしれないが，一般的にはあり得ないと言えよう。したがって，教職志望者は，授業力を磨くことはもちろんであるが，それ以前に，子どもたちの心の土台になる意欲，安心感，非認知的スキル，などを適切に見取り，向上させるノウハウを持っていることは，必須であると言えよう。

仲間はずれなどの人間関係トラブルについては，加害者はもとより，被害者も被害にあっていることを親や教師に話さないことが多い。援助を求めない理由は，親や教師に話しても解決しないどころか，事態が悪化するだろうという予期，重要な他者に心配をかけたくないという気持ち，被害者であると認めることが恥ずかしいなど，さまざま挙げられる。さらに近年，SNS を介したコミュニケーションの増加によって，児童生徒の対人関係を教員が把握するのは難しくなっている。そこで本節では，児童生徒の対人関係を把握するために開発された代表的な手法と，その注意点について解説する。

(2) ソシオメトリー

1980 年頃までの教育現場において，学級集団の人間関係を把握するためによく使用されていた方法として，ソシオメトリーがある(ソシオメトリックテストともいう)。**ソシオメトリー**とは，精神医学者のモレノ(Moreno, J. L.)によって開発された，手法である。例えば「もしクラス替えがあったら，また同じクラスになりたい人を 3 人挙げてください」(選択)といったアンケートをとる。「同じクラスになりたくない人」(排斥)を挙げてもらうこともできる。

アンケートから得られたデータは，ソシオマトリクス(表 8-1)としてまとめる。例えば A さんが同じクラスになりたい人として，B さん，D さん，E さんの 3 人を挙げていた場合，A さんの縦の列を見て，B さん，D さん，E さんに○をつける。排斥についても同様に縦の列を見て，「いっしょになりたくない人」として挙げた人のところに×をつける。各人の選択・排斥の回答を○×で書き込んだら，行ごとに被選択数(「いっしょになりたい人」として名前を挙げられた数，○の数)，被排斥数(「いっしょになりたくない人」として名前を挙げられた数，×の数)を合計して書き込む。最後に，各メンバーの人間関係における立場の簡単な指標として，差引地位(被選択数―被排斥数)を計算する。こうした表にまとめることで，学級の中で選択されない孤立型，多数から選択される人気型，一方的な選択関係しかない周辺型として児童生徒を分類し，支援に役立てることができる。

ソシオマトリクスではわかりにくい場合，ソシオグラム(図 8-1)というネットワーク図にまとめることもできる。図からは，C さんが孤立していることのほか，E さん，F さん，G さんが相互に選択しあう仲の良いグループであることがわかる。ただし，ソシオグラムはソシオマトリクスに比べると，誰をどの位置に置くかの決まりがないため，先入観に沿った作図が行われる危険性がある。また，ソシオマトリクスと同じく，人数が多くなると手間がかかる上，図

表 8-1　ソシオマトリクスの例

		1	2	3	4	5	6	7	被選択数	被排斥数	差引地位
		A さん	B さん	C さん	D さん	E さん	F さん	G さん	-	-	-
1	A さん	-	○	○	○		○		4	0	4
2	B さん	○	-	○	○	○			4	0	4
3	C さん	×	×	-		×	×	×	0	5	-5
4	D さん	○			-			○	2	0	2
5	E さん	○	○	○		-	○	○	5	0	5
6	F さん		○		○	○	-	○	4	0	4
7	G さん			×	×	○	○	-	2	2	0
選択数		3	3	3	3	3	3	3			
排斥数		1	1	1	1	1	1	1			

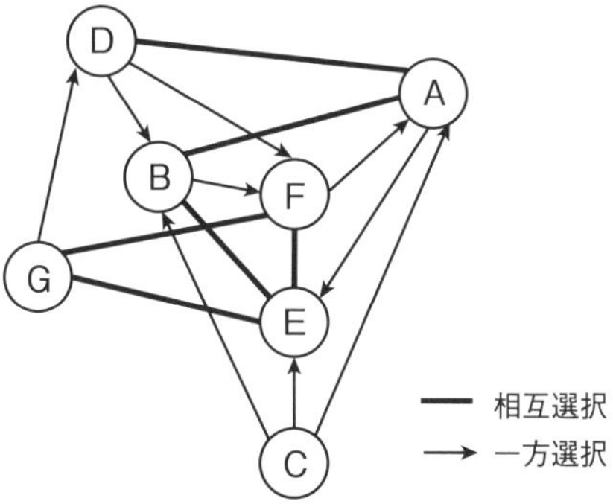

図 8-1　ソシオグラムの例

が複雑になりすぎると関係を読みとりにくくなる。

ソシオメトリーは集団内の人間関係を可視化する便利なツールであるが，現在ではほとんど使われていない。その理由は，アンケートを行うこと自体が，児童生徒の人間関係に悪影響を及ぼしかねないという倫理的な問題点にある。「誰が好きか(いっしょにいたいか)」「誰が嫌いか(いっしょにいたくないか)」といった質問に答えることは，本人の中ではっきり意識していない好悪の感情を明確にさせてしまう。また，収集したデータの管理や，アンケートを実施する理由の説明を児童生徒や保護者に対して適切に行わないと，深刻な信用問題に発展する可能性もある。

(3) ゲスフーテスト

ゲスフーテスト(guess-who technique/test)は，心理学者のハーツホーン(Hartshorne, H.)とメイ(May, M. K.)によって開発された評価法である。このテストでは，「クラスの中で，困っている人を助けてあげるのは誰でしょうか」といった具体的な行動について尋ね，名前を挙げてもらう。1人以上挙げてもよいし，自分の名前を書いてもよい。ポジティブな質問だけでなく，「掃除をするときに，すぐいなくなってしまう人は誰でしょうか」というように，ネガティブな質問を設けることもできるが，実施する際にはソシオメトリーと同様に十分な配慮と説明が必要である。

(4) その他の新たな方法

ソシオメトリックテストとゲスフーテストは児童生徒の人間関係が正確にわかるものの，秘密の保持や答えにくさなどの問題も大きい。そのため最近では，学級全体の雰囲気を診断するため，個人を名指しさせないテストが用いられることが多い。

新たに開発されたテストの多くは，学級集団の特徴をルールと人間関係の2つの軸から把握しようとするものである。例えば瀧口信晴(2009)による「学級内での社会性を見取るための児童用自己評価シート(30項目)は，学級内の役割を果たすという機能面についての自己評価(例：「クラスの仕事を最後までやり通す」)と，学級の中で気持ちが通じるかという情緒面についての自己評価(例：「なやみ事がある時はクラスの友だちに相談する」)からなる。また，いじめや不登校など，より深刻な問題への対応を視野に入れたテストとして，河村茂雄(2006)による **Q-U**(Questionnaire-Utilities)**テスト**がある。Q-Uテストでは，集団生活と人間関係についてのルールについての「被侵害得点」(得点が高いほどルールが確立されていない)と，親密な人間関係ができているかについての「承認得点」がある。いずれも得られた自己評価得点を二次元の散布図にプロットすることで，学級の中で児童生徒が自分自身をどうとらえているかがわかる。他の方法と同様に，回答の管理など注意すべき点があるが，どの児童生徒に早急に支援が必要なのかを判断する手がかりとなるだろう。

8-2 教師と児童の関係

(1) 児童生徒の意欲を引き出す要因

学力や意欲などの態度には，どんな要因が影響するだろうか。家庭環境，遺伝，学校のレベル，教師の教え方など，さまざまな要因が思い浮かぶだろう。3章では，発達段階に応じて学力に影響を与える要因について紹介した。ここではその中でも，教師と児童生徒との関係について取り上げたい。

教育心理学では，学力に影響する要因を調べた数多くの研究はあるものの，研究を超えた効果の比較は最近まで行われてこなかった。2009年になって，教育学者のジョン・ハッティ(John Hattie)は，**メタ分析**(数多くの研究で得られた効果を共通の尺度にして，全体的な効果量を出す統計的方法)によって膨大な研究の比較を行い，『教育の効果』として出版した。そこで扱われている要因は138(日本語版では78のみ)にものぼるため，詳細は省くが，教師と児童生徒との関係についても扱われている。結論からいうと，教師と児童生徒との間に良好な人間関係があると，学力や態度は向上する。意外に思うかもしれないが，教師と児童生徒との関係が学力や態度に与える効果は，親の社会経済的地位と比較しても遜色ないか，やや大きいくらいである。児童生徒が一日の大半を過ごす学校の中では，教師が大きな影響力を持つと考えていいだろう。

さて，『教育の効果』の中でハッティはマイノリティ(マオリ族)の児童生徒を対象とした興味深い研究例を紹介している。その研究では，学力に何が影響すると思うかを，児童生徒自身，保護者，学校の管理職，教師に聞き取り調査を行った。発言内容を分析したところ，学力に影響する要因として挙げられたのは，児童生徒自身，教師と児童生徒の関係，教育条件となった。ここで興味深いのは，教師以外の三者(児童生徒自身，保護者，管理職)はすべて，学力に最も強く影響するのは教師と児童生徒との関係だと発言することが多かった点だ。一方，教師の発言の中で最も多かったのは，児童生徒自身の要因だった。つまり，教師は児童生徒の学力は本人に原因があると考えているが，教師以外の人はそうは思っていない。教師は自分が児童生徒に与える影響を自覚しにくいともいえる。

では，教師と児童生徒の関係は，どのようなプロセスを経て学力に影響を与えるのだろうか。それは，ハッティの研究からさかのぼること40年，心理学者のローゼンタールとジェイコブソン(Rosenthal, R. & Jacobson, L.)が1968年に発表した研究の中ですでに明らかにされている。ローゼンタールらは小学校の全学年を対象に新種の知能テストを実施した。このテストは，知能の伸びを予知するテストというふれこみで行われた。さらにローゼンタールらは，教師に何人かの児童生徒を挙げて，これから急速に学力が伸びるだろうと伝えた。実は，ここで挙げた児童生徒の成績が伸びるかどうかは，ローゼンタールらにもわかっていなかった。というのも，ローゼンタールは知能テストの結果とは無関係に，ランダムに選んだ児童生徒の名前を教師に伝えたのである。この実験の真の目的は，知能テストの実施ではなく，教師が児童生徒に対して持つ根拠のない期待が学力に影響するかを調べることだった。そのためローゼンタールらは，知能テストの結果とは関係なく選んだ児童生徒について，教師に期待を持たせるような発言をしたのである。そして半年後，同じ知能テストを行って成績の変化を調べた。

この実験の結果，高い期待をかけられた群(実験群)では，それ以外の群(統制群)に比べて成績が実際に伸びたことが明らかになった(図 8-2)。つまり，根拠がなくとも期待された児童生徒は，期待に応じた行動をとったといえる。この現象は，教師の期待に応じて学力の効果が現れたとして**教師期待効果**とよばれている。または，ローゼンタールらの研究論文のタイトル「教室のピグマリオン」からとって**ピグマリオン効果**ともいわれる(ピグマリオンという王が理想の女性像を石でつくり，生きた人間になるよう願ったところ，願いが叶えられたというギリシャ神話に由来する)。

それでは，教師期待効果はどのようなプロセスで生じたのだろうか。ローゼンタールらは，期待をかけられた児童は，統制群の児童に比べ，授業でうまくいったときにほめられやすく，失敗したときに叱られにくい傾向があった。共

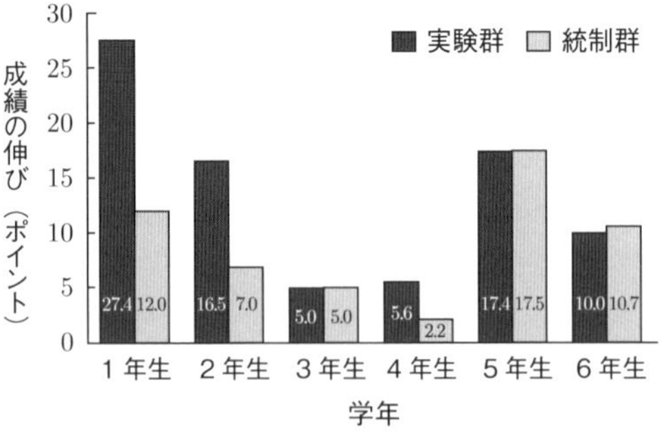

図 8-2 学年ごとにみた成績の変化(教師期待効果)
(Rosenthal & Jacobson, 1968 より作図)

感的な反応や励ましは，児童生徒の学習意欲を高め，結果として学力の向上につながる。したがって，教師と児童生徒の間の温かく良好な関係を築いていると，児童生徒の学力や学習に対する意欲にポジティブな影響があると考えてよいだろう。また，グラフからわかるように，こうした効果は小学校低学年の間で顕著に見られている。発達の段階が早く，授業に対する内発的動機づけが定まっていない低学年の段階では，教師からの温かい励ましや共感的な反応がもたらす影響は大きいといえるだろう。

ところで，ローゼンタールらは，期待の効果はとくにマイノリティらしい外見の男子児童に対してとくに高いことを報告している。こうした男子児童に対する(実験前の)教師の期待はとくに低いため，恩恵も大きいのかもしれない。「見た目で人を判断してはいけない」といわれるものの，私たちの判断はつい見た目に動かされてしまう。一つの際立った特徴(この場合は外見)に，ほかの特徴の評価(意欲や学力)が引きずられて歪む傾向をハロー効果(ハローとは聖人の後ろにさす後光の意味)という。**ハロー効果**はポジティブにもネガティブにも働きうるが，いずれも評価の歪みを引き起こすため，注意が必要だといえる。

(2) 教師のリーダーシップ

表8-2は，教師のリーダーシップの作用の実態(機能)を，P(パフォーマンス)とM(メインテナンス)の2次元で評価するための質問項目である。**P機能**を測定する項目は，集団を統率したり，決まり事を守らせるなど，集団を引っ張る機能について問うものであり，**M機能**を測定する項目は，児童一人ひとりを理解して寄り添う機能について問うものである。三隅二不二(じゅうじ)が提唱したこの**PM理論**は，8-1節(4)で紹介したQ-Uテストの発想の元になった理論でもある。多くの場合，Mが高いことが安心できる学級づくりの基盤であり，そのうえでPも高いと，意欲的で達成成績も高く仲の良いクラスができやすいこと，Mの基盤なくPのみが高いと，ともすると静かでつまらないクラス，いじめはないが仲良くもないクラス，先生の怒るポイントがわからず，先生のその時の目線で児童生徒への評価が上下するので，えこひいきがあると感じられるクラスになることも少なくない。

そして，MとPの両方が低いと，学級崩壊や，いじめの蔓延などの問題が増える傾向にある(図8-3，表8-2)。図8-3を見ると，P機能のみが高いときは先生への好意や学級のまとまりや楽しさが高まらないが，M機能が高いと

表 8-2　あなたが小学校 6 年生だったときの担任の先生を思い浮かべてみましょう。PとMの 20 項目について，その先生がどれくらい当てはまるか，1(全く当てはまらない)から 5(非常によく当てはまる)まで 5 段階で点数をつけて，合計点を出してみましょう。

	全く当てはまらない	あまり当てはまらない	半分くらい当てはまる	かなり当てはまる	非常によく当てはまる
P 機能を測る項目					
1. 勉強道具などの忘れ物をしたときに注意する	1	2	3	4	5
2. 忘れ物をしないように注意する	1	2	3	4	5
3. 家庭学習(宿題)をきちんとするようにきびしく言う	1	2	3	4	5
4. 名札ハンカチなど細かいことに注意する	1	2	3	4	5
5. 児童たちの机の中の整理やかばんの整頓，帽子の置き方などを注意する	1	2	3	4	5
6. 物を大切に使うように言う	1	2	3	4	5
7. 学級のみんなが仲良くするように言う	1	2	3	4	5
8. 自分の考えをはっきり言うように言う	1	2	3	4	5
9. きまりを守ることについてきびしく言う	1	2	3	4	5
10. わからないことを人に尋ねたり，自分で調べたりするように言う	1	2	3	4	5
ここでは合計 30 点以上で P，30 点未満で p とします　　P 機能の合計点(　　)点					
M 機能を測る項目					
1. 児童の気持ちをわかる	1	2	3	4	5
2. 児童と同じ気持ちになって考える	1	2	3	4	5
3. えこひいきしないで，児童を同じようにあつかう	1	2	3	4	5
4. 児童が話したいことを聞く	1	2	3	4	5
5. 勉強の仕方がよくわかるように教える	1	2	3	4	5
6. 児童が間違ったことをしたとき，すぐに叱らないでなぜしたか聞く	1	2	3	4	5
7. 何か困ったことがあるとき，相談に乗る	1	2	3	4	5
8. 勉強がよくわかるように説明する	1	2	3	4	5
9. 児童と遊ぶ	1	2	3	4	5
10. 学習中，机の間を回って一人ひとりに教える	1	2	3	4	5
ここでは合計 30 点以上で M，30 点未満で m とします　　M 機能の合計点(　　)点					

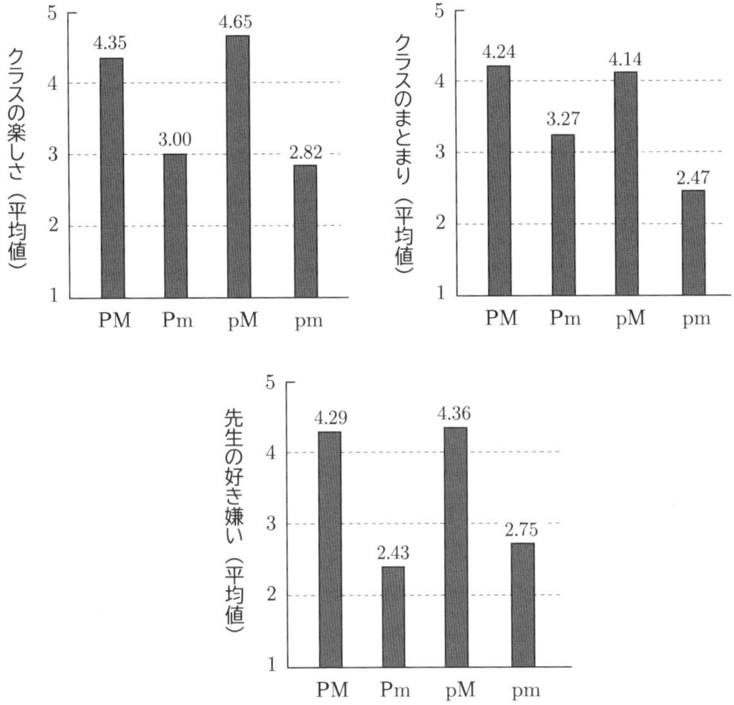

図 8-3　リーダーシップの 4 タイプ

先生への好意などが高まり，そこにＰ機能の高さが加わると，学級が活性化して楽しくなることがわかる。

ＰとＭの高低は，教師の性格特性によることも少なくないので，急に変えることは必ずしも容易ではない。しかし，このような原理を理解したうえで，児童生徒への言葉かけを，自分の愛情や思いやりが正しく伝わる表現になっているか，子ども，保護者，同僚にチェックしてもらうなどの謙虚な自己省察を繰り返すことで，長い目で見ると，教師も大きく成長できるだろう。

まとめ

- 教師が児童生徒に期待をすることで，児童生徒に対する接し方が変わり，結果として学力か向上することを教師期待効果(ピグマリオン効果)という。ローゼンタールらによって名づけられた。
- 対象の持つ際立った特徴に引きずられて対象の評価が歪むことをハロー効果という。例えば劣った特徴(マイノリティであること)が学力の評価を不当に押し下げたりすることがある。逆に目立った特徴(親の社会経済的地位が高いこと)が子どもの学力を過大評価させるといったこともある。
- 学級内の対人関係を把握する方法として，選択または排斥を望む他者の名前を挙げさせるソシオメトリックテストや，特定の行動をとる児童生徒の名前を挙げさせるゲスフーテストがある。いずれも実施に伴う悪影響が考えられるため，実施には熟慮が必要とされる。
- 教師のリーダーシップのあり方は，クラスの雰囲気，児童生徒の意欲や学力などとも密接に関連する。

9章 主体的学習を支える評価・測定

本章では，評価の中でも特に学習評価に焦点を当て，その意味を「学習の過程とその成果に対して何らかの価値づけ・判断を行うこと」と捉えた上で，評価の分類，実施の際の留意点について紹介する。

9-1 学習評価とは

学習評価は，一般的に目標，学習／指導，評価の3つの柱の一部に位置づけられる重要な活動である。重要である理由は，学習評価が「目標が達成されたか」「学習／指導の効果はあったのか」を確認する手段であるため，また，評価の結果によって目標や学習／指導が改善されていくためである。例えば，学校教育においては，目標を子どもが達成したか，教師の手立てが本当に効果的だったのかを検討するために，評価が使われている。また，評価の結果によって，目標が調整されたり，授業のやり方が修正されたりしている。「子どもが本当に学んでいるのか，どうも手応えがわからない」，「自分の授業の進め方に自信がない」と教師が感じるような授業であっても，評価をきちんと行うことによって改善し，教師も子どもも手ごたえを感じられるようになる。

以下では，学習評価を，何を(What)，いつ(When)，どこで(Where)，誰が(Who)，なぜ(Why)，どのように(How)という6つの側面で整理する。

評価という言葉はその範囲が非常に広く，さまざまな内容を意味するため，同じ「評価」という言葉を使っていても，人の間で全く異なる内容が頭にイメージされていることがある。例えば，学習評価は一般的にイメージされやすいテスト形式だけではなく，「生徒の授業中の様子に対する教師からの言葉かけ」，「ノートの書き込みに対する教師からの一言コメント」，「年間の学びの様子に対する，学級通信でのクラス全体へのメッセージ」など，さまざまな形式がありうる。イメージの違いからの混乱を避けるためには，学習評価を図9-1

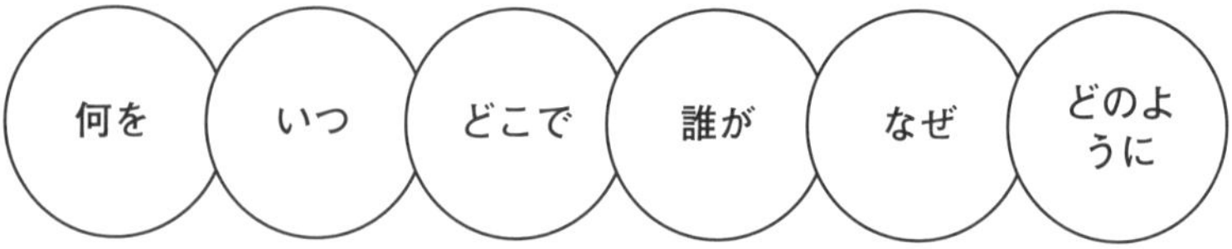

図 9-1　学習評価を整理する 6 つの側面

に示す 6 つの側面で実施前の段階で整理しておくと，子ども，同僚，保護者等とのイメージの共有が図れ，誤解なく評価を行うことができると考えられる。

9－2　学習評価の対象（What：何を評価するのか）

「何を評価したいのか」，すなわち評価の対象は，評価を考えるときの根幹となる要素である。評価の対象にはさまざまなものがあり，本章で取り上げる学習評価以外にも，代表的なものとして授業，カリキュラム，学校，教師といった対象が挙げられる。学習評価は，子どもの学習の様子・過程と，その成果について評価を行う。また，その評価内容は，授業・カリキュラム・学校・教師の評価を行う際の参考にされる場合があり，学校教育の基本となる評価といえる。

なお，本章の焦点ではないため詳しい説明は割愛するが，授業評価を行う際，日々の学習 / 指導の様子を活用し，授業改善に結びつけることが多い。日々の学習 / 指導の様子として評価に使われる情報としては，「日付，課題，対処，結果」等のエピソードを記載したノート（日々の実践を書き込める），座席表形式の記入用紙（一人ひとりの要素を書き込める），板書の写真（日々の授業内容，子ども同士の議論した内容を記録できる），学習指導案（公開研究授業などの外部公開の機会にわかりやすく授業のねらいを示せる）が使われることがある。

学習評価の対象は，分類が可能である。現在一般的に学校教育で学力・身につけるべき力として扱われているのは，例えば 2017 年・2018 年改訂の学習指導要領における，「知識及び技能」「思考力，判断力，表現力等」「学びに向かう力，人間性等」（文部科学省，2017a；2017b；2018）という資質・能力の 3 つの分類がある。また，国際的な議論においては，資質・能力（コンピテンシー）に対して「知識」「スキル」「態度・価値」（OECD，2019）という分類が

表 9-1　学習評価とその他の評価

評価の対象	評価する情報の例
子どもの様子・過程と，その成果	・子どもの発言，動作(実技，演奏，演技等含む) ・作品 ・ノートの記述 ・テスト，評価シートなどの記述等

なされている。何を評価するのか，すなわち評価の対象が明確でないと，きちんと評価ができたのかを判断することはできないし，評価を設計したり，計画したりすることも困難になる。その意味で，評価の対象は評価の根幹であり，可能な限り明確に定める必要がある。

なお，一般に知能指数(IQ：Intelligence Quotient)を測定するものとして広く知られている知能検査は，学習評価の手段としてあまり使われることはないものの，評価の一つではある。知能指数は，知的能力(知能)を数値で表現したものである。また，概念であるため目には直接見ることができない知的能力を測定する手段が知能検査である。代表的な知能検査としてウェクスラー式知能検査(児童用の WISC，成人用の WAIS，幼児用の WPPSI)，田中ビネー知能検査などがある。

9-3　学習評価の時期と場所(When and Where：いつどこで評価するのか)

学習評価は行われる時期によって，診断的評価，形成的評価，総括的評価という大きく3つに分類することができる。時期によって望ましい評価内容が異なるため注意が必要である。表 9-2 では，学習評価を，その主な目的，特徴，場所(「一回の授業内で実施する場合(短期)」と「単元 / 題材内や学期内で実施する場合(中・長期)」の2つ)という視点から，それぞれの特徴を示している。

理想的には，診断的評価から，形成的評価，総括的評価と進み，得られた情報をそれぞれの場面で活かすことが望ましい。しかし，学習評価のための時間や手間が常に十分確保できるとは限らないため，時間や手間などのコストを小さくし，実施可能な形にすることが重要である。

表 9-2 学習評価の時期と場所(When and where)

	診断的評価	形成的評価	総括的評価
主な目的	・事前に状況を把握し，学習／指導に活かすため。	・得た情報を進行中の学習／指導に活かすため。	・学習／指導の結果を知り，次回以降の学習／指導に活かすため。
内　容	・学習内容の既有知識，動機づけ等の準備状態を確認する。	・授業での学習／指導の内容や，その結果を確認する。	・学習の最終的な成果を評価する。
一回の授業内で実施する場合(短期)	導入で実施 例．授業の冒頭で，前の授業の内容について教師が発問する。 例．授業の冒頭で，他の教科・領域との関連を子どもに発問する。	展開で実施 例．授業内で子どもの様子を教師が見とる。 例．授業内に練習の機会を設けて，結果を子ども同士で伝え合う。 例．子どもが作文をお互いにコメントし合う。	まとめで実施 例．授業の最後に振り返りを実施し，学習内容を把握する。 例．授業の最後に小テストを実施して，結果を伝える。
単元／題材内や学期内，年間で実施する場合(中・長期)	学習前に実施 例．単元／題材の初回授業で，内容への興味の度合いを見とる。 例．単元／題材の開始直前に，学習の前提となる知識の理解度を小テストで調べる。	学習中に実施 例．学校行事の準備途中で，進捗状況を生徒と一緒に確認する。 例．単元／題材の途中で，内容の理解度を小テストで確認する。	学習後に実施 例．学校行事が終わった後に，自己やグループ・クラス全体の達成度について話し合う。 例．定期テストを行う。 例．1年間の最後に学習経験を振り返る。

9-4 学習評価の実施者(Who：誰が評価するのか)

学習評価は，一般的にイメージされる「教師が子どもをテストで評価する」といった教師が行うものだけではなく，さまざまな人が行うことができる。

- ・教師が行う場合(教師評価)
- ・子どもが自分について評価する場合(子どもの自己評価)

・周囲の子どもが相互に評価し合う場合(子ども同士の相互評価)
・保護者に評価してもらう場合
・普段学校にいない，外部の専門家などに評価してもらう場合等

子どもの自己評価，子ども同士の相互評価，保護者や外部の専門家の評価によって，教師評価だけでは気づかないような点を把握することができる。また，子どもが学習評価を実施することで，子どもが自分の学習を自分事として捉え，学習に主体性を持って臨む効果も期待できる。さらには，子どもが自分を振り返る練習になったり，子ども同士の関係性が強くなったり，保護者に教育内容を深く理解してもらえるようになったりする効果を持っている。

教師以外による評価はよい効果を持つ一方で，注意すべき点も持っている。例えば，子ども同士の相互評価によって傷つく子どもが出てこないよう，また保護者に教育内容への誤解を与えないよう，評価のやり方を明確に子どもに説明したり，評価される子どもを励ますような評価結果の表現にしたりすることが重要と考えられる。なお，子どもが評価によって傷つくことがないように，という点は教師評価の場合でも同様に注意すべき点である。

また，子どもが自己評価を行う際の注意点として，「子どもが自身の状態について正確に，もしくは多面的に認識することの難しさ」がある。子どもが自分の理解度などの認知(知的機能)の状態を把握する力は「メタ認知」とよばれ，メタ認知を適切に行うことは発達段階が低いほど難しいことが以前から知られている(Flavell, 1979)。子どもが自身の状態について把握することが難しいことは，①子どもの自己評価だけに頼るのではなく，自己評価以外にも複数の評価を組み合わせて子どもを多面的に見ていくことの大切さとともに，②メタ認知を促進するような方法を教師が使うことの必要性を示していると考えられる。例えば，特に低学年の子どもに「○○についてわかったと思いますか」といった曖昧な問いを使って理解度を自己判断させても，その子が正確に自分の理解度を判断できるとは限らない(理解できていなくても「わかった」と自己判断してしまう)。例えば，「知らない人に教えるつもりで，○○について説明してみましょう」のような問い(市川(1993)の仮想的教示)を与えることで，子どものメタ認知を促進し，子どもが正確な自己評価を行えるようになると考えられる。

9-5　学習評価の目的（Why：何のために評価するのか）

（1）学習評価を行う側から見た目的

「学習評価を何のために行うのか」，すなわち学習評価の目的は，適切な評価結果の扱い方や，評価結果の表現の仕方に影響を与える。前述の診断的評価，形成的評価，総括的評価に関する表9-2では「事前に状況を把握し，学習／指導に活かすため」といった学習／指導への活用を目的として紹介した。しかし，学習／指導に活かす以外にも，学習評価が持ちうる目的は存在する。

・教育政策を決める参考にするため
・学校の運営・改善を行うため
・カリキュラムを改善するため
・教師が授業の仕方を改善するため（指導に活かす）
・子どもの選抜や処遇を決める情報を得るため
・子どもに学習の様子とその結果を伝えるため（学習に活かす）
・保護者に情報を提供するため

目的から見た評価の注意点としては，「目的外使用を避けること」，つまり事前に設定した目的以外での評価結果の使用は避けることが挙げられる。例えば，「子どもに学習の様子とその結果を伝えるため」に授業内に相互評価を実施し，子どもにもそのような目的を説明しているのであれば，「子どもの選抜や処遇を決める情報を得るため」に評価結果を使うことは避けるべきと考えられる。

また，評価とその結果の形式・内容は，目的に応じて適切に調整することが望ましい。例えば，「子どもに学習の様子とその結果を伝えるため」には，評価結果を子どもにもわかりやすいように表現したり，また次の学習につながるように励ますような形式にしたりする工夫が考えられる。

（2）学習評価を受ける側から見た目的（子どもは評価をどう捉えているのか）

前述の学習評価の目的は，評価を行う側の視点から見たものになっている。一方，学習評価を実際に行う際は，評価を受ける側，特に子どもが「どのように評価について考えているか」という点も重要になってくる。理由としては，評価の受け取り方によって，子どもの評価結果の活かし方が変わってくるためである。

鈴木（2012）は，評価のうちテストに着目し，テストの実施目的・役割に対す

表9-3　テスト観（鈴木，2012をもとに作成。括弧内は筆者の補足）

テスト観	テスト観の測定項目例
改善	「テストは，自分がどれくらい理解できているかを確認するためのものだ」（自分の把握）
強制	「無理にでも勉強に向かわせるために，テストがある」（テストがないと勉強しない）
誘導	「テストは，自分に勉強する習慣をつけさせるためだ」（学習計画・意欲，ペースメーカー）
比較	「テストは，勉強のできる人とそうでない人を分けるためのものだ」（選抜，序列化）

る学習者の認識を「テスト観」と名づけ，「改善」「強制」「誘導」「比較」という4つの分類を得た（表9-3）。

鈴木・西村・孫（2016）では，中学生を対象とした調査の結果から，①テストを学習改善のためのものとして捉えること（「改善」）で，自律的な学習への動機づけが増加すること，②テストを勉強へ強制させるものとして捉えることで自律的な学習への動機づけが低くなることが示されている。生徒が主体的に学習を進めるためには，学習評価に対する生徒の捉え方，具体的には「学習改善のため」という目的を生徒が持っていることが重要であろう。

なお，鈴木（2012）では，「評価の目的や基準に関して実施者と受け手との間にしっかりとした知識の伝達・合意がある評価の状態」を指すインフォームド・アセスメント（村山，2006）について調査を行い，インフォームド・アセスメントの実施が子どもに「改善」を強く認識させるという結果を得た。説明の内容としては，①テスト実施の理由，②各テスト問題のねらい，③採点基準，④テスト結果の利用方法，⑤各学習者の理解度が挙げられる。上記より，教師は授業中やテスト返却時に，子どもとの間で学習評価についてしっかりとしたイメージを共有しておくことが重要である。

9-6　学習評価の方法（How：どうやって評価するのか）

（1）学習評価の進め方

ここまで，評価のうち，特に学習評価を，何に，いつ，どこで，誰が，なぜという側面で整理してきた。最後にどのように（How）として，学習評価の方

表 9-4 「自分の食生活を振り返った上で，栄養素の観点からの課題について，根拠を基に考えられたか」という評価規準に対するルーブリックの例

A 十分満足できる	B おおむね満足	C 努力を要する
・自分の食生活を振り返り，栄養素の観点からの自分の食生活の課題について根拠に基づいて述べている。	・自分の食生活を振り返り，自分の食生活の課題を挙げている。	・自分の食生活を振り返った上での課題を挙げられていない。

法を紹介する。

学習評価を行う際には，評価規準（通称「ノリ準」）と評価基準（通称「モト準」）という2つの「キ準」を設定することで，ぶれの少ない，一貫性のある安定した評価を行うことができる。二つの「キ準」の使い分けは人によって異なることがあるものの，評価規準は「学習目標を具体的に述べたもの」であり，規準を設定した後，評価基準を「規準の達成度を測るものさし」として設定するとわかりやすい。例えば，評価基準の「ものさし」には，ルーブリックが使われることがある。ルーブリックは達成度を記述によって段階で示したものである。例えば，家庭科の評価規準として「自分の食生活を振り返った上で，栄養素の観点からの課題について，根拠を基に考えられたか」を設定した場合，ルーブリックは，表9-4のように設定できる（下線は強調のために追加）。

なお，前述のように，学習評価には「言葉かけ」のような即時にその場で生徒に対応して行うものも含まれるため，学校内のすべての学習評価において規準・基準を事前に，明確に，文章で設定することは困難である。しかし，たとえ即時的な「言葉かけ」の場合であっても，教師の中や同僚の間で評価の方針や，規準・基準を明確にしておくことで，その場その場でのいきあたりばったりの対応や，一貫性に欠ける対応を避けやすくなると考えられる。

（2）学習評価の留意点（「良い評価」とは）

評価という行為とその結果が持つ影響力は大きく，例えば同じ評価であっても，子どもや保護者を傷つけてしまうこともあれば，子どもを励まし，子どもの主体的な学習を促進してくれることもある。そのため学習評価を行う際は，何に，いつ，どこで，誰が，なぜといったポイントを把握した上で，その後，以下の「安全性」，「妥当性」，「コスト」，「主体的・対話的で深い学びへのつながり」といった留意点をもとに適切に実施することが望ましい。

a. 安全性の高さ

安全性の観点からは，学習評価によって生徒を傷つけないという点が重要である。その意味で，安全な評価が「良い評価」である。特に，学習評価の結果を，記述や口頭で伝える場合の注意点として永田・松尾・布施・元(2019)の道徳科の評価に関する知見が参考になる。永田ら(2019)は，「道徳科の評価記述」に関連して，記述で評価を伝える場合の課題になりそうなこととして，「マイナス面の記述」(励ますために記述を避ける)，「人権的な配慮」などを挙げている。また「子どもの障害，ジェンダー(社会的な性)，身体特徴，得意不得意などで固定的な見方をしていないか」，「不必要に個人の情報を明かしていないか」などへの配慮を例として示している。

b. 妥当性の高さ

学習評価に限らず，評価の良さを示す指標として心理学では妥当性・信頼性が多く使われてきた。学習指導要領においても，学習評価の充実のためとして「創意工夫の中で学習評価の妥当性や信頼性が高められるよう，組織的かつ計画的な取組を推進するとともに，学年や学校段階を越えて児童の学習の成果が円滑に接続されるように工夫すること」(文部科学省，2017a)への配慮が述べられている(下線は筆者が強調のため追加)。

「測定したいものをどれだけ測定できているか」の程度は，妥当性とよばれる。妥当性が高いほど測定したい内容をきちんと測定しているといえるため，「良い評価」といえる。評価の妥当性を高めるには，まず，そもそも何を評価したいのか(評価の対象)を明確にすることが重要である。評価の対象が曖昧では，きちんと評価できているか判断ができなくなってしまう。

評価の対象を明確にした上で妥当性を高めるには，同僚など他の専門家に，「評価したいものをどれだけ評価できているか」についてチェックしてもらうという方法がある。例えば，テストを作成する際，一人の教師だけでは見逃していた要素について，他の教師からコメントをもらうことで気づける。

また，評価を児童生徒にとってわかりやすくする，特に発達段階を踏まえた評価形式(例．漢字，表現の言い回し)にすることも評価の妥当性を向上させるためには重要である。そのために，可能であれば子どもに評価を試しに実施してもらい，その反応・結果をもとに評価を改善することが考えられる。子どもの反応から，測定したい力の中で見逃している要素がないかの確認もできる。

同僚や子どもなどの他者のチェック・反応に加えて，評価の信頼性を高めることでも妥当性が向上する。信頼性は，「どれくらいの正確さで測定できてい

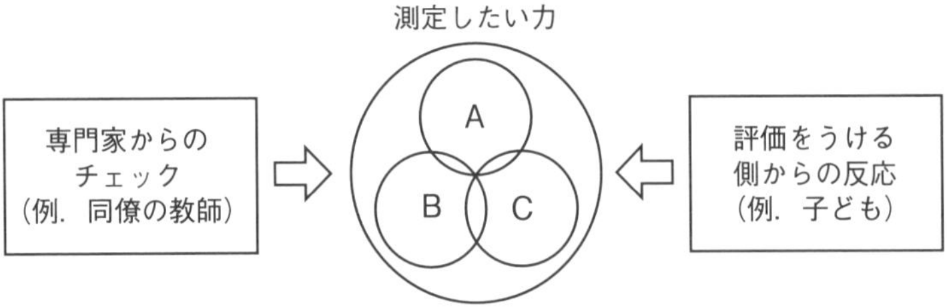

図 9-2　測定したい力，その要素 A，B，C と他者からのチェック・反応の関係
（測定したい力の要素の例 A，B，C は相互に重なりを持っている）

るか」の程度を示す指標である。信頼性を高めるには，複数の項目を設けたり，同じ評価の機会を複数回設けたりすることで，偶然の要素(評価時の体調など)の影響を少なくでき，その結果，子どもの本来の力を評価しやすくなる。そしてその結果，妥当性が高まるのである。

なお，一つの評価でカバーできる範囲には限りがあり，評価対象に無関係の「評価方法に対する子どもの得意・不得意」(例．記述形式が得意，穴埋めが得意，話すのが苦手，書くのが苦手)の個人差から生まれる影響も出てきやすい。そのため，一つの評価だけで子どもの力を多面的に見ることはなかなか難しい。この場合，複数の種類の評価を組み合わせて実施することで，妥当性が高められる(**テスト・バッテリー**とよばれる)。例えば，子どもの説明文の読解力を評価したい際，「説明文を使った意見文の作成」と，「説明文の要約作成」を組み合わせることで，説明文への意見を考えるために必要な発想力・批判的思考力と，説明文の概要を把握する力という，多面的な読解力をカバーできる。

c. コストの低さ

学習評価の実施と改善(手直し)には，手間や時間が必要であり，教師と生徒がかけられる手間と時間には限界が当然ある。その点からコストが少ない学習評価が「良い評価」であるといえる。学習評価の実施と改善の際には，その実施・改善のコストに見合う効果が得られるのか，意義があるのかについて検討することが望ましい。もちろん，評価を行う前の段階では，コストと意義は大まかにしか把握できないが(完全には予測できない)，教師が自らの専門性を高めたり，子どもたちに関わったりする時間を多く確保するためには，欠かせない観点である(学校における働き方改革(文部科学省，2019a)が関連)。

d. 主体的・対話的で深い学びへのつながり

現代社会はVUCA(Volatility(不安定), Uncertainty(不確実), Complexity(複雑), Ambiguity(曖昧))な特徴を持っていると言われる。そのような時代の中で，子どもが社会の創り手となり活躍していくためには，日本の学校教育では前述した「資質・能力」の育成が求められている。文部科学省(2019b)では，3つの資質能力の柱それぞれに対して，「生きて働く知識・技能」,「未知の状況にも対応できる思考力，判断力，表現力等」,「学びを人生や社会に生かそうとする学びに向かう力，人間性等の涵養」という表現で時代との関連を示している。さらに，それら資質・能力の育成のために，主体的・対話的で深い学びの実施が期待されている。ここから，主体的・対話的で深い学びへつながる評価が「良い評価」と考えられる。このうち，主体的な学習の促進，ひいては資質・能力の育成のためには，子どもの学習の成果とともに過程も評価することが求められる(例えば，文部科学省(2017a)の総則「第3　教育課程の実施と学習評価」内の「2　学習評価の充実」(1)に示されている)。

子どもの過程と成果の評価が主体的な学習につながる例として，パフォーマンス評価とポートフォリオ評価が挙げられる。この2つは「真正の評価」，すなわち「学習者に，仕事場や市民生活など現実世界の課題と類似した，本物らしさ(真正性)をもった課題に取り組ませる評価の方法」(松下，2012)の考え方から発展してきた。

パフォーマンス評価は，「ある特定の文脈のもとで，さまざまな知識や技能などを用いながら行われる，学習者自身の作品や実演(パフォーマンス)を直接に評価する方法」(松下，2012)である。子どものパフォーマンスは一様ではなく多様なものがありえるため，評価を一貫させることが難しく，そのためパフォーマンス評価はルーブリック(もしくはチェックリスト)の作成と併せて行われる場合が多い。教師はルーブリックを同僚だけでなく子どもとも共有することで，評価の一貫性を確保するだけでなく，評価の目的や目標とする力のイメージを共有でき，共有の結果，生徒の学習の様子が変容し，さらには子どもが頭の中のイメージを基に主体的に学習に臨む効果が期待できる。

ポートフォリオ評価は，子どもの作品を蓄積したり，学習活動を記録して蓄積したりしていくことでポートフォリオとよばれる資料を作成し，そのポートフォリオに基づき評価を行う方法である。学習の最終的な成果だけでなく，学習の過程の記録を綴じることができるため，学習過程の評価に向いている。例えば，新潟大学附属新潟中学校での実践では，松沢・米山・佐野(2002)をもとに全教科的にポートフォリオによる学習記録を「プログレスカード」を用いて行っている（新潟大学教育学部附属新潟中学校研究会，2019）。「プログレスカード」ではポートフォリオを大きく単元の始め，途中，終わりの3つに分け，それぞれを子どもによる学習目標の確認（学習シラバス機能），子どもによる自己評価・相互評価の実施（モニター機能），学習を子どもが他者に伝えるまとめの作成（セルフリポート機能）に活用している。このことにより，生徒の学びの変容を可視化，記録するだけでなく，子どもが自ら主体的に学習が進められるような効果をもちうる。

まとめ

- 学習評価が子ども自身や学習活動に与える影響は大きい。そのため，学習評価を行う際は，「何に」，「いつ」，「どこで」，「誰が」，「なぜ」行うのかをしっかりと判断し，「どうやって」についての留意点を踏まえつつ実施することが望ましい。
- 留意点としては，安全性，妥当性，コストとともに，主体的・対話的で深い学びへのつながり，例えば「主体的学習を促進しているか」という点も大切である。

10章　主体的学習を支える学習の理論・形態と過程

近年，学習者中心の学習指導・評価方法に関する教育実践や研究が，従来にも増して盛んに行われるようになってきた。

この背景には，1990 年代以降，国際的に提唱され始めた新しい学力観の広まりがある(松下，2010)。この新しい学力観の代表的なものとして，OECD(Organisation for Economic Co-operation and Development：経済協力開発機構)が提唱する，コンピテンシーの概念が挙げられる。このコンピテンシーの特徴は，知識や技能といった認知的側面だけでなく，興味や態度などの情意的側面や対人関係などの社会的側面も能力に含めていること，さらには単に知っているだけでなく，それを必要な場面で活用できることを含めるなど，能力の中身を広く捉えていることにある。

なお，これらの特徴は，「基礎的・基本的な知識・技能の習得」「これらを活用して課題を解決するための思考力・判断力・表現力等」「主体的に学習に取り組む態度」といった学力の 3 要素(中央教育審議会，2010)や，この 3 要素を踏まえて示された，「何を知っているか，何ができるか(個別の知識・技能)」「知っていること・できることをどう使うか(思考力・判断力・表現力等)」「どのように社会・世界と関わり，より良い人生を送るか(主体的に学びに向かう力，人間性等)」といった，学習者に育成したい資質・能力の 3 つの柱(中央教育審議会，2016)に通じている。

本章では，学習者中心，いわゆる学習者の主体的学習を支える学習指導・評価の方法について，理論と実践の繋がりを意識してわかりやすく解説する。

学校教育において学習指導・評価を行う場は，授業である。では，教師は，どのように授業をつくるのだろうか。

10－1　授業を計画する

（1）授業を構成する要素

従来，授業づくりに関する研究においては，**授業を構成する要素**について，数多くの分析，検討がなされてきた。

例えば，ガーラックとイーリー(Gerlach & Ely, 1975)は，授業を構成する要素として，図 10-1 に示す 10 の要素を提案した。10 の要素は，授業の展開に即して，左から右へ時系列で配置されている。

まず初めに，「1　学習内容の選択」「2　学習目標の明確化」「3　初期行動の測定」の 3 つの要素は，授業づくりの前提条件に相当する。授業づくりに際して，何を(「1　学習内容の選択」)，何のために学習するのか(「2　学習目標の明確化」)，さらには，授業を計画するにあたり，学習者がどのような学習経験をもっているのか(「3　初期行動の測定」)を考えることは，学習者の主体的学習を実現する際の必要条件になる。

次に，「4　授業ストラテジーの決定」「5　クラス編成」「6　学習時間の配当」「7　学習空間の割当」「8　教材・教具の選択」の 5 つの要素は，各時間の授業を構成する主な要素となっている。学習者の主体的学習を支えるという点を踏まえると，これら 5 つの要素は，それぞれ，教師が，授業中に学習者と関わる中で把握した実態に応じて，適宜，修正したり変更したりするべき要素である。

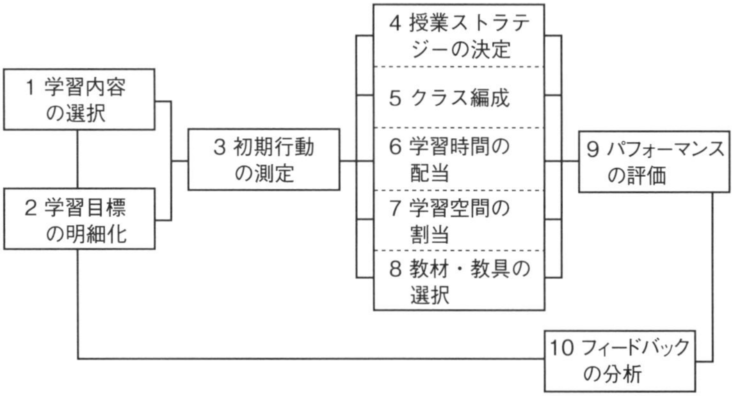

図 10-1　授業を構成する 10 の要素(ガーラックとイーリー，1975)

表10-1　ガーラックとイーリー(1975)による授業を構成する10の要素とその説明

要　素	説　　明
1. 学習内容の選択	わが国においては，どの学年で何を教えるのかについての規準は，学習指導要領に記されている。しかし，実際に行われる日々の授業づくりの多くは，教師が教科書を開いたのと同時に，時間をかけて重点的に指導する内容とさらりとふれる内容，省略する内容を，学習者の実態に応じて区別したり決定したりしている。
2. 学習目標の明確化	授業後に，学習者ができるようになっていることが期待される最終目標行動(例えば，「公式に当てはめて台形の面積を計算できる」)やその行動の達成水準(例えば，「2分間で」)，達成の条件(例えば，「教科書を参考にして」)をそれぞれ決める。
3. 初期行動の測定	授業前に，学習者の学習経験を明らかにする。なお，学習者の認知的活動を対象にした，いわゆる認知主義の教授・学習研究では，学習者がもつ誤った概念理解がその後の学習に及ぼす影響について，数多くの研究がなされている。
4. 授業ストラテジーの決定	講義，小集団学習，発見学習などの授業方法は，それぞれ長所と短所をもっている。1時間の授業のどこで，どの方法を採るのか，その組み合わせを決定する。
5. クラス編成	今日，学習活動の内容，学習者の学習目的や状況に応じて，学習集団を柔軟に編成したり，複数の教師で指導に当たったりすることが求められている。
6. 学習時間の配当	従来の授業時間割においては，多くの場合1単位の時間の長さが固定されていた(時として，実験実習や調理実習などのために，2単位時間を続ける工夫がなされるくらいであった)。これに対して，モジュール式の時間割では，学習活動の特徴に合わせて，学習時間の長さを調整することができる。
7. 学習空間の割当	学習活動の内容やその質に応じて，学習集団の大きさや数がさまざまになると，教室もそれに合わせた大きさや数が必要となる。このようなことから，オープン・スクールやインテリジェント・スクールなどの学習空間が導入されるようになった。
8. 教材・教具の選択	近年，教室内のパソコンがインターネットに繋がり，授業中に大量の情報を利用することができるようになった。インターネットを利用した学習活動に取り組む際には，情報リテラシーや倫理に関する学習が求められている。
9. パフォーマンスの評価	学習指導要領の改訂に伴い，観点別評価，絶対評価，形成的評価，ルーブリックやポートフォリオなどを活用した評価を通して，新しい学力観に基づく，資質・能力を踏まえた成績評価が求められている。
10. フィードバックの分析	学習者の学習成果を分析することを通して，「目標・計画―実施―評価―改善」を踏まえた一連の授業過程を点検すること(具体的には，目標や計画を立て直したり評価の観点や方法を修正したりすることなど)が求められる。こうして，授業は円環的にバージョンアップされる。

最後に，「9　パフォーマンスの評価」「10　フィードバックの分析」の2つの要素は，授業後に行う，次の授業に向けた，教師から学習者の働きかけに相当する。学習者の主体的学習を継続させるという点から考えると，学習目標に照らし合わせて，教師が学習者とともに，学習成果を価値づけたり，意味づけたり，方向づけたりする働きかけが重要となる。

なお，以上のような要素を想定して授業を計画することにより，学習者が主体的な学習活動を繰り広げる授業づくりが容易になるばかりでなく，授業後の省察や授業研究の視点が明確にもなる。

ガーラックとイーリーによる授業を構成する10の要素とその説明を，表10-1に示す。

（2）学習者の主体的学習を促す授業

1）教授・学習過程の研究モデル

河野(1989)は，図10-2のような教授・学習過程の研究モデルを示している。

この研究モデルの特徴の1つに，教師から学習者，いわゆる学習者に向かう「教示」の矢印が，「**ストラテジー**」と「**スキル**」と「**タクティクス**」の3つの矢で構成されていることが挙げられる。「ストラテジー」とは，教師が授業中に，いつ，どのような学習形態，方法を採用するのかについての教授方略に相当する。「スキル」は，教師と学習者が円滑にコミュニケーションをするためのコミュニケーション技能に当たる。さらに，「タクティクス」は，学習者がわからないでいること，誤って理解していること，うまくできないでいることを改善するために必要な，学習者の認知的活動を決定する授業術を意味する。

教授・学習過程，いわゆる授業においては，教師が学習者の理解状況を捉えた上で，学習者に最適な認知活動，いわば最適な学習展開を想定し，授業計画に役立てていくことが，教師の主たる役割となる。

2）「タクティクス」にもとづく授業

学習者の理解状況を踏まえて最適な教材を開発し，学習指導・評価をしようとする試みは，主に，学習者のつまずきが多くみられる学習単元，内容においてなされてきた。ここでは，以下，台形の学習をその一例として取り上げ，学習者の理解状況を踏まえた学習指導・評価のあり方について，さらに具体的に考えてみたい。

文部科学省から刊行された「言語活動の充実に関する指導事例集［小学校版］」(文部科学省，2011)には，台形の面積の公式を導く授業が紹介されてい

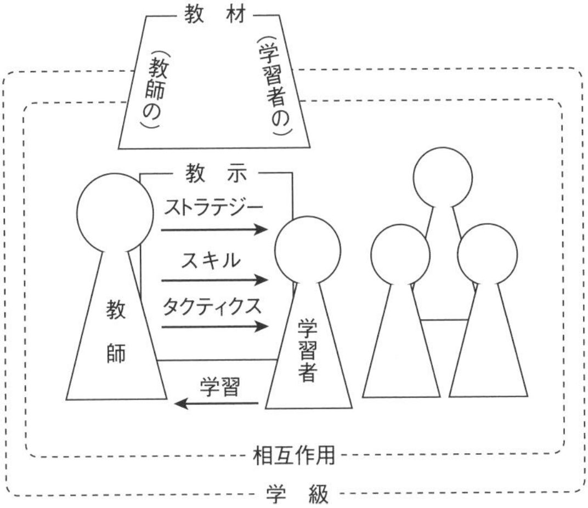

図 10-2　教授・学習過程の研究モデル（河野，1989）

る。この授業紹介の中の指導事例の解説では，「台形の面積の求め方を，言葉や数，式，図を用いて考え説明する」ことの重要性が述べられている。

具体的には，図 10-3 の(A)に示す台形の面積の求め方についての考えは，求める台形の 2 倍の面積の平行四辺形をもとに，面積全体を半分にするという意味で，面積公式中の「÷2」を意味づけている。一方，図 10-3 の(B)に示す面積の求め方の考えは，求める台形を半分の高さで切り，等積変形を行っている。ここでの「÷2」は，等積変形を行ってできた平行四辺形の高さが，もとの台形の高さの半分であることを意味している。

台形の面積公式中の「÷2」の意味づけについては，さらにもう 1 つ，もとの台形が長方形になるように等積変形した場合のものがある(図 10-4)。等積変形を行ってできた長方形の縦の長さは，もとの台形の高さに等しい。一方で，長方形の横の長さは，もとの台形の上底(上辺)と下底(下辺)の長さの，ちょうど平均の長さになる。つまり，このような等積変形を行い長方形に帰着する考え方では，「÷2」の意味は，「(上底＋下底)÷2」ということになる。

なお，台形の面積の求め方については，公式の暗記による理解が，求積課題における正答率を低めている主な原因の 1 つであると考えられている。公式の意味を理解させた方が，課題の正答率が高まることは，「学習の転移」に関する研究においても明らかである(Bransford et al., 2000)。

以上のことから，学習者のつまずきが多くみられる学習内容については，数

（A）　台形２つを組み合わせて平行四辺形にした方法から平行四辺形の面積の公式を用いて，

10　×　4　÷2
底辺　**高さ**　**半分**なので

(8　+　2)　×　4　÷2
上の辺 **下の辺**　**高さ**　**半分**なので

「式の 10 は，変形した平行四辺形の底辺で，もとの台形の上底と下底を合わせた長さになります。式の 4 は，変形した平行四辺形の高さで，もとの台形の高さです。２つを１つにするので，÷2 にします。だから公式は，（上の辺＋下の辺）×高さ÷2 になります」

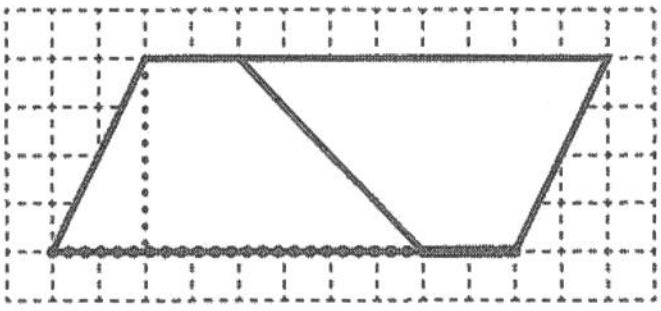

（B）　台形を横に切って移動して組合せ平行四辺形にした方法から平行四辺形の面積の公式を用いて，

10　　×　2
底辺　　**高さ**

(8　+　2)　×　4　÷2
上の辺 **下の辺**　**高さ**　**高さの半分**なので

「式の 10 は，変形した平行四辺形の底辺で，もとの台形の上底と下底を合わせた長さになります。式の 4 は，変形した平行四辺形の高さで，もとの台形の高さです。高さが半分なので，÷2 にします。だから公式は，（上の辺＋下の辺）×高さ÷2 になります」

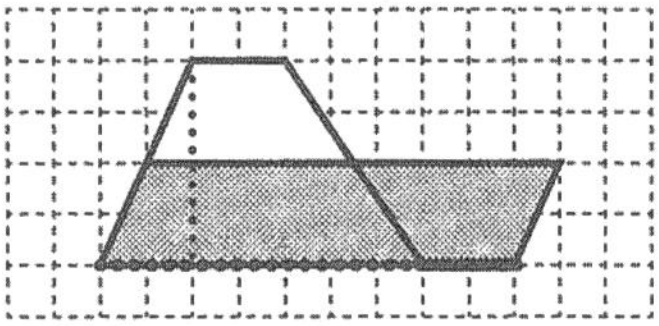

図 10-3　２つの台形の面積の求め方（文部科学省，2011 を改変）

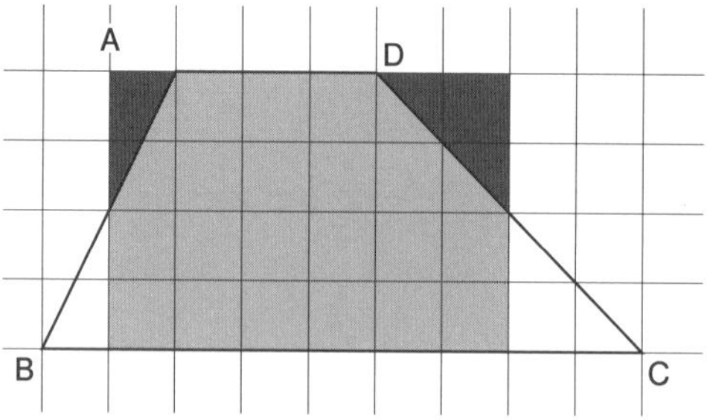

図 10-4　長方形に等積変形した台形の面積の求め方
（文部科学省，2011 を改変）

多くの教材研究の成果を踏まえた，学習者の理解過程に裏づけされた授業計画がなされることが，学習者の主体的な学習活動や，個に応じた学習指導を実現する上で必要不可欠であるといえる。上の台形の面積の公式を導く授業に際しては，公式化を急ぐのではなく，1つ1つの求積方法を式から深く解釈し，納得するまで話し合わせ，学習者らの手で求積方法を導き出す学習活動が展開される，いわゆる「タクティクス」にもとづく授業を計画することが重要となる。

3)「知識を育てる場」としての授業

授業の営みを，「知識を与える場」に対して「**知識を育てる場**」と捉えた場合，いかに教師が学習者の知的好奇心を揺さぶり，その結果，学習者自らが自発的に課題に働きかけ，新たな知識を獲得しようとするように支援するかに重点を置くことになる。この場合，教師は，常に学習者の認知構造を的確に把握しておく必要があり，教材はそれに見合ったものを選択する。ここでは，「知識を育てる場」としての授業を考える材料として，発見学習，仮説実験授業，構成主義を取り上げ紹介する。

a. 発見学習

ブルーナー(Bruner, J.)は，自然科学教育のあり方について，単に教師が必要な知識を学習者に教え込むだけでは教育的効果は低く，どのようにして学習者がその知識に至るのかといった，科学的思考法の学習が重要であることを主張した。そのためにブルーナーは，第一線の科学者が法則や原理を発見する過程をモデルにして，学習者に科学的な知識を学習させる際にも，科学者と同様の知的活動を生起させようと試みた。

ブルーナーは，「**発見学習**」の特徴として，①問題解決にすぐに役立つような知的能力を身につけることができる，②問題探究の様式である発見の技法を学ぶことができる，③学習それ自体を喜びとする内発的動機づけを高めることができる，④学習内容に関する記憶の保持を高めることができる，の4つの特徴を挙げている。

わが国では，水越(1977)が，発見学習の基本過程と段階を次のようにまとめている。

① **「課題の把握」の段階**：学習者に，問題となる事象を詳しく観察，分析させて，解決すべき課題を明確に捉えさせる。

② **「仮説の設定」の段階**：その問題を解決し得る仮説を，自由に着想させる。なお，この段階での仮説は，思いつき程度のものでもよい。

③　**「仮説の練り上げ」の段階**：学習者自らが設定した仮説を吟味させ，より合理的なものとなるように修正，改善を加えさせる。また，それと同時に，その仮説を確かめるための具体的方法についても検討させる。

④　**「仮説の検証」の段階**：実験を行ったり詳しい資料に当たったりして，仮説が正しいかどうかを学習者自身に検証させる。また，妥当な結論が導き出されるまでは，①から④の過程，段階を幾度となく繰り返させる。

⑤　**「発展とまとめ」の段階**：明らかになった法則や概念を統合させるとともに，他の場面にも応用できるようにさせる。

b. 仮説実験授業

科学史の研究を踏まえて，板倉(1966)により提案されたもので，通常「問題—予想—討論—実験」の順序で行われる。

まず，図 10-5 のような問題を提示して，選択肢を手がかりに結果を予想させる。次に，異なる選択肢を選んだ者同士で，討論を行わせる。最初は直感で予想を立てていた者も，予想の根拠を相手に説明したり相手の予想に反論したりする中で，次第にいくつかの情報を統合させながら，より根拠の明確な予想

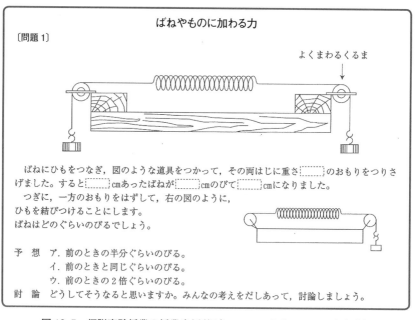

ばねやものに加わる力

〔問題 1〕

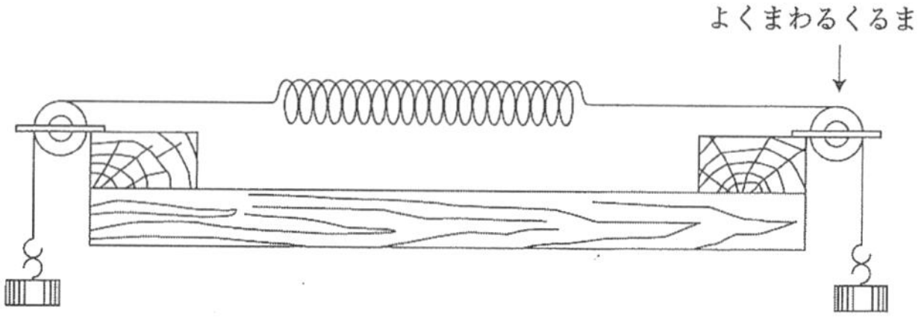

ばねにひもをつなぎ，図のような道具をつかって，その両はじに重さ[　　]のおもりをつりさげました。すると[　　]cmあったばねが[　　]cmのびて[　　]cmになりました。

つぎに，一方のおもりをはずして，右の図のように，ひもを結びつけることにします。ばねはどのぐらいのびるでしょう。

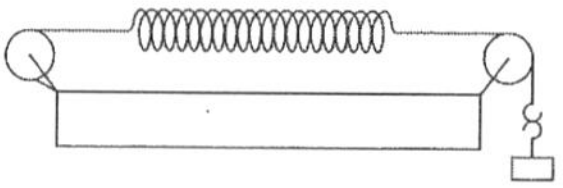

予　想　ア．前のときの半分ぐらいのびる。
　　　　イ．前のときと同じぐらいのびる。
　　　　ウ．前のときの 2 倍ぐらいのびる。

討　論　どうしてそうなると思いますか。みんなの考えをだしあって，討論しましょう。

図 10-5　仮説実験授業の授業書例(板倉，1974；中山，2004 より転載)

へと練り上げていく。意見が出そろったところで，実験の手続きを指示し，自らが立てた予想の妥当性を確かめさせる。最後に，重要事項をまとめたり，結果を他の状況に適用させたりするような文章を読ませて，知識の定着を図る。

この学習方法は，特に理科の領域で有効であるが，観察や実験が可能な学習材料であれば，基本的にどの教科でも行うことができる。

ただし，比較的容易に，誰にでも予想を立てることができることから，学習活動そのものは活性化しやすいが，一度集団構造が固定化すると，学習者は常に同じ集団内で同じ予想を立てる傾向が強くなり，学習活動のねらいとは無関係な集団の力が働くことがあるので，教師は十分な注意と配慮が必要である。

c. 構成主義

授業の直後に，今教えたばかりの知識を試験すると，定着の悪さに驚かされた経験のある教師は少なくない。教師が上手に教えたつもりでも，学習者は学んでいないのである。そこで，「構成主義」を標榜する人たちは，知識は学習者が自らの手で構成したときにはじめて定着すると主張する。

3–3節でふれたように，ピアジェ(Piaget, J.)は，子どもたちが新しいシェマ獲得するには，自ら環境に働きかけて，同化と調節の過程をたどる均衡化が必要であると主張した。知識は一人ひとりの子どもが自ら構成するものであるという考えの**認知的構成主義**(cognitive constructivist)の立場は，このピアジェの理論から派生した。一方，発達の最近接領域を唱えたヴィゴツキー(Vygotsky, R. L.)の考えから派生した**社会的構成主義**(social constructivist)の立場では，子どもは，教室の中の友だちや教師を，共同で知識を構成する資源として積極的に利用する。また，家庭の保護者やそれを取り巻く社会や文化も，知識を構成するための重要な役割を果たす。本を読んだり，コンピュータを使いこなしたり，他者と上手にコミュニケーションをしたり，仲間と共同で仕事をする力などが，見よう見まねで醸成されるからである。

授業の中では，学習者がもっている知識や技能と，教師が学んでほしいと考える知識・技能の間にギャップが生じることがある。このギャップを埋めることを提言した**足場理論**(scaffolding)も，社会的構成主義の中に位置づけられる。最近では，ティーム・ティーチャーとしての教師，ボランティアの学生が務めるチューターや学習者同士のチューターが授業に導入されることが多くなったが，そこでの実践を通して，どのような足場が学習者の認知的ギャップに有効であるのかを検証することが期待される。

授業でみられる代表的な「**足場**」のタイプとその例を，表10–2に示す。

表 10-2　授業でみられる代表的な「足場」のタイプとその例
(Eggen & Kauchak, 2004／梶井 , 2006 をもとに作成)

「足場」のタイプ	例
モデリング	美術の時間に，新しい描き方を要求する前に，2 点透視投影法のやり方を示す。
考えを声に出す	物理の授業で，黒板で運動量の問題を解くとき，考え方を言葉で表す。
質問	物理の授業で，モデリングや考えを声に出した後，重要な分岐点について尋ねながら，生徒に数問考えさせる。
教材を適合させる	小学校の体育の授業で，シュートの技術を教えるとき，はじめはバスケットを低くし，上達したら高く引き上げる。
補助と手がかり	幼稚園の教師が，「ウサギさんが穴のそばにやってきました。そして，その穴に飛び込みました」と，靴ひもの結び方を教える。

10－2　授業を実施する

先の授業を計画することと，授業を実施することの主な違いの 1 つに，教師と学習者が相互作用をする授業の最中に，教師が学習者の認知的活動の決定に直接の影響を及ぼし得ることが挙げられる。

その際，教師は学習者に，自らが行う認知的活動を対象化して捉えるといった認知についての認知，いわゆる**メタ認知**を育むことが重要となる。

(1) メタ認知を育む

メタ認知を育む方法は，これまで，さまざまな領域で数多くの提案がなされてきた。例えば，三宮(2008)は，PIFS(Practical Intelligence For School)プロジェクトで，学習力を高めることを目的としたメタ認知を促すための方法として，およそ以下の 7 点を挙げている。

① 学ぶことが何を目指しているのかを明らかにすること(いわゆる目的意識を促すこと)

② 問題解決に取り組む上で有用であろうメタ認知的方略や手がかりを提示すること(方法意識を促すこと)

③ 学習者が，自身の学びをふり返ったり必要に応じて修正したりする機会や，そのために必要な学習シートや学びの成果を確認するための質問を用意すること(成果意識を促すこと)

④　教えあい活動を取り入れた共同学習を採用すること
⑤　問題状況に即した理解(文脈化)に加えて，応用場面における問題解決と理解(脱文脈化)を経験させること
⑥　異なる考えをもつ他者と討論させること
⑦　上記の①から⑥の学習指導の実践を通して，教師が，自らの教え方についてのメタ認知を高めること

ここで特に注目したいのが，学習者のメタ認知能力を育む方法として，①から⑥にみる，学習者に直接働きかける指導実践に加えて，⑦のような，教師自身が，自らの指導実践を省察する力，実践に対するメタ認知能力を高めることが期待されている点である。このメタ認知能力の育成に際して，指導実践の有効性を学習者の学びにみることにとどまらず，教師自身の実践から確認する機会をもつことが重要である。

なお，学習目標の設定や学習方略の選択に加え，学習の過程を適切にモニターし修正を行うといった「メタ認知」，学習意欲の維持に関連した「動機づけ」，さらには学習結果の自己評価などの問題に適切に対処する「行動」といった自己調整機能をうまく働かせながら，学習者自らが学習を進めていくあり方は，**自己調整学習**とよばれている。急速な変化を遂げる現代社会においては，この自己調整学習に関わる教育実践に大きな関心が寄せられている。

(2) 自己調整のできる上達した学習者を育てる

自己調整のできる上達した学習者を育てるヒントについて，実際の授業実践を例に考える。

小学校4年生の算数の授業，「面積」の単元の導入「広さくらべ」の授業において，教師は，学級の児童に見える程度に縮小した1辺を6mとする正方形と，縦5m横7mの長方形を，黒板に横並びに掲示した。その後，次のようなやりとりが展開された(黒澤，2014)。

教　師　(提示しながら)よく見てね。
あさだ　正方形と長方形だ。
いしだ　正方形は6mで，長方形は7mと5mだ。
うすだ　じゃあ，正方形のまわりの長さは24mで，長方形は……あ，同じだ。
教　師　「あ，同じ」だって。「同じ」に気づいた。いいことに気づくね。何が同じ？　うすださんの言ったことわかる？

えせだ　正方形と長方形のまわりの長さが24mで，まわりが同じです。
おそだ　じゃあ，広さも同じじゃん。
教　師　「広さ同じ」「広さも」だって。「広さも同じ」だってさ……。
かただ　そうそう，広さも同じだよ。だってさ，まわりが同じだからさ。
きちだ　え？　本当かな。正方形の方が広く見えるよ。なぜ同じなの？
教　師　「なぜ同じか」だね。
くつだ　同じに決まってるじゃん。なぜかというと，そのわけはさ……，まわりの長さが同じだからさ。
教　師　よく理由を言えたね。さて，これからどうするかな。
(上の児童名は，いずれも仮名)

この授業は，教師が提示した状況に，児童が素直に反応している点で，一見すると，特徴のない一斉指導の典型のように捉えられるかもしれない。しかし，この授業では，児童同士の連続した会話の中に，教師が適宜介入することにより，問いが生成されている。

まず初めに，教師は，正方形と長方形を並列させて提示した。そこに，児童は，まわりの長さが同じであることに気づき，発言を始めた。

次に，その気づきから生じた児童の発言に，教師は，以下のような「言葉かけ」をした。

教　師　「あ，同じ」だって。「同じ」に気づいた。いいことに気づくね。何が同じ？　うすださんの言ったことわかる？

この「言葉かけ」の中には，児童の自己調整を促す上で効果的で機能的な，次の4つの「手続き的知識」を帰納的にみてとることができる(黒澤，2014)。

1つに，児童の言葉「『あ，同じ』だって」と，繰り返すように「同じ」を再生し紹介している。これは，価値ある子どもの言葉を紹介し強調する「紹介リボイス」とよぶ「言葉がけ」である。

2つに，「『同じ』に気づいた。いいことに気づくね。」と，教師が児童に，気づいたこととともにその能力をもフィードバックしている。「同じ」に着目して考えたその能力を肯定的に強調して返す「思考力フィードバック」(能力帰属フィードバック)である。

3つに，「何が『同じ』なの」かと，教師が児童に「同じ」の主語を明確に求めている。主語を明確にすることで，数学的に集合の元(要素)を求めること，さらに概念の外延を求める「求語求問(主語を求める問いかけ)」である。

4つに，発言した児童の名前をきちんと挙げ，他の児童らに投げかけている。児童を尊重する気持ちが伝わるとともに，「自己効力感」をも鼓舞する「氏名挙げ」である。

教師は，児童らが独力で，自らの対話の中に「手続き的知識」，いわゆる自己調整に資する方略を見い出すことができるように，日頃から児童らの言動に注意を払うことが重要となる。教師による，方略の意識的な使用が，児童らの方略習得，獲得の前提となることを理解しておきたい。

さらに，教師の「言葉がけ」は，

教　師　「広さ同じ」「広さも」だって。「広さも同じ」だってさ……。
(中略)
教　師　「なぜ同じか」だね。
(中略)
教　師　よく理由を言えたね。さて，これからどうするかな。

と，児童らとの対話の中で展開していく。教師による，授業における効果的な対話の展開の仕方，問いの立て方の追求が，児童らの対話を展開する力，問いを立てる力を向上させる前提条件となるのである。

学習者のメタ認知能力，自己調整する力を高める上で，教師自身が授業で繰り広げられた言動をふり返る(省察する)機会をもつこと，すなわち，教師自身のメタ認知能力，自己調整する力を向上させることが極めて重要である。

まとめ

- 学習者の主体的学習を促す授業を「計画」する際には，1つに，本章に示す「授業構成する10の要素」を踏まえ，授業前，中，後の視点をもつこと，2つに，「発見学習」「仮説実験授業」「構成主義」を参考に，学習者の理解状況を踏まえて最適な教材を開発し，学習者が自発的かつ協働的に課題に働きかけ，新たな知識を獲得しようとするように，学習活動を支援することが重要である。
- 学習者の主体的学習を促す授業を「実施」する際には，1つに，学習者が自身の「メタ認知」を働かせて学習に取り組む「自己調整学習」を支援すること，2つに，教師自らの「メタ認知」を働かせて授業で繰り広げられた言動を意味づけたり，価値づけたりする，ふり返り（省察）の機会をもつことが重要である。

11章　道徳教育・特別活動

11−1　道徳教育

(1)「道徳教育」と「特別の教科　道徳」(道徳科)

小中学校の学習指導要領の総則に道徳教育についての言及がある。

> 道徳教育や体験活動，多様な表現や鑑賞の活動等を通して，豊かな心や創造性の涵養を目指した教育の充実に努めること。

この記述から「道徳教育」「体験活動」「多様な表現や鑑賞の活動」等を通して，「豊かな心や創造性の涵養を目指した教育」の充実が求められていることがわかる。すなわち，「道徳教育」は，「体験活動」や「多様な表現や鑑賞の活動」と並び，豊かな心等を育てる重要な教育であることが示されている。また，教職コアカリキュラム(平成29年11月)の「道徳の理論及び指導法」の全体目標には，以下のような記述がある。

> 道徳教育は，教育基本法及び学校教育法に定められた教育の根本精神を踏まえ，自己の生き方や人間としての生き方を考え，主体的な判断の下に行動し，自立した人間として他者と共によりよく生きるための基盤となる道徳性を育成する教育活動である。道徳の意義や原理等を踏まえ，学校の教育活動全体を通じて行う道徳教育及びその要となる道徳科の目標や内容，指導計画等を理解するとともに，教材研究や学習指導案の作成，模擬授業等を通して，実践的な指導力を身に付ける。

道徳教育は教育の根本精神に深く関連する教育である。また，道徳性が，自己の生き方や人間としての生き方を考え，主体的な判断の下に行動し，自立した人間として他者とともによりよく生きるための基盤であることが示されている。さらに，「道徳教育」とは学校の教育活動全体を通じて行うものであり，「道徳科」(特別の教科 道徳)とは，その要となる教科であることが説明されている。つまり，学校教育において「道徳教育≠道徳科」ではない。道徳教育は，他教科等を含めた学校の教育活動全体を通じて行う教育を指し，一方で道徳科は小中学校で年35単位時間(週に1度程度)行われる教科のことを指している。

(2) 道徳性とは

学習指導要領解説 道徳編によると，道徳性とは「人間としてよりよく生きようとする人格特性であり，道徳教育は道徳性を構成する諸様相である道徳的判断力，道徳的心情，道徳的実践意欲と態度を養うことを求めている」と記述されている。これが日本の学校教育における道徳性の定義とも言えよう。「人格特性」と表現されており，道徳性は心理学でいうところのパーソナリティの一側面であるととらえられていると言える。そして，道徳性を構成する諸様相として道徳的判断力，道徳的心情，道徳的実践意欲と態度の3つが挙げられている。

学習指導要領解説では，これらの道徳性の諸様相には，特に序列や段階があることではないと述べられている。つまり，道徳性においてどの様相がいちば

表 11-1 道徳性の諸様相(学習指導要領解説 道徳編より)

道徳的判断力 それぞれの場面において善悪を判断する能力である。つまり，人間として生きるために道徳的価値が大切なことを理解し，様々な状況下において人間としてどのように対処することが望まれるかを判断する力である。的確な道徳的判断力をもつことによって，それぞれの場面において機に応じた道徳的行為が可能になる。
道徳的心情 道徳的価値の大切さを感じ取り，善を行うことを喜び，悪を憎む感情のことである。人間としてのよりよい生き方や善を志向する感情であるとも言える。それは，道徳的行為への動機として強く作用するものである。
道徳的実践意欲と態度 道徳的判断力や道徳的心情によって価値があるとされた行動をとろうとする傾向性を意味する。道徳的実践意欲は，道徳的判断力や道徳的心情を基盤とし道徳的価値を実現しようとする意思の働きであり，道徳的態度は，それに裏付けられた具体的な道徳的行為への身構えと言うことができる。

ん大事であるとか，どの様相から発達していくということはないと考えられている。

また，心理学における道徳性の定義としては，「道徳的な行動とは人としてより善く生きようとする行為であり，そのような行為を生み出す社会的能力を道徳性と呼ぶ」(『新版　心理学事典』)，「正しい行為に関する信念体系，あるいは価値の集合であり，それによって，行動を受け入れるか受け入れないかを判断する」(『APA 心理学大辞典』)などがある。教育における定義と心理学における定義の共通点としては，よく，正しく生きることについての信念体系や価値観であり，認知的側面，情動的側面，動機づけや態度的な側面から構成されるものが道徳性といえよう。

(3) 道徳教育の必要性と期待の高まり

1958 年に小中学校で「道徳の時間」が特設され，週に 1 単位時間程度，道徳の授業は教科ではなく，領域として実施されてきた。このときから，特設された道徳の時間と教育活動全体で道徳教育を行うという体制は 60 年ほど維持されてきた。しかし，小学校では平成 30 年度，中学校では平成 31 年度より「特別な教科　道徳」として新たに実施されるようになった。このような変化にはいくつかの理由があると思われる。

その一つとして，いじめ問題への対応である。いじめは日本では 1980 年代から大きな問題として注目され，さまざまな対応策がとられたが，改善されているとは言いがたい状況である。いじめを防止するには，児童生徒の道徳性を育成していく必要があり，道徳教育のさらなる充実が求められている。

また，情報化やグローバル化も，新たな道徳教育が求められている背景にある。インターネットが手軽に使える時代になり，それと同時にネットいじめ，個人情報漏えい，著作権・肖像権侵害に児童生徒が関わることも増えてきている。こうした問題を防止するためには，情報モラルの育成が必要となっている。また，海外の人と同じ地域で生活したり，インターネットを通じて交流したりすることも増えてきている。異なる文化的背景で育った人と共生し，協働していくためには，多様な価値観を理解し，対話をしていくことが求められ，このような変化に対応した新しい道徳教育が求められている。

道徳の時間の授業は，教科でないために軽んじられ，きちんと授業が行われていないという指摘もあった。また，授業内容についても資料を読んでただ感想を書かせるものや，資料の登場人物の心情理解に終始するような展開のものがあり，授業の形骸化も懸念されていた。このような問題点を改善することを目指して，道徳は教科化されることになった。他の教科とは違って道徳の免許状を発行しないこと，数値で評価をしないといった特徴があるため，「特別の教科」として位置づけられている。

（4）道徳性の発達理論

a. ピアジェの理論

ピアジェ（Piaget, J.）は，他律的道徳から自律的道徳に発達するという考えを示している（山岸，1990）。他律的道徳とは，親や教師などの権威者によって律され，権威者が正しいということが正しいことであり，権威者が悪いということが悪いと考える。また，権威者から褒められることが正しいことであり，権威者から罰せられることが悪いことであると考える。規則というものは，権威者から与えられるものであり，変更してはならないと考える。自律的道徳とは，自分で判断し，自分で自分を律するようになり，権威者の判断と善悪は独立しており，権威者による罰があるか，権威者が褒められることかと善悪も独立していると考える（権威者の判断が正しいとは限らない。権威者によって罰せられないことでも悪いことはあるなど）。また，規則というものは正式な手続きを取り，関係する人の同意が得られれば変更することも可能であると考えるようになる。他律的道徳から自律的道徳への発達には，認知機能の発達や認知的葛藤の経験，同世代の仲間との社会的な経験などが影響していると考えられている。

b. コールバーグによる道徳性の発達段階

コールバーグ（Kohlberg, L.）は，道徳的な判断の認知的な発達に着目し，表11-2のような発達段階を示している（山岸，1990）。第1，第2ステージは，罰を避けることや損得の観点から道徳性が判断されることから，慣習以前の水準といわれる。第2，第3ステージは，正しい役割を果たすこと，他者からの期待に応えることから道徳性が判断されることから，慣習的水準といわれる。第5，第6ステージは，役割や期待，現存するルールに縛られることなく，人間や社会にとっての本質的な権利，義務，幸福，正義などに焦点を当て道徳性が判断されることから，慣習以降の水準といわれる。

コールバーグの理論をもとに，道徳的なジレンマを含んだテーマについて葛藤を経験し，他者と対話することにより道徳性の発達を促す教育を行うことができると考えられている。そうした対話はジレンマ・ディスカッションとよば

表 11-2　コールバーグの道徳性の発達段階(山岸，1990)

水準	ステージ	段階
慣習以前の水準	第1	罰と服従への志向
	第2	道具的功利的相対的志向
慣習的水準	第3	対人的一致，よい子への志向
	第4	社会的秩序への志向
慣習以降の水準	第5	社会契約的遵法的志向
	第6	普遍的倫理原則への志向

れる。日本では，モラルジレンマ(モラルジレンマ授業)とよばれ，そのような授業に適した教材の開発，授業展開などが考案されている。

c. チュリエルの理論

チュリエル(Turiell, E.)は，道徳に関係するような社会的な知識は，「道徳」「慣習」「個人」という3つの独立した領域から構成される，領域特殊理論という考え方を示している。「道徳」とは，人間の権利，正義や福祉に関係するものであり，それについての規則や罰則があるかには関係なく，本質的な善悪に関するものであり，文化や時代による差が少ないものである。具体的には，人を傷つけることをしない，人のものを盗まない，緊急時には他者を援助するなどが該当する。「慣習」とは，ある社会システムを維持し，円滑に機能させるために任意に決められている規則に関する知識であり，文化や時代によって大きく異なることがある。校則，人の呼び名(ファーストネームを呼び捨てにするか，○○先生と敬称をつけて呼ぶかなど)，テーブルマナー，室内で靴を履くか，学校に遊び道具を持ってきて良いかなどが該当する。「個人」とは，人の嗜好や健康に関することであり，本質的には個人が選択し，決めてよい領域についてである。髪型，服装，自由な時間に何をするかなどが該当する。道徳，慣習，個人の領域の違いを意識した道徳教育が効果的であると考えられている。現実の問題においては，3つの領域が混じり合っていることもある(混合領域)。道徳科の授業では多面的・多角的に考えていくことが求められる。チュリエルの考え方は，多面的・多角的に道徳的な問題を考える際に参考になると思われる。

(5) 道徳教育の指導方法

a. 道徳科の目標

学習指導要領に示されている道徳科の目標は以下のようになる。

> よりよく生きるための基盤となる道徳性を養うため，道徳的諸価値の理解を基に，自己を見つめ，物事を多面的・多角的に考え，自己の(中学校：人間としての)生き方についての考えを深める学習を通して，道徳的な判断力，心情，実践意欲と態度を育てる。

道徳的諸価値について理解すること，自己を見つめること，多面的・多角的に考えること，自己の生き方(人間としての生き方)についての考えを深めることが，道徳科授業の中心的な展開となる。道徳科の授業の基本的な進め方としては，導入，展開，終末という構造で考えられている。導入は，主題に対する児童生徒の興味や関心を高め，ねらいの根底にある道徳的価値の理解をもとに自己を見つめる動機づけをはかる段階である。展開は，ねらいを達成するための中心となる段階であり，中心的な教材によって，児童生徒一人ひとりが，ねらいの根底にある道徳的価値の理解を基に自己を見つめる段階である。終末は，ねらいの根底にある道徳的価値に対する思いや考えをまとめたり，道徳的価値を実現することのよさや難しさなどを確認したりして，今後の発展につなぐ段階である。

「道徳科における質の高い多様な指導方法」が例示されている(道徳教育に係る評価等の在り方に関する専門家会議，2016)。これは登場人物の心情理解のみの指導や，主題やねらいの設定が不十分な単なる生活経験の話し合いを避けるために例示されたものである。「読み物教材の登場人物への自我関与が中心の学習」「問題解決的な学習」「道徳的行為に関する体験的な学習」という3つの指導方法が示されているが，これは例示に過ぎず，その他の方法も工夫していく必要がある。また，これら3つの指導方法を一つの授業で自然に組み合わせていくことも大切である。

b. 内容項目について

「内容項目」は，道徳科を要として学校の教育活動全体を通じて行われる道徳教育における学習の基本となるものである。表11-3に小中学校の内容項目を端的に表す言葉を示した。学習指導要領及びその解説を十分に理解し，道徳教育で扱う内容についてしっかりと把握しておく必要がある。

表 11-3　道徳教育における内容項目

小学校	中学校
A　主として自分自身に関すること	
善悪の判断，自律，自由と責任	自主，自律，自由と責任
正直，誠実	
節度，節制	節度，節制
個性の伸長	向上心，個性の伸長
希望と勇気，努力と強い意志	希望と勇気，克己と強い意志
真理の探究(5・6 年生のみ)	真理の探究，創造
B　主として人との関わりに関すること	
親切，思いやり	思いやり，感謝
感謝	
礼儀	礼儀
友情，信頼	友情，信頼
相互理解，寛容(小 3〜小 6 のみ)	相互理解，寛容
C　主として集団や社会との関わりに関すること	
規則の尊重	遵法精神，公徳心
公正，公平，社会正義	公正，公平，社会正義
勤労，公共の精神	社会参画，公共の精神
	勤労
家族愛，家庭生活の充実	家族愛，家庭生活の充実
よりよい学校生活，集団生活の充実	よりよい学校生活，集団生活の充実
伝統と文化の尊重，国や郷土を愛する態度	郷土の伝統と文化の尊重，郷土を愛する態度
	我が国の伝統と文化の尊重，国を愛する態度
国際理解，国際親善	国際理解，国際協調
D　主として生命や自然，崇高なものとの関わりに関すること	
生命の尊さ	生命の尊さ
自然愛護	自然愛護
感動，畏敬の念	感動，畏敬の念
よりよく生きる喜び(小 5・小 6 のみ)	よりよく生きる喜び

＊合計　小 1・2(19 項目)　小 3・4(20 項目)　小 5・6(22 項目)　中学校(22 項目)

(6) 道徳科の評価について

道徳科の評価については，他の教科等とは異なる点があるので，注意が必要である。教科化に伴って，指導要録に道徳科の欄が加わったが，他の教科等で用いるような資質・能力の3つの柱や道徳的判断力，心情，実践意欲と態度のそれぞれについて分節し，観点別評価を行わない。個々の内容項目ごとではなく，大くくりなまとまりを踏まえた評価とする。他の児童生徒との比較による評価ではなく，いかに成長したかを積極的に受け止めて認め，励ます個人内評価として記述式で行う。学習活動において児童生徒がより多面的・多角的な見方へと発展しているか，道徳的価値の理解を自分自身との関わりの中で深めているかといった点を重視することが求められている(道徳教育に係る評価等の在り方に関する専門家会議，2016)。

評価のためには，児童生徒の学習の過程や成果などの記録を計画的にファイル等に集積して学習状況を把握することが必要である。道徳ノートを作ったり，ワークシートをファイルに綴じておいたりする等の工夫が考えられる。授業時間の児童生徒の発話等の言動を授業者が記録しておくことも大切である。

(7) 各教科等における道徳教育

道徳教育はすべての教育活動において実施するものであることから，各教科の学習指導要領並びに解説には，それぞれの教科等の特質を生かして，どのように道徳性を育成していくかが示されている。例えば，小学校学習指導要領の国語については，以下のような記述がある。このような記述が，すべての教科等にある。

> ア　国語科
>
> 国語で正確に理解したり適切に表現したりする資質・能力を育成上で，日常生活における人との関わりの中で伝え合う力を高めることは，学校の教育活動全体で道徳教育を進めていくための基盤となるものである。また，思考力や想像力を養うこと及び言語感覚を豊かにすることは道徳的心情や道徳的判断力を養う基本となる。さらに，我が国の言語文化に関わり，国語を尊重してその能力の向上を図る態度を養うことは，伝統と文化を尊重し，それらを育んできた我が国と郷土を愛することにつながるものである。

各学校には，道徳教育の全体計画，年間指導計画がある。そうした計画を基にして，計画的・組織的に道徳教育を実施していく必要がある。

11－2　特別活動の目的・内容・効果

（1）「特別の教科　道徳」との関連

前節で述べたように，道徳教育は，「特別の教科　道徳」を中心としながらも，各教科等とも連携して行われるべきとされる。なかでも**特別活動**は，集団での実践的な活動を通じて，道徳性を高めるという，実践的側面を担うことが期待されている。つまり，「特別の教科　道徳」では，道徳的諸価値についてとりあげ，特別活動は，**道徳的実践**を学ぶ中心的な学習の場であるといえる。特別活動では，学級活動や学校行事，児童・生徒会活動，クラブ活動などの集団活動の中で，よりよい他者とのかかわりを学ぶとともに，他者とのかかわりを通じて，自己認識を深めることができる点で，道徳的実践をもっともよく経験できるのである。

（2）学習指導要領の改訂

平成 30 年(2018 年)からの新学習指導要領は，下記の点が改訂のポイントである。

ポイント 1　育成を目指す資質・能力を踏まえ，小・中・高等学校の系統性を考慮して目標や内容を設定した点。

ポイント 2　「**人間関係形成**」「**社会参画**」「**自己実現**」の 3 つの視点に基づき，各活動・学校行事を通して育成を目指す資質・能力を明確化し，そのために重視する学習過程を明確化した点。

ポイント 3　自治的能力や，主権者としての積極的な社会参画力を重視した点。

ポイント 4　学級活動における自発的，自治的な活動を中心とした学級経営の充実を図り，いじめの未然防止等を含めた生徒指導と関連させるよう明記した点。

ポイント 5　特別活動が**キャリア教育**の要としての役割を果たすことから，学級活動の内容について，キャリア教育の視点から，小・中・高等学校のつながりを明確化した点。

ポイント 6　多様な他者との交流や協働を重視するとともに，安全・防災等の視点を重視した点。

ポイント 7　学びに向かう主体的で協働的な集団作りに資することで，各教科等における主体的・対話的で深い学びの実現を支えるという点。

(3) 小学校特別活動の目標は？

学習指導要領(平成30年)第5章第1「目標」では，特別活動の目標を次のように示している。

> 集団や社会の形成者としての見方・考え方を働かせ，様々な集団活動に自主的，実践的に取り組み，互いのよさや可能性を発揮しながら集団や自己の生活上の課題を解決することを通して，次のとおり資質・能力を育成することを目指す。(1)多様な他者と協働する様々な集団活動の意義や活動を行う上で必要となることについて理解し，行動の仕方を身に付けるようにする。(2)集団や自己の生活，人間関係の課題を見いだし，解決するために話し合い，合意形成を図ったり，意思決定したりすることができるようにする。(3)自主的，実践的な集団活動を通して身に付けたことを生かして，主体的に集団や社会に参画し，生活及び人間関係をよりよく形成するとともに，人間としての在り方生き方についての自覚を深め，自己実現を図ろうとする態度を養う。

特別活動全体を通して育成を目指す資質・能力を第一の目標にて示した。

第6章 特別活動 第1目標 集団や社会の形成者としての見方・考え方を働かせ，様々な集団活動に自主的，実践的に取り組み，互いのよさや可能性を発揮しながら集団や自己の生活上の課題を解決することを通して，資質・能力を育成することを目指していることがわかる。

(4) 教育内容の主な改訂事項

「人間関係形成」，「社会参画」，「自己実現」の3つの視点が，育成することを目指す資質・能力に関わるものであると同時に，それらを育成する学習の過程においても重要な意味をもつということは，特別活動の学習の方法原理が「なすことによって学ぶ」ということにある。3つの視点はそれぞれ重要であるが，相互に関わり合っていて，明確に区別されるものでないことにも留意することが必要である。

① **人間関係形成**：集団の中で，人間関係を自主的，実践的によりよいものへと形成するという視点である。人間関係形成に必要な資質・能力は，集団の中において，課題の発見から実践，振り返りなど特別活動の学習過程全体を通して，個人と個人あるいは個人と集団という関係性の中で育まれると考えられる。年齢や性別といった属性，考え方や関心，意見の違い等を理解した上で認め合い，互いのよさを生かすような関係をつくることが大切である。なお，

「人間関係形成」と「人間関係をよりよく形成すること」は同じ視点として整理している。

② **社会参画**：よりよいホームルームや学校生活づくりなど，集団や社会に参画しさまざまな問題を主体的に解決しようとする視点である。社会参画のために必要な資質・能力は，集団の中において，自発的，自治的な活動を通して，個人が集団へ関与する中で育まれるものと考えられる。学校は一つの小さな社会であると同時に，さまざまな集団から構成される。学校内のさまざまな集団における活動に主体的に関わることが，地域や社会に対する参画，持続可能な社会の担い手となっていくことにもつながっていく。また，主権者としての自覚の醸成にも結び付くものである。なお，社会は，さまざまな集団で構成されていると捉えられることから，ホームルームや学校の集団をよりよくするために参画することと，社会をよりよくするために参画することは，「社会参画」という意味で同じ視点として整理している。

③ **自己実現**：一般的にはさまざまな意味で用いられるが，特別活動においては，集団の中で，現在及び将来の自己の生活の課題を発見し，よりよく改善しようとする視点である。自己実現のために必要な資質・能力は，自己の理解を深め，自己のよさや可能性を生かす力，自己の生き方を考え設計する力など，集団の中において，個々人が共通して当面する現在及び将来に関わる課題を考察する中で育まれるものと考えられる。

（5）人間関係の維持形成に資する特別活動

集団宿泊体験においては，1泊2日や2泊3日が非常に多い。これらの短期宿泊体験に比べて，3泊以上になると，人間関係の様相が一変しやすいため，得られる効果や，必要なサポートの質も変化する。

1日のうち約8時間顔を合わせる学校と異なり，宿泊体験においては，子どもどうしが1日24時間，ずっと一緒にいる状況になるため，いわゆる「逃げ場」がなくなりやすい。こうした状況下では，嫌いな子や苦手な子がいた時に，1，2泊の間は我慢できるが，3泊以上になると我慢できなくなり，人間関係上のトラブルが出やすくなる。こうしたトラブルは，そのまま放置しておけば，悪い結果につながりやすいが，教師など大人が適切にかかわることができれば，子どもの社会性を向上させるための，非常に良いチャンスにもなる。

とくに，クラスの中で発達障害などの理由から，集団行動をとるのが苦手だったり，反集団的な行動をとってしまったりする児童生徒については，本人と周囲にいる児童生徒との両方に対して，社会性を向上させるための働きかけをすることが可能である。クラスへの働きかけをする際に重要なのは，発達障害の子を変えようとするよりも，周囲の子どもたちの見る目を変えること，自分たちとは違うが，発達障害の子はそれが個性であると受け入れられるようにすることが大切である。また，発達障害などの子は，不安定になりやすいので，安心させる働きかけが重要である。

集団宿泊的行事，文化的行事，体育的行事，キャリア教育に関しては，行事の効果測定を行うためのツールを筆者らが，JTB 法人東京(現在の JTB)と東京学芸大学の産学連携で，2007 年に開発した。これは学校行事評価システム SEAS(シーズ，School Events Analyzing System)という名称で，行事に参加した時の成長感について数値化し，グラフ化して，コメントと共に学校にフィードバックするものである。

よりよい人間関係を作ることは，親友を作ること，仲の良い友人に囲まれて，安心して楽しく学校生活を送ること，なども含まれる。小学校の中学年以上になると，とくに女子においては，仲の良い友人を作り，独占したいという欲求も出てくることがある。こうした独占欲は，仲の良い友人が，ほかの級友と自分以上に仲良くなることを妨げようとする，さまざまな妨害行動(陰で悪口を言う，直接攻撃する，など)として現れることもある。このような独占欲は，ちょうど 2 歳程度の幼児が，気に入ったおもちゃは(それが他児のものであろうとなかろうと)すべて自分のものであるかのように独占しようとして，取り合いのけんかをするのに似ている。幼児の場合は，自己中心性が強いため，自分と他児が同じように好きなおもちゃがあれば，同じように平等に遊ぶべきだというルール概念が，未発達である。児童や生徒が，仲の良い友人をとり合おうとするときも，その背景には，「仲の良い子と，ずっと安定していつでも最優先の友人でいることで，安心・満足したい」という思いがあること，逆にいえば，「自分には安心できる仲の良い友人がたくさんいる」という安心感が満たされていない可能性があることに着目する必要があろう。子ども自身には，「少数でよいから，仲の良い友人と安定した関係を作りたい」という欲求はあっても，そのような関係を「クラスや学校全体で作りたい」というところまでは欲求が強くない場合が多いと考えられる。

クラス全体で仲の良い安定した関係を作るのは，教師の日常的な言動・教育活動に依るところが大きい。日ごろから，クラス全体が十分に仲良くできる関

表 11-1　東京学芸大学特別活動評価スタンダード

資質・能力別	視点別	教員による観察評価の基準	略称	特徴
知識・技能	人間関係形成	他者と協働する意義がわかる	知・人・意	グループ活動に積極的に取り組む場面
		他者と協働する方法がわかる	知・人・方	他の児童と相互にコミュニケーションする手立てがわかっている場面
	社会参画	集団活動に参画する意義がわかる	知・社・意	グループやクラスでの計画・活動に積極的に取り組む場面
		集団活動に参画する方法がわかる	知・社・方	グループやクラスの計画・活動に参加する手立てがわかっている場面
	自己実現	自己の課題を発見し改善する意義がわかる	知・自・意	自己の課題発見の活動に積極的に取り組む場面
		自己の課題を発見し改善する方法がわかる	知・自・方	自己の課題を改善する手立てがわかっている場面
思考力・判断力・表現力等	人間関係形成	互いのよさを活かす考え方ができる	思・人・考	互いの意見を活かそうとしている場面
		互いに認め合うことができる	思・人・認	互いの意見等を認め合う場面
	社会参画	集団での合意形成に参加できる	思・社・合	グループやクラスの話合い活動等で意見の一致を図ろうとする場面
		問題解決に主体的に取り組むことができる	思・社・解	自ら解決策を考えたり，提案している場面
	自己実現	自己の生活の課題を見出すことができる	思・自・見	自己の生活の課題についての発言が見られる場面
		自己の生活の課題を解決することができる	思・自・解	自己の生活の課題の解決策を考えたり，提案している場面
学びに向かう力・人間性等	人間関係形成	人間関係をよりよく構築しようとしている	学・人・構	友達との関係づくりに取り組もうとしている場面
		自主的・実践的に他者と関わろうとしている	学・人・関	友達に積極的にコミュニケーションを取ろうとしている場面
	社会参画	集団生活をよりよく形成しようとしている	学・社・形	他人を思いやった行動を取れる活動場面
		集団での学びに参画しようとしている	学・社・参	グループやクラスのことを考えながら発言している場面
	自己実現	自己の生き方についての考え方を深めようとしている	学・自・深	自分の今後の行動について具体的に説明しようとしている場面
		自己の実現を図ろうとしている	学・自・図	自己の内面にある能力や可能性を活動につなげる場面

係性が築かれていれば，特定の友人をとり合おうという欲求も，薄れるはずである。したがって，独占行動が出た時には，教師自身が，クラス全体での仲の良さを高めきれていない可能性を考え，クラス全体での自由遊びを増やしたり，教師自身が，すべての子どもたちの良いところをとらえてクラスに伝えているか，子どもどうしに，互いの良いところを伝える場面を日常的に作っているかをセルフチェックしたり，1 週間のうち，どの子と何回ポジティブな会話や遊びをしたかを数え，偏りが生じていないかをチェックしたり，自分の思い通りに行動しない子を差別していないかチェックするなども，有効であろう。

小学校高学年以降，とくに中学生になれば，内面的な自己も豊かに深まり，個性化していく。そのなかで，親友関係へのあこがれも強まり，仲良し集団を作ろうとする。しかし，真の友情とはどのようなもので，どうすれば形成できるかに関する知識・技能は未形成な段階であることが多い。そのため，仲の良い集団に見えるようにふるまうことも多く，典型的には，表面的同調を示す。表面的同調とは，本心を隠し，空気を読み，周囲から受容されるように仲間集団の規範に合わせる行動である。仲間集団の規範は，発言力・影響力の強い生徒の好みなどにより作られ，「みんな同じ」であることで安心感を得る。したがって，誰かが「私はそれは好きではない」などと，異論を述べると，この安心感を脅かす存在として，排除・攻撃など，いじめの対象になることも少なくない。

（6）特別活動の評価について

東京学芸大学の次世代教育推進機構が OECD（経済協力開発機構）との共同研究の中で開発した「東京学芸大学特別活動評価スタンダード」（表 11-1）は，平成 29 年に示された学習指導要領に対応している。3 つの資質・能力ごとに，人間関係形成，社会参画，自己実現の 3 つの視点に，教員による観察評価基準を 2 つずつ設けている。実際の評価に利用することで，有効に活用できると考えられる。

まとめ

- 日本の小中学校の道徳教育は，学校の教育活動全体と通じて行う「道徳教育」と，その要となる「特別の教科　道徳(道徳科)」とがある。
- 道徳教育の実践においては，道徳性の発達理論を理解し，道徳科の内容項目や指導方法に役立てることが重要である。
- 特別活動は，さまざまな学校の集団において，道徳的実践を学ぶ中心的な学習の場である。
- 「人間関係形成」「社会参画」「自己実現」の 3 つの視点について，実践的に学ぶことが，特別活動の一つの特徴である。

12章 特別支援教育・特別な教育的支援

12−1　特別支援教育とは

(1) 特別支援教育の制度

特別支援教育は2007(平成19)年4月から学校教育法の第8章(学校における特別支援教育は第81条)に位置づけられ，すべての学校において，障害のある幼児児童生徒の支援を充実が規定された。障害があることにより，通常学級の指導だけではその能力を十分に伸ばすことが困難な子どもについては，一人ひとりの障害の種類・程度等に応じ，特別な配慮の下に，特別支援学校(2006年度までは盲学校・聾学校・養護学校)や小学校・中学校の特別支援学級(2006年度まで特殊学級)，あるいは通級による指導において適切な教育が行われることになった。

2006(平成18)年の教育基本法改正で「国及び地方公共団体は，障害のある者が，その障害の状態に応じ，十分な教育を受けられるよう，教育上必要な支援を講じなければならない」(第4条第2項)と新たに規定された。そして，学校教育法改正(2007年)において，障害のある子どもの教育に関する基本的な考え方について，特別な場で教育を行う「特殊教育」から，一人ひとりのニーズに応じた適切な指導及び必要な支援を行う「特別支援教育」への発展的な転換が行われた。さらに，中央教育審議会『特別支援教育の在り方に関する特別委員会』の報告(2012年)に「共生社会の形成に向けたインクルーシブ教育システム構築のための特別支援教育の推進」が提言され，障害のある児童生徒の就学先決定の仕組みに関する学校教育法施行令の改正(2013年)が行われた。これは，就学に際して，本人・保護者に対し十分情報提供をしつつ，本人・保護者の意見を最大限尊重し，本人・保護者と市町村教育委員会，学校等が教育的ニーズと必要な支援について合意形成を行い決定されるものとした。

近年，特別支援学校や特別支援学級に在籍している幼児児童生徒数が増加傾向にあり，通級による指導を受けている児童生徒は1993(平成5)年度の制度開始以降著しく増え続けてている。2016(平成28)年5月現在，義務教育段階において特別支援学校(0.7%)及び小学校・中学校の特別支援学級(2.2%)の在籍者，並びに通級による指導(1.0%)を受けている児童生徒の総数の占める割合は約3.9%となっている。また，文部科学省が2012(平成24)年に実施した「通常の学級に在籍する発達障害の可能性のある特別な教育的支援を必要とする児童生徒に関する調査」で，学習障害，注意欠陥多動性障害，高機能自閉症など(調査報告時に使用された障害名)，学習や生活の面で特別な教育的支援を必要とする児童生徒が約6.5%程度の割合で通常学級に在籍する可能性を報告した。

障害のある児童生徒をめぐる最近の動向として，障害の重度・重複化や多様化，学習障害(LD：Learning Disability)や注意欠如多動性障害(ADHD：Attention Deficit/Hyperactivity Disorder)，自閉症スペクトラム障害(Autism Spectrum Disorder)等の発達障害のある児童生徒への対応，障害の早期発見・早期対応，卒業後の進路の多様化，障害者の自立と社会参加に向けた支援などが課題とされている。

(2) 特別支援学校の学習指導要領

特別支援学校の**学習指導要領**(2003(平成15)年までは盲学校，聾学校及び養護学校の学習指導要領)は，1957(昭和32)年に盲学校及び聾学校の小中学部について，養護学校小中学部が1963(昭和38)年に初めて作成された。以来，これまでに，盲・聾学校は5回，養護学校は4回の改訂が行われて，2009(平成21)年において特別支援学校学習指導要領(平成18年の学校教育法等の一部改正により盲・聾・養護学校から障害種別を越えた特別支援学校とする)とかわり，2017(平成29)年が2回目の改訂となった。

(3) 特別支援教育コーディネーター

小・中学校等の**特別支援教育コーディネーター**は，文部科学省(2007)の「特別支援教育の推進について(通知)」において次のように定められた。①学校内の関係者や関係機関との連絡・調整，②保護者に対する学校の窓口，③地域内の小中学校等への支援，④地域内の特別支援教育の核として関係機関との密接な連絡調整，を担う者として位置付けられた。特別支援学校の特別支援教育コーディネーターには，「地域のセンター的機能」の中心的役割が求められ，地域の学校や幼稚園・保育所などへの「コーディネーション(関係機関のネットワークの構築)」「コンサルテーション(児童生徒・保護者・担任との相談)」，自校の児童生徒を含めた「個別の教育支援計画などの作成」に携わる，などの役割が期待されている。各学校園で，校長が教師(管理職・養護教諭含む)の中から1名以上を経験や適性などを考慮して指名する。具体的には，障害とその支援に関する知識の他に，コーディネーション，コンサルテーション，カウンセリング，アセスメントの力が必要とされる。

（4）インクルーシブ教育システム

障害のある子どもの教育に関する制度の改正として，2006年に国連総会で「障害者の権利に関する条約」が採択され，日本は2014年に批准し効力が発生した。同条約は，すべての障害者によるあらゆる人権及び基本的自由の完全かつ平等な享有を促進し，保護し，及び確保すること並びに障害者の固有の尊厳の尊重を促進することを目的とし，いわゆる**合理的配慮**(Reasonable Accommodation)や，教育に関しては**インクルーシブ教育システム**(Inclusive Education System)等の理念を提唱している。

そこで，わが国の教育システムでは，個別の教育的ニーズのある子どもに対して，自立と社会参加を見据えて，その時点で教育的ニーズに最も的確に応える指導を提供できる，多様で柔軟な仕組みを提供できることを重要とした。そして，小中学校における通常の学級，通級による指導，特別支援学級，特別支援学校，訪問教育などといった，連続性のある「多様な学びの場」を構築した。

また，合理的配慮について，「障害を理由とする差別の解消の推進に関する法律(障害者差別解消法，2016)」が施行され，教育等の分野における合理的配慮に関する対応指針等が提示された(文部科学省所管事業分野における障害を理由とする差別の解消の推進に関する対応指針について［通知］，2017)。な

合理的配慮	基礎的環境整備
障害のある子供が，他の子供と平等に教育を受けられるように，学校が必要かつ適当な変更・調整を行うことであり，均衡を失した又は過度の負担を課さないもの。	「合理的配慮」の基礎となるものであって，障害のある子供に対する支援について，法令に基づき又は財政措置により行う教育環境の整備のこと。

お，障害者の権利に関する条約では，合理的配慮の否定は障害を理由とする差別とされており，最も重視すべきであろう。

（5）交流及び共同学習

障害のある子どもと障害のない子どもが一緒に参加する活動は，相互のふれ合いを通じて豊かな人間性をはぐくむことを目的とする交流の側面と，教科等のねらいの達成を目的とする共同学習の側面があるとされている。**交流及び共同学習**では，両方の側面が一体であり分かちがたいものとして強調されている。交流及び共同学習は，障害のある子どもの自立と社会参加を促進するとともに，社会を構成するさまざまな人々と共に助け合い支え合って生きていくことを学ぶ機会となり，共生社会の形成に役立つものと言える。

交流及び共同学習は，特別支援学校と近隣の小・中学校等や児童生徒の居住する地域の小・中学校等で行われている。授業時間内に行われる交流及び共同学習は，その活動場所がどこであっても，在籍校の授業として位置づけられることに十分留意し，教育課程上の位置づけ，指導の目標などを明確にし，適切な評価を行う。例えば，知的障害のある児童生徒の交流及び共同学習の実践には，障害の特性等に応じた配慮から，「興味・関心をもつことのできる活動を工夫」「言葉による指示だけでなく，絵や写真等の使用やモデル提示，活動内容を理解しやすくする」「繰り返しできる活動，活動の手順を少なく，手順がわかりやすく，見通しをもちやすくする」「得意とする活動や普段の授業で慣れている活動により活躍できる場を多くする」「子どもの行動の意味や背景等を必要に応じて適切に説明し子ども同士が理解し合い友だちになれるようにする」などがある。

（6）特別支援学校・特別支援学級・通級による指導

特別支援学校は，視覚障害者，聴覚障害者，知的障害者，肢体不自由者，または病弱者(身体虚弱者を含む)に対して，幼稚園，小学校，中学校または高等学校に準ずる教育を施すとともに，障害による学習上または生活上の困難を克服し自立を図るために必要な知識技能を授けることを目的としている(学校教育法第72条)。各校の学級には，単一の障害を有する幼児児童生徒で構成される「一般学級」(1クラス6名)と，複数の障害を有する者で構成される「重複障害学級」(1クラス3名)がある。複数の教員で担任することが多い。また自宅からの登校が困難で，なおかつ重度の障害児のために，教員が生徒の自宅へ出向く訪問学級を置くことがある。さらに短期間ながら医療的支援を必要とする場合に，そのような機能をもつ別の特別支援学校への一時的な転学も珍しくない。

特別支援学級は，小・中学校に障害の種別ごとに置かれる少人数の学級(1クラス6名)であり，知的障害，肢体不自由，病弱・身体虚弱，弱視，難聴，言語障害，自閉症・情緒障害の学級がある(学校教育法第81条)。特別の教育課程により，基本的にほとんどの授業や指導を本学級で受ける。

通級による指導は，小・中学校の通常の学級に在籍し，言語障害，自閉症，情緒障害，弱視，難聴，学習障害，注意欠陥多動性障害，肢体不自由者，病弱者，身体虚弱者などのある児童生徒を対象として，主として各教科などの指導を通常の学級で行いながら，障害に基づく学習上又は生活上の困難の改善・克服に必要な特別の指導を特別の場で行う教育形態である(学校教育法施行規則第140条)。指導に関わる授業時数が決まっている。

12-2 障害のある幼児・児童・生徒について

(1) 障害の概念

障害について，以前は，疾病等の結果もたらされる器質的損傷又は機能不全による種々の困難があり，これらによって生ずる社会生活上の不利益と捉えられていた。これは，1980年に世界保健機関(WHO)によって採用された国際障害分類に基づく医学モデルによる捉え方であった。これに対して，障害のない人も含めたヒトの生活機能について，2001(平成13)年に「国際生活機能分類(ICF；International Classification of Functioning, Disability and Health)」をWHOは採択した。このICFは，障害の状態は，疾病等によって規定されるだけではなく，その人の健康状態や環境因子等と相互に影響し合うものと説明され，疾病等に基づく側面と社会的な要因による側面を考慮した医学モデルと社会モデルを統合したものになった。

これを受けて，2011(平成23)年の障害者基本法改正において，障害者は「身体障害，知的障害，精神障害(発達障害を含む)，その他の心身の機能の障害(以下「障害」と総称する)がある者であって，障害及び社会的障壁により継続的に日常生活又は社会生活に相当な制限を受ける状態にあるもの」と定義された。また，特別支援学校の学習指導要領解説(2009年)で，障害による学習上又は生活上の困難を改善・克服するために必要な知識・技能等を身につける

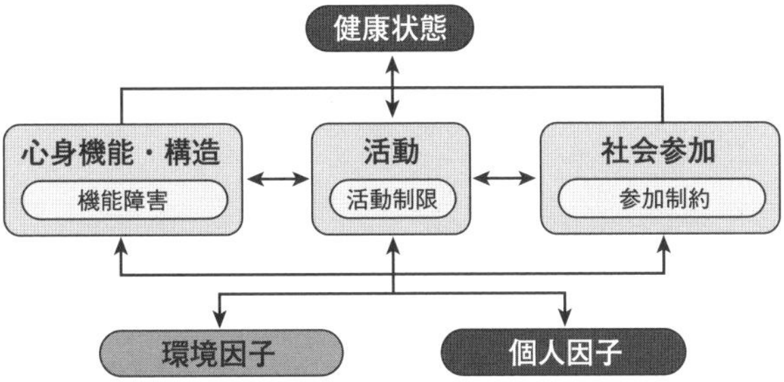

図 12-1　国際生活機能分類(ICF)モデル

ために必要な指導を計画する際には，ICF の障害の捉え方を踏まえるように示された。

(2) さまざまな障害（障害の定義など）

文部科学省によるさまざまな資料による各障害の定義を表 12-1 にまとめた。

(3) 発達障害と軽度知的障害児の特性

代表的な発達障害児の具体的な特性について紹介する。

自閉症スペクトラム障害児は，視線を合わせることや自分の気持ちを伝えること，友だち関係をうまく築くことなどが難しい。言語の発達に遅れや偏りがみられることもある。言葉の遅れがある場合は，質問に対してオウム返しで応えたり単語だけで話をする。会話は一方的になりがちである。遊びのルールが理解できなかったり，集団での共同作業に困難を示す。音やにおい，触覚刺激，痛み，偏食など特定の感覚に過敏さや鈍さを示したりする。生活のルーティンや同じ服を着るなどの強いこだわりがみられたり，特定の興味に熱中する。また，くるくるとまわったり掌をひらひらさせたりする。

LD 児は，認知能力の偏り(凸凹)から生じるもので，例えば，人より計算はできるが漢字がうまく書けなかったり，その逆であったりする。目から入ってくる情報処理がスムーズに行えず，図形や類似する形の漢字や文字などが認識できないこともある。また，文章のどこを読んでいるのかがわからなくなってしまうことがある。読み書きに人一倍努力が必要で，疲れはててしまうこともある。

ADHD 児は，「不注意・多動性・衝動性」がある。具体的には，忘れ物や大

表 12-1　障害の定義について

視覚障害	視機能の永続的低下をさす。視機能の各種機能に対応して，視力障害，視野障害，色覚障害，光覚障害(明順応障害，暗順応障害)などがある。盲と弱視に分類される。
聴覚障害	聴覚機能の永続的低下をさす。一般的には聴力障害が主である(聴覚過敏，錯聴，耳鳴りなどが含まれることもある)。言語やコミュニケーションなどの発達に種々の課題が生じる。ろうと難聴に分類される。
知的障害	発達期(18 歳まで)に知的機能の発達に明らかな遅れがあり，適応行動の困難性を伴う状態をさす。具体的には，知的機能が同年齢の児童生徒の平均的水準より明らかに低いことと，適応行動(意思の交換，日常生活や社会生活，安全，仕事，等に関する機能)がその年齢で一般的に要求される状態までに至っていないものである。
肢体不自由	医学的には，四肢体幹に永続的な障害があるものを，肢体不自由という。形態的側面で，先天性のものと，生後，事故などにより四肢等が切断されたことによるもの等がある。また，関節や脊柱が硬くなって拘縮や変形を生じているものがある。機能的側面では，中枢神経の損傷による脳性まひを中心とした脳原性疾患が多くみられる。知的障害などの種々の随伴障害を伴うことがある。
病弱・身体虚弱	病弱は，慢性疾患等のため長期にわたり医療や生活規制を必要とする状態をさす。主に，慢性の呼吸器疾患，腎臓疾患及び神経疾患，悪性新生物その他の疾患の状態が継続して医療又は生活規制を必要とする程度のものである。身体虚弱は，先天的又は後天的な原因により，身体機能の異常を示したり，疾病に対する抵抗力が低下したり，あるいはこれらの現象が起りやすい状態をさす。特徴として，病気にかかりやすく，かかると重くなりやすく，また治りにくいことが挙げられる。
言語障害	言語情報の伝達及び処理過程におけるさまざまな障害を包括する広範な概念である。具体的に，一般の聞き手にとって，言葉そのものに注意が引かれるような話し方をする状態及びそのために本人が社会的不都合を来すような状態である。構音障害，吃音，言語発達遅滞などがある。
情緒障害	情緒の現れ方が偏っていたり，その現れ方が激しかったりする状態を，自分の意思ではコントロールできないことが継続し，学校生活や社会生活に支障となる状態をいう。情緒障害の原因には，心理的な要因と中枢神経系の機能障害が想定されている。「発達障害に包括される自閉症とそれに類するもの」と「主として心理的な要因の関与が大きいとされている社会的適応が困難である選択性かん黙，不登校，その他の状態(多動，常同行動，チックなど)」がある。
学習障害・注意力欠如多動性障害・高機能自閉症	学習障害は，基本的には全般的な知的発達に遅れはないが，聞く，話す，読む，書く，計算する又は推論する能力のうち特定のものの習得と使用に著しい困難を示すさまざまな状態をさす。その原因として，中枢神経系に何らかの機能障害があると推定されているが，視覚障害，聴覚障害，知的障害，情緒障害などの障害や環境的な要因が直接的な原因となるものではない。

	注意力欠如多動性障害は，年齢あるいは発達に不つり合いな注意力，衝動性，多動性を特徴とする行動の障害で，社会的な活動や学業の機能に支障をきたすものである。中枢神経系に何らかの要因による機能不全があると推定されている。
	高機能自閉症は，他人との社会的関係の形成の困難さ，言葉の発達の遅れ，興味や関心が狭く特定のものにこだわることを特徴とする行動の障害である自閉症のうち，知的発達の遅れを伴わないものをいう。また，中枢神経系に何らかの要因による機能不全があると推定されている。
※自閉症スペクトラム	※近年，「高機能」という用語による誤解をさける理由などから，この障害名の使用は控えられている。一方，症状が軽くても自閉症と同質の障害のある場合，自閉症スペクトラムとよばれる(スペクトラムとは「連続体」の意味)。自閉症は，(1)対人関係の障害，(2)コミュニケーションの障害，(3)パターン化した興味や活動の3つの特徴がある障害とされ，知的発達の遅れの有無にかかわらず適用されている。

事なものを失くしてしまうことが多く，うっかりミスを何度も繰り返す。周りからの刺激に気が散りやすく注意力散漫になる。また，静かにすべき場面でおしゃべりが止まらなかったり，席についていられずに歩き回ったりする。座っていても，モジモジと手や体を動かしつづけている。興味のある物を見聞きすると興奮したり，思いついたことをすぐに言葉に出してしまう突発的な行動が多く，衝動を抑えるのが難しい。順番を待つことや我慢するのが苦手で，イライラしやすく，思い通りにいかないと怒ってしまうことがある。

軽度知的障害児は，全般的にゆっくりな発達で，獲得するのに時間がかかることが多い。言葉の発達が遅く，語彙数が少ないなどがある。また，運動能力の遅れとして，乳幼児期に寝返りや歩行の発達が遅かったり，児童期以降は不器用でぎこちない動きが目立つことがある。社会性の遅れは，友だちと上手く遊べない，一人でいることが多いなどがみられる。生活適応能力の獲得の遅れとして，身辺自立や買い物，交通機関の利用，金銭管理などを覚えることが難しい。

(4) 学校教育における指導と支援

障害のある児童生徒への特有な指導・支援として，「自立活動の指導」がある。特別支援学級，通級による指導，特別支援学校の教育課程において実践するものである。

> 自立活動の指導：個々の児童生徒が自立を目指し，障害に基づく種々の困難を主体的に改善・克服するために必要な知識，技能，態度及び習慣を養い，もって心身の調和的発達の基盤を培う。

内容として，(1)健康の保持，(2)心理的な安定，(3)環境の把握，(4)身体の動き，(5)コミュニケーションの6区分(27項目)が学習指導要領に示されている。

例えば，言語面では特異な言語の習得と使用，理解言語と表出言語の大きな差について，運動面では平衡感覚の未熟さ，上肢や下肢のまひによる不随意性，筋力の低さについて，行動面では固執行動，極端な偏食，衝動性について，情緒面では情緒発達の未熟さ，自信欠如について，健康面ではてんかんや心臓疾患による生活上の影響について，学習活動として直接的・間接的に取り扱われる。

LD児の指導・支援の一例として，教科書の文字の大きさを変更する，ルビをつける，単語や文章ごとの区切り(分かち書き)をつける，鉛筆などで書くことの苦手さを軽減する，などに対応するために，パソコンやタブレット端末を活用するICT活用の実践が盛んに行われている。また，LDのある児童・生徒に限らず，教室にいるすべての子どもに学びやすく優しい学習環境を設定するユニバーサルデザインによる教育が推奨されている。

ADHD児の場合，不注意と多動・衝動性の症状の程度，その混合性，そうした特性による学校生活における支援ニーズ(問題行動)の出現について，詳細にみきわめる必要がある。なおかつ，二次障害の予防に留意し，自尊心を高める心理的配慮が欠かせない。教室における周囲との友人関係の改善につとめ，活動場面での行動コントロールの弱さによる問題行動(離席，衝動的な行動，暴言，怒りなど)を減らし，適応スキルのアップを目指したい。個別的な教育支援の導入とともに，保護者や周囲の障害理解を促し，適切な行動をとれるように指導していく。場合によっては，医療機関による薬物療法も考慮する。個別的な支援として，応用行動分析による支援，SST(ソーシャルスキルトレーニング)，アサーショントレーニング，アンガーマネージメントなどの導入が実践されている。特に，行動面のみの問題が多いことから，教師の対応や保護者の子育ての仕方を子どもに合ったものに改善することで，子どもが大きく変容することが知られている。そこで，教師のほめ方・注意の与え方・叱り方などの工夫が有効である。

自閉症スペクトラム児の支援では，その障害特性を考慮して，本人にあった学習活動や情報提供の方法は何か，何にこだわるのか，感覚過敏を引き起こしているものは何か，情緒的に安定する決まったパターンはどれかを探すことが重要である。例えば，単一的な指示や状況をつくってあげて，視覚的に明瞭な状況(構造化された場面設定)に心がける。「一度に複数の情報を提示しない」「活動の手順を表にしたり絵にして提示する」「手がかりをいつも手元に持たせる」などがある。

12-3　個に応じた支援

(1) 特別支援教育における個に応じた支援

特別支援教育の理念は，「障害のある幼児児童生徒の自立や社会参加に向けた主体的な取組を支援するという視点に立ち，幼児児童生徒一人一人の教育的ニーズを把握し，その持てる力を高め，生活や学習上の困難を改善又は克服するため，適切な指導及び必要な支援を行うもの」(「特別支援教育の推進について(通知)」文部科学省，2007)とされている。同年齢の子どもで構成される学級集団において，子どもがその集団活動の内容や学習進度に適応できない場合，その教育的ニーズ(何らかの困難さ)に対して個別の対応が必要となる。個のニーズに対して適切な配慮や支援を行うための具体的なビジョンやプランをまとめたものが個別の教育支援計画であり，個別の指導計画である。

(2) 個別の支援計画と個別の教育支援計画

支援の内容は，子どもの発達段階に合わせ，その時々のニーズに的確に応えるものである必要がある。また，子どもの生涯にわたり継ぎ目なく支援のバトンをつなぐためには，広い視野に立った支援計画の立案が求められる。このような理念に基づき策定されるのが**個別の支援計画**であり，その中でも特に教育に関わる支援の計画を定めたものが**個別の教育支援計画**である。これは文部科学省の「今後の特別支援教育の在り方について(最終報告)」(文部科学省，2003)において「「個別の教育支援計画」は，障害のある児童生徒の一人一人のニーズを正確に把握し，教育の視点から適切に対応していくという考えの下，長期的な視点で乳幼児期から学校卒業後までを通じて一貫して的確な教育的支援を行うことを目的とする」ものであると定義している。個別の教育支援計画は，教育機関が中心になって作成するものであるが，適宜，他の領域の関係機関と連携をとって支援内容に整合性を持たせ，一人の子どもを総合的に支援できるよう配慮していく必要がある。

（3）個別の指導計画

個別の教育支援計画の支援方針や支援内容を受けて，実際に日々の学校生活の中でどのように指導を行っていくかをまとめたものが**個別の指導計画**である。個別の支援計画，個別の教育支援計画，個別の指導計画の関係性は図12-2のように表すことができる。

個別の指導計画は，通常の学級や通級指導教室など指導を行うそれぞれの場で担当者が作成する。指導計画は，教育的ニーズのどの部分に対する指導であるかを明示し，必要に応じて指導内容を学習面や生活・行動面に分けて作成するとよい。その他，指導の場と指導形態(例：通級指導教室における小集団指導等)，指導目標，指導内容と指導方略，配慮事項，指導目標の達成に関わる評価の項目を設け具体的に記録する。

通常，指導目標は，長期目標とそれに連なる短期目標の2段階で設定する。長期目標はおおよそ1年間，短期目標は2〜3か月が指導期間のひとつの目安となる。また，指導目標は，目標が達成できたかどうかを明確に評価できるよう，数値目標を含めるなどできるだけ具体的な文言にするとよい。また，目標数は現実的なものとし，たくさんの目標を掲げていずれも不十分な状態にならないようにすることが肝要である。指導方略は，後述するように子どもの能力の水準や認知特性に合ったものを選択する必要がある。

これらの計画の策定をはじめ子どもの支援は，学級担任，特別支援教育コー

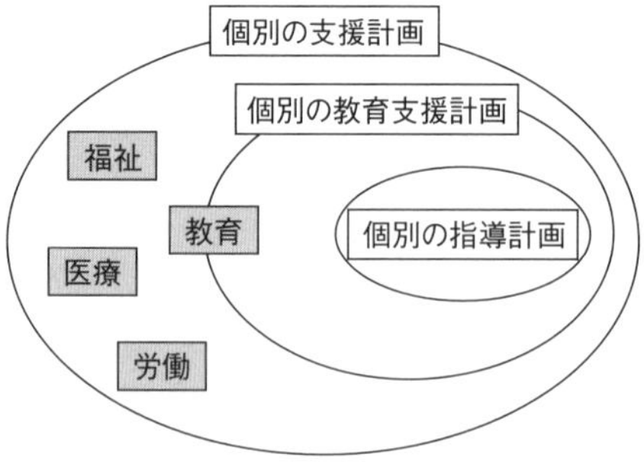

図12-2　個別の支援計画と個別の教育支援計画

ディネーター，養護教諭，校長等の管理職から構成される校内委員会を中心にチーム体制で行う。チームの成員にはスクールソーシャルワーカーやスクールカウンセラー，学校巡回相談員等の教員以外の者が加わることもある。

（4）多角的なアセスメントによる子ども理解

子どもの支援は，まず子どもの困難さへの気づき，つまり教育的ニーズの把握が最初の一歩となる。教育的ニーズの把握から指導に至る支援のプロセスを図 12-3 に示す。子どもの教育的ニーズに的確に応える指導計画の立案には，丁寧な**アセスメント**が不可欠である。アセスメントとは，評価や査定を意味するが，特別支援教育においては，支援の対象となる子どもに関わるさまざまな情報を収集・整理し，多角的な観点から子どもの状態像を理解することを指す。

日々の生活の中で子どもの困難さの状態像を把握しても，それに対して一般的な対応をするだけでは個に応じた支援とはならない。例えば，「教師の指示に従って活動に参加することが困難」という教育的ニーズのある子どもがいたとする。このような例では，一般的に「指示に従うよう注意や叱責を与える」といった対応がとられることが少なくないが，指示通りの参加を困難にしている背景要因を把握しなければ，子どもに対して適した対応をとることはできない。背景要因を判断するためにはアセスメントが必要となる。

「指示に従って活動に参加することが困難」という状態像の背景要因としては，「言語能力の弱さによる指示内容の理解の困難」「聴覚的ワーキングメモリーの弱さから正しい方法や手順を記憶することが困難」等，複数の要因が考えられる。言語能力の問題であれば，子どもの語彙力に合った平易な表現でわかりやすく伝えること，聴覚的ワーキングメモリーの問題であれば，指示を反

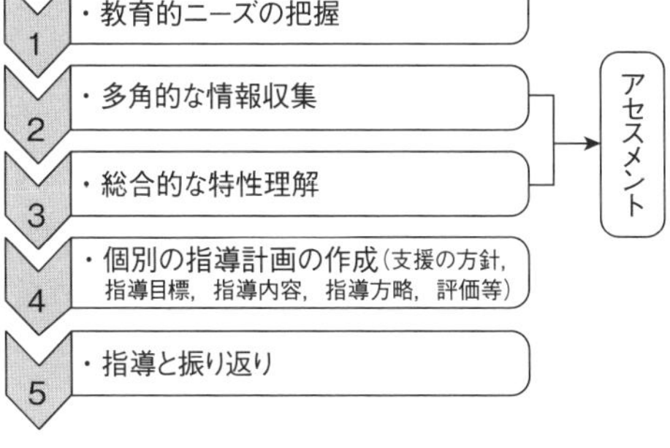

図 12-3　支援のプロセス

復したり視覚的な援助（手順や方法を黒板に書く，教師が手本を実演する等）を用いたりすることが，子どもの特性に合った良い支援となるだろう。

子どもの特性を理解するには，まず日頃の様子を丁寧に把握することが重要である。授業中に見せる子どもの反応や学習の成果物（ノート，作文，図画工作の作品等）も大切な情報となる。また，不得意なものや嫌いなものだけでなく，子どもの自助資源となる得意なものや好きなものを把握しておくとよい。また，必要に応じて保護者の了解を得た上で，知能検査や認知能力検査を実施することができれば，別の角度から子どもの実態を把握することが可能になる。指導計画を立てるにあたっては，子ども自身のアセスメントだけでなく，子どもを取り巻く環境のアセスメントも必要である。子どもが在籍している学校の教育的資源（学級担任の特別支援教育の経験の有無，支援員や巡回相談員の活用の可否，等）や学級の様子（全体の人数，学級内の支援を要する子どもの人数，男女比，学級風土，等）を念頭に置いた上で現実に即した指導を組み立てていかなければならない。

指導計画に沿って実際に指導を行った後に，指導目標が適切であったか，指導方略が子どもの実態に合っていたかを点検し，必要があれば修正を行わねばならない。この振り返りと修正は，指導を実施している間繰り返し行われ（**PDCA サイクル**：Plan- Do- Check- Action），常に適切な指導が展開できるよう努める必要がある。

（5）心理教育的アセスメントとしての検査の活用

発達障害児の認知特性の理解のために，**知能検査**や認知能力検査が活用されることがある。教育相談の現場でよく用いられる検査のひとつに，児童版のウェクスラー式知能検査である日本版 WISC-Ⅳ（現在，WISC-V を開発中）がある。知能検査とは，特定の課題に対する子どもの反応を数値化することによって，ある子どもの知的能力を同年齢の平均値と比較したり（**個人間差**），得意な領域と不得意な領域間の差異から能力のばらつきの度合いや傾向を把握したり（**個人内差**）するものである。数値による検査結果は，日頃の行動観察だけでは把握できない子どもの一面を客観的にとらえることができる一方，子どもが課題解決に用いた方略や課題に向かう際のモチベーションや注意・集中の様子などは把握することができない。得られた検査結果の数値による情報（量的情報）を，検査中の行動観察や日頃の子どもの様子（質的情報）と関連づけながら，子どもを総合的に解釈していくことが重要である。また，いずれの検査も，子どもの能力のすべてを明らかにすることはできないため，活用にあたっては利点とともに検査の限界も知っておく必要がある。

検査を実施する場合，検査者と特別支援教育の実施者が同一であるとは限らない。多くは検査を担うのは医療や心理職の者であり，支援を担うのは教員をはじめ教育の領域の者である。検査結果を個別の指導計画に反映させるにあたっては，検査報告書等の書面と共に検査者から口頭での説明を受け，子どもの知的能力について十分に理解する必要がある。保護者を介して検査結果に触れる場合でも，疑問があれば保護者の了承を得た上で検査者に問い合わせを行い，子どもの特性理解に努めるとよい。多職種の協働によって，得られた情報を十分に活用することが大切である。

12－4　その他の特別な教育的ニーズのある児童生徒の理解

（1）多様なニーズとインクルーシブ教育

前節では，障害のある子どもへの個に向けた支援について述べた。特別支援教育は，発達障害や，知的障害の他，視覚障害，聴覚障害等の身体障害のある子どもの困難に対する支援が中心となる。しかし，ここで今一度「障害」の意味を考えてみたい。2001年にWHO（世界保健機関）は，**ICF（国際生活機能分類）**の中で新しい障害観を打ち出した。それ以前のICIDH（国際障害分類）では，「障害の結果として社会的不利が生じるから，障害のマイナス部分を補っていく」といった障害のとらえ方（医学モデル）であったが，ICFにおいては，マイナス面の補償や訓練のみに着目するのではなく，個人の社会や活動への参加に目を向け，「障害の有無にかかわらず種々の活動参加が可能になるような環境的条件整備が必要（社会モデル）」という発想の転換が成されている。

この障害の有無にかかわらないという視点は，1994年に開催された「特別なニーズ教育に関する世界会議」におけるサラマンカ宣言に始まる今日の共生社会やインクルーシブ教育の理念とも深く関連している。**インクルーシブ教育**の基盤となるインクルージョンとは，障害のある者とない者が共に活動するといったインテグレーション（統合）から考え方を広げ，何らかの**特別な教育的ニーズ**を有するすべての子ども（障害のある子どもだけでなく学校への適応が難しい不登校の子ども，貧困家庭の子ども，外国籍の子ども，虐待を受けている子ども等）を包含するという意味を持つ。すなわち，さまざまな形で通常の教育環境への参加や適応に困難さを見せる子どもたちを包括的に支援し，その教育的ニーズに応えるのがインクルーシブ教育ということになる。このような特別な教育的ニーズのある子どもの問題は複雑であり，例えば発達障害のある子どもの中には，不登校に至る者や虐待を受けている者もある。問題は複合的に絡み合うことも珍しくなく，単純にラベリングすることなく，まさに一人ひとりの個に応じた対応を考えていく必要がある。これからの時代は，福祉や医療等の関係諸機関と連携をとりながら，子どもたちの多様なニーズに対して適切な支援を行うことが，学校教育の現場に求められるのである。

（2）その他の特別な教育的ニーズ：不登校

不登校とは，児童生徒が，何らかの心理的，情緒的，身体的，あるいは社会的要因・背景により，児童生徒が登校しないあるいはしたくともできない状況（病気や経済的理由を除く）にあることを指す。不登校児童生徒数は図 12-4 のように推移しており，2018 年度の調査結果では全国で 16 万人にものぼり，これは小学校ではおよそ 144 人に 1 人，中学校ではおよそ 27 人に 1 人の割合になる。かねてより軽視できない問題として対策が検討されてきたが，今後もその数は，大きく減じる見通しはない。

文部科学省では，2014 年に「不登校に関する実態調査」～平成 18 年度不登校生徒に関する追跡調査報告書～」を発表したが，これは，2006 年度（平成 18 年度）に不登校であった中学 3 年生を対象に 5 年後に行った追跡調査である。

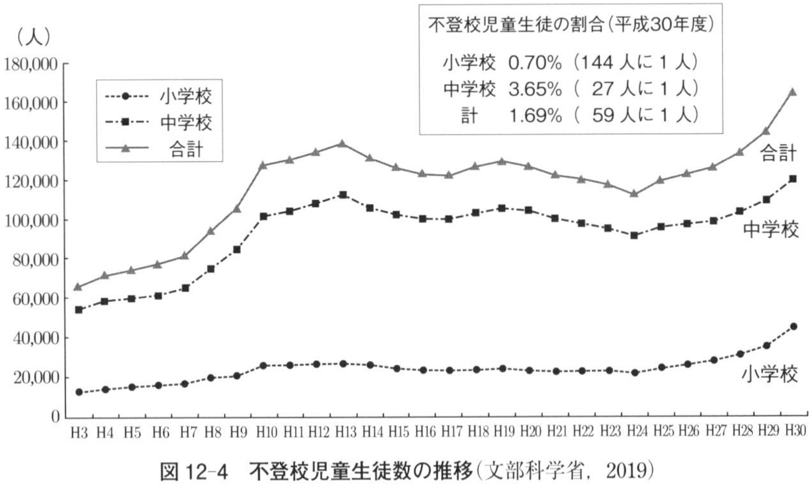

図 12-4 不登校児童生徒数の推移（文部科学省，2019）

表 12-2　不登校の主な継続理由（文部科学省，2014）

「無気力でなんとなく学校へ行かなかったため（43.6%）」
「身体の調子が悪いと感じたり，ぼんやりとした不安があったため（42.9%）」
「いやがらせやいじめをする生徒の存在や友人との人間関係のため（40.6%）」
「朝起きられないなど，生活リズムが乱れていたため（33.5%）」
「勉強についていけなかったため（26.9%）」
「学校に行かないことを悪く思わないため（25.1%）」

本人からの聞き取りによる不登校に至った主な理由を表 12-2 に示す。

不登校とは，登校していない状態を指す名称であり，背景は一様ではないことに留意する必要がある。表 12-2 に挙げられた不登校の理由の背景には，本人にかかわる要因だけでなく，学校や家庭にかかわる要因も考えられる。生活リズムの乱れが原因であれば，家庭の協力を仰ぎながら生活全般を整えるための支援が必要になり，福祉との連携を視野に入れる場合もあるだろう。また，勉強についていかれなくなったことが原因であるなら，学習の到達度を確認した後，心理職である教育相談員等の人的資源を活用して子どもの学力水準と認知特性に合った指導の手立てを考える必要があるだろう。さらに，登校を促す前に，子どもに適した指導の場が，在籍する学校や学級でよいのかも十分に吟味し，必要に応じて適応指導教室等の別の場を視野に入れることも大切な配慮である。

（3）その他の特別な教育的ニーズ：外国籍

1990 年の「出入国管理及び難民認定法」の改正以来，日本国内の外国籍者数は増加している。日本語指導が必要な**外国籍の児童生徒**の数は，2016 年の文部科学省の調査によると，小学校で 2 万 6 千人，中学校では 1 万人にもなる。これらの子どもは，日本語が十分に習得されていないために，学習面だけでなく生活全般にわたり困難が生じている。母語の違いだけではなく宗教や文化，習慣の違いによる問題は大きく，生活の場となる家庭と学校でそれらが異なれば子どもは大きな戸惑いとストレスを受けることになる。また，2018 年の法務省の調査によると在留外国人の国籍や地域は 195 にも及ぶが，学校はそれらの多様な文化的背景を背負った子どもたちに柔軟に対応することを考えていかねばならない。

インクルーシブな教育環境を整えるためには，コミュニケーションの壁を取り払うことが肝要であるが，日本語指導を必要とする者には，外国籍の子どもだけでなく帰国児童生徒や国際結婚家庭の子どもも含まれ，指導を十分に行き渡らせることは容易ではない。また，日本語を未習得の保護者とのコミュニケーションの方法も考えていく必要がある。

支援に際しては，母語が日本語ではない子どもの教育的ニーズに対応する学級を自治体が用意している場合はその利用や，自治体が派遣する日本語指導の講師や通訳・翻訳者等の人的資源の活用を検討するとよい。また，授業のユニバーサルデザイン化など特別支援教育で培った指導の工夫を応用することも考えられる。また，学習にかかわる支援だけでなく，子どもがアイデンティティを見失わないよう心のケアにも配慮していかねばならない。

（4）その他の特別な教育的ニーズ：貧困

厚生労働省が2016年に発表した「国民生活基礎調査」の結果によると，2015年の日本の子どもの相対的貧困率は13.9％であった。この数字は，18歳未満の子どものうちおよそ7人に1人が貧困状態にあるということを意味している。また日本は，相対的所得ギャップ，すなわち最も所得の低い世帯と標準的な所得の世帯との格差が大きいという特徴ももっており，**子どもの貧困状態**に関して深刻な状況だといえる。

2014年8月「子供の貧困対策に関する大綱」が閣議決定され，その中で「教育の支援においては，学校を子供の貧困対策のプラットフォームと位置付け，①学校教育による学力保障，②学校を窓口とした福祉関連機関との連携，③経済的支援を通じて，学校から子供を福祉的支援につなげ，総合的に対策を推進するとともに，教育の機会均等を保障するため，教育費負担の軽減を図る」としている。ともすれば，家庭の経済状態は，子どもの学習の機会にも影響を及ぼし，一般に，学習塾や習い事に通うことが難しい子どもは不利とされる。国立大学法人お茶の水女子大学による「平成25年度全国学力・学習状況調査(きめ細かい調査)の結果を活用した学力に影響を与える要因分析に関する調査研究」は，この問題に関して示唆に富んだ結果を示している。家庭の社会経済的背景と子どもの学力との間には強い相関がある一方で，家庭の社会経済的背景が低くても，学校の取り組みによって必ずしも子どもの学力が低くなるわけではないことが報告されている。効果的な学校の取り組みとしては，①家庭学習の指導の充実，②管理職のリーダーシップや実践的な教員研修の重視，③小中連携，④話す，読む，書くといった言語活動の充実，⑤各種学力調査の積極的な活用，⑥少人数指導やティームティーチング等による基礎・基本の定

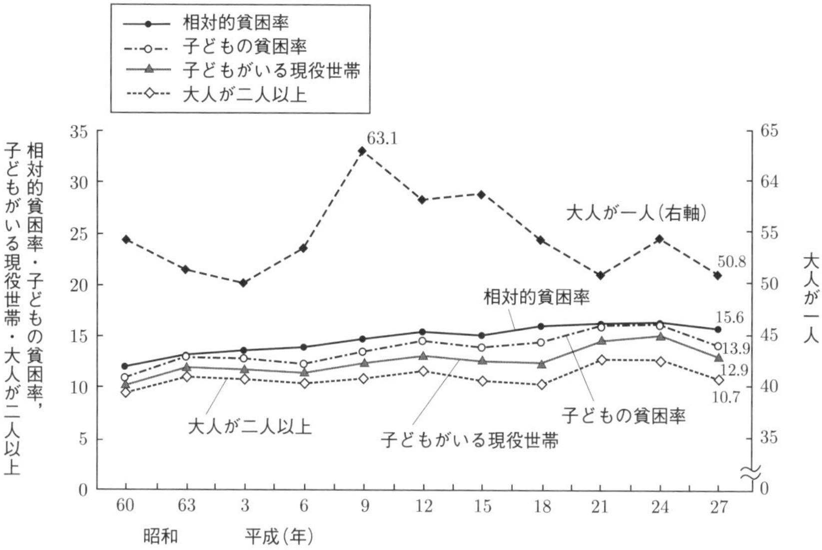

1）平成 6 年の数値は，兵庫県を除いたものである。
2）平成 27 年の数値は，熊本県を除いたものである。
3）貧困率は，OECD の作成基準に基づいて算出している。
4）大人とは 18 歳以上の者，子どもとは 17 歳以下の者をいい，現役世帯とは世帯主が 18 歳以上 65 歳未満の世帯をいう。
5）等価可処分所得金額不詳の世帯員は除く。

図 12-5　貧困率の年次推移（厚生労働省，2016）

着などが挙げられている。貧困の問題に対して教育の領域でできることは限られるかもしれないが，家庭の経済状況の改善は難しくても，指導の工夫によって子どもが新たな経験や学習を積み重ねられるようにすることは，子どもが自己効力感を高め能動的にその後の人生を歩む一助になるはずである。

（5）その他の特別な教育的ニーズ：虐待

児童虐待相談対応件数は年々増加しており，2018 年度（速報値）では児童相談所における対応件数が 16 万件近くに上り，過去最多となっている。**虐待**は，身体的虐待，性的虐待，ネグレクト，心理的虐待の 4 つに分類され，そのうち心理的虐待が 5 割を占める。虐待にかかわる法律としては「児童虐待の防止に関する法律」（児童虐待防止法）が 2000 年に施行され，2004 年に改正されている。改正法においては，児童虐待の定義が見直され，保護者以外の者による虐待行為が行われた場合も保護者としての監護を著しく怠るものとして虐待行為と認定されるようになった。また，ドメスティックバイオレンス(DV)を目撃させることも心理的虐待に含まれるとされた。また，改正法の第13条2(児童虐待を受けた児童等に対する支援)では，子どもの教育を受ける権利に触れ，その子どもの「年齢や能力に応じ充分な教育が受けられるようにするため，教育の内容及び方法の改善及び充実を図る等必要な施策を講じなければならない」としている。

児童虐待が子どもに与える影響は，心身両面に及ぶ。不衛生な環境での疾病への罹患や外傷，栄養不良からの発育不全のほか，自己評価の著しい低さ，感情の制御の難しさ，対人関係の不安定さなどの情緒面の問題も生じるため，早期発見，早期対応が必要である。また，発見の際は通告の義務も生じる。虐待は，身体や行動の異変などから気づかれることがあるが，担任だけでなく学校内のすべての教職員が日頃から子どもの様子に目を配ることが大切である。文部科学省が2007年に作成した「養護教諭のための児童虐待対応の手引」を参考にしたり研修の機会を設けたりするなどして学校全体で取り組むことが重要である。

(6) 教育現場に求められる今後の課題

前述のように特別な教育的ニーズのある子どもは，さまざまな困難を抱えながら日々の生活を送っている。外国籍，貧困，虐待などの家庭に要因のあるものは，子ども自身の力では問題の改善が見込めず学習性無力感の状態に陥る可能性がある。潜在的な能力があっても適切な自己効力感を持てずに自信を失っている子どもや不適切な対人関係の在り方を学習してしまい集団に不適応を起こしている子どももある。多様な教育的ニーズのある子どもたちがそれぞれの課題を克服していくことができるような支援の体制と教育的環境の整備が急がれる。

まとめ

- 特別支援教育コーディネーターを中心に校内委員会により，特別支援教育の推進と必要な児童生徒への支援を展開する。
- 特別支援教育においては，個別の教育支援計画や個別の指導計画のもと，個々の子どもの教育的ニーズに的確に応える指導を展開する必要がある。
- 子どもの指導・支援は，子どもの困難さとして現れる教育的ニーズの把握に始まり，多角的な情報収集，得られた情報からの総合的な特性理解，これらのアセスメントに基づく指導計画の立案，実際の指導，振り返りのプロセスをたどる。アセスメントでは，知能検査に代表される心理教育的な検査を活用することもある。
- 医学モデルから社会モデルへの障害観の世界的な転換を理解し，インクルーシブ教育を行う必要がある。教育の場におけるインクルージョンでは，障害を有する児童生徒のみならず，外国籍，貧困，虐待等のさまざまな教育的ニーズを持つ児童生徒が含まれるため，それらの問題へどのように対処していけばよいかが今後の大きな課題である。

13章 教師・生徒のストレスとストレスマネジメント

13－1 学校現場のストレス

学校現場における児童生徒の不適応とその背景としての**ストレス**の問題が深刻な課題となっている。さらに，近年では教師の多忙や負担の増加など，教師のストレスをいかに緩和するかという課題も注目されている。ストレスに対する基礎知識をもつことは，学校現場に関わる者にとって，自分自身のストレスにうまく対応し，児童生徒に対する適切な支援を考える上で極めて重要である。

ストレスということばは非常に身近で，頻繁に用いられるが，心理学では**ストレッサー**（刺激）と**ストレス反応**（反応）に分けて考えることが多い。本節では，ストレッサーとストレス反応という観点からストレスについて解説し，ストレスに関連する不適応について論じる。

（1）ストレッサー

ストレッサー（刺激）には，暑さや寒さなどの物理的ストレッサー，排気ガスや薬品などの化学的ストレッサー，学業や対人関係，仕事などの心理的ストレッサーなどがある。

ストレスといったときに多くの者が思いつくものは心理的ストレッサーである。心理的ストレッサーにはさまざまな出来事が含まれているが，その代表的なものが**ライフイベント**と**デイリーハッスルズ**である。前者は，人生の節目で経験するような比較的大きなイベントであり，卒業や入学，配偶者の死などが含まれる。ライフイベントの経験は生活に大きな変化をもたらし，経験前の状態に戻すために時間や努力を要するとされる（Holmes & Rahe, 1967）。後者は日常的な苛立ちごと，混乱ごとであり，職場や学校の対人関係，課題や仕事の負担などが含まれる。デイリーハッスルズは頻繁に経験しやすいものであり，健康に重要な影響を及ぼすものであることが指摘されている(Lazarus & Folkman, 1984)。

ストレッサーには，年代や職種等，対象者の属性により経験しやすい内容もある。例えば，中学生の学校ストレッサーとしては教師との関係や友人関係，部活動，学業，規則，委員活動が挙げられている(岡安他，1992)。さらに，思春期には親からの心理的自立や仲間関係を深めることが課題となり，そうした発達課題に関連するストレッサーも経験しやすい。発達段階において経験しやすいストレッサーについて把握しておくことは，予防的な支援を考える際にも役立つ。

(2) ストレス反応

ストレス反応は，ストレッサーによって生じる心理的，身体的，行動的反応であり，不安や落ち込み，頭痛・腹痛，飲酒・喫煙量の増加などが含まれる。ストレス反応が長期化，慢性化すれば心身の疾患や不適応と関連することになる。

ストレスに関連する不適応には多くのものがあるが，その代表的なものとして**心身症**がある。心身症は，「身体疾患の中で，その発症や経過に心理社会的因子が密接に関与し，器質的ないし機能的障害が認められる病態をいう。ただし，神経症やうつ病など，他の精神障害に伴う身体症状は除外する」と定義されている(日本心身医学会教育研修委員会編，1991)。心身症は精神医学における正式な診断名にはなっていないが，臨床上の有用性が指摘される概念である(佐々木，1997)。心身症は身体疾患であり，医学的な治療が必要となるが，背後にはストレスの問題が関連しているため，医学的な治療だけでは再発することも多い。学校現場で身体的不調を訴える児童生徒に対する支援を考える上で，心身症に関する基礎的な知識をもっておくことは重要である。心身症とみなされる可能性がある身体疾患には，過敏性腸症候群や緊張性頭痛，気管支喘息のように，消化器系，神経系，呼吸器系などさまざまな疾患が含まれている。心理的な状態と身体の状態は互いに密接に関連しており，心身症に対しても心身両面からのアプローチが不可欠となる。

13-2　ストレスの個人差の理解

同じ出来事を経験しても，人により引き起こされるストレス反応は異なるが，それはなぜであろうか。ストレス反応の違いをもたらす要因について考えることは，個々の児童生徒の状態を理解する上でも有効である。

ラザルスとフォルクマンは，ストレスを環境と人間の相互作用（トランスアクション）という観点から捉え，ストレスモデルを提唱した（Lazarus & Folkman, 1984）。このモデルでは，環境と人間との間を媒介する過程として，ストレッサーをどのように評価するかという**認知的評価**と，どのように対処するかという**コーピング**の２つの過程を重視している。以下では，ラザルスとフォルクマン（1984）の理論に沿って，認知的評価とコーピングについて解説する。

（1）認知的評価

認知的評価はストレッサーに対する評価的過程であり，ストレッサーをどのように受け止め，評価するかというものである。認知的評価は，大きく，**一次的評価**と**二次的評価**に分けられる。

一次的評価とはストレッサーによる影響や得失に関わる評価である。例えば，「この出来事は今後の自分の生活に大きな影響を与える」，「この出来事によって多くのものを失う」といった評価である。二次的評価とは，出来事に対する対処可能性のことであり，「自分はこの出来事にうまく対処できるだろう」といった評価である。ある出来事について，脅威性を高く評価し，対処可能性も低いと評価する場合には，強いストレス反応を経験すると考えられる（鈴木，2004）。

（2）コーピング

コーピングは自分にとって困難な状況やネガティブな情動を改善するための認知行動的努力のことである。コーピングの分類にはさまざまなものがあるが，その代表的な分類として**問題焦点型コーピング**と**情動焦点型コーピング**がある（Folkman & Lazarus, 1980）。問題焦点型コーピングは，ストレス源となる人間と環境との関係を変えることや調整するような対処であり，問題となっている状況に直接働きかけるような対処である。情動焦点型コーピングは情動的苦痛を緩和，調整するような対処である。やるべき課題を抱える状況で，課題を効率よく達成するために計画を立てることや課題解決の努力をすることは問題焦点型コーピングであり，気分転換をすることや，憂うつな気持ちを人に聞いてもらうことは情動焦点型コーピングとなる。コーピングは認知行動的努

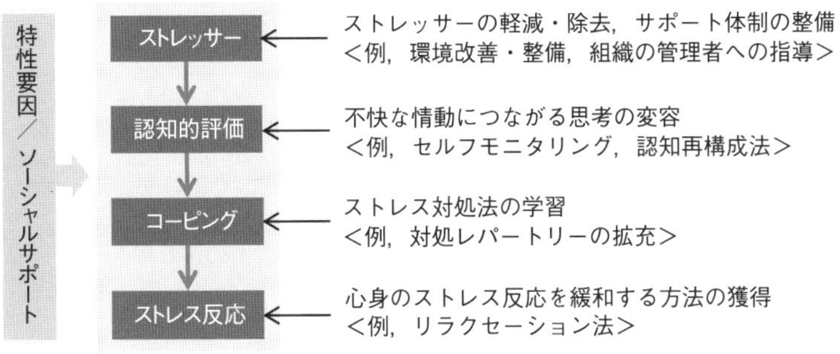

図13-1　トランスアクション理論に基づくストレスモデルと介入技法
（及川，2011を改変）

力であり，結果までは含んでいない。あるコーピングが常に効果的とは限らず，用いられる文脈や用い方によって効果は異なる。多くの場合，1つの状況でも複数のコーピングが行われており，コーピングを柔軟に用い，状況に応じて適切なコーピングを用いることが重要となる。

以上，ストレッサーとストレス反応の間にある要因について述べてきた。ストレスという概念が，ストレッサーとストレス反応に分けられ，その間に認知的評価とコーピングが位置づけられる（図13-1）。認知的評価とコーピングは個人と環境との間で刻々と変化するものである。こうしたプロセスに，もともとの個人のもつ考え方やパーソナリティ（特性要因），周囲からの支援（ソーシャルサポート）がどの程度得られるかなどが関わる。

同じようなストレッサーを経験しているように見えても，個々人により出来事の評価やコーピングは異なる。児童生徒がストレッサーを極端にネガティブなものとしてとらえている場合には認知的評価への介入が有効であり，対処レパートリーの少なさからストレス反応を大きくしているとすれば適応的なコーピングスキルをもつことが有効になる。トランスアクション理論に基づくストレスモデルは，個々の児童生徒の抱える困難について理解し，学校現場における介入や支援のポイントを考えることに役立つと思われる。

13-3　学校現場における予防的取り組み

13-1節でみたように，心理的ストレッサーは日々経験するものであり，また，成長のために必要なものもある。しかしながら，心身に過大な負担をかける状態が慢性化することはさまざまな不適応や疾患を引き起こす。ストレッサー経験自体は避けられないとしても，適切に対処し，過度のストレス反応を長期化させないようにするための知識やスキルをもつことが重要である。

環境に働きかけてストレッサーを取り除くことやストレスに対する対処の工夫，ストレッサーによる緊張状態やストレス反応を緩和することなどを含む包括的な働きかけを**ストレスマネジメント**という(井上・清野，2012)。現在深刻な問題を抱えていない者でも，今後の成長の過程でストレスに出会い，危機を経験する可能性も十分にある。ストレスに関する基本的な知識や対処のスキルをもつことは多くの者にとって有効である。ストレスマネジメントの適用範囲は広く，多様な内容を含むものであるが，学校現場はストレスマネジメントの必要性が高く，また，導入しやすい環境であるといえる。

(1) ストレスマネジメントの技法

ストレスマネジメントにおける介入技法について，鈴木(2004)は環境への介入と個人への介入に整理している。

環境への介入には，ストレッサーとなる物的・人的要素の軽減・除去やサポート体制の構築，環境改善・整備などが含まれる。個人への介入は，①考え方への介入，②コーピングへの介入，③ストレス反応への介入に分けられる。①考え方への介入では，出来事に対する捉え方や自己に対する否定的な考え方など，不快な情動を増大させている考え方の変容に焦点があてられる。②コーピングへの介入では，問題解決や情動改善，人間関係の調整等，ストレス場面で必要とされる対処方法を学ぶ。③ストレス反応への介入では，呼吸法や筋弛緩法といったリラクセーション法を学ぶなど，心身のストレス反応を自分で緩和するための方法を身につける。このように，ストレスマネジメントは図13-1で示したようなストレスモデルに基づき，介入を行っていく。

学校現場での介入では，**ソーシャルスキル**に焦点をあてることも多い。ソーシャルスキルは人間関係を形成し，それを円滑に維持していくために必要な対人技能のことである(戸ヶ崎，2006)。表13-1は児童生徒のソーシャルスキルトレーニング(以下，SST)で用いられる代表的なスキルを表している。児童生徒の攻撃性や引っ込み思案等，多くの問題行動や不適応にソーシャルスキルの欠如や不足が関連している(佐藤，1996)。ソーシャルスキルが向上することにより，ストレッサーの経験やストレス反応が低減することが期待される。

表 13-1　代表的なソーシャルスキル(佐藤, 1996)

▶**主張性スキル**(バッド, 1985；ベッカーら, 1990；ミチェルソンら, 1987)
- 相手にして欲しいことをリクエストする
- 自分の感情や意見を率直に表現する
- 不合理な要求を断る
- 他人の意見に賛否をはっきり示す
- アイコンタクト, 声の大きさ, 話の反応潜時と持続時間, 笑み, 表情を適切に表す

▶**社会的問題解決スキル**(ポープら, 1992；ネズら, 1993)
- 問題に気づく
- 沈思黙考する
- 目標を決める
- 可能な解決策をできるだけ多く案出する
- それぞれの解決策から生じる結果について考える
- 最もよい解決策を選ぶ
- この解決策を実施するための計画を立てる

▶**友情形成スキル**(バッド, 1985；ポープら, 1992；マトソンとオレンディック, 1993)
- 相手の話を聞く(相手の話を遮らない, 相手の話を理解していること, 相手の話に関心を持っていることを表現する)
- 質問をする
- 相手を賞賛, 承認する
- 遊びや活動に誘う
- 仲間のグループにスムーズに加わる
- 協調的なグループ活動に参加する
- 援助(手助け)を申し出る
- 順番を守る
- 分け与えをする
- 遊びや活動を発展させるコメントや提案をする
- 仲間をリードする

(2) 予防的取り組みの実践例

以下では, 学校現場において児童生徒を対象とした予防的なプログラムとして 2 つの実践例を取り上げる。

a. ストレスマネジメント

三浦・上里(2003)は, 生徒のストレス耐性を高め, 日常の学校生活における心理的ストレスが引き起こす問題行動を予防するため, 中学生を対象とする体系的なプログラムの開発を行った。プログラムでは, ①心理的ストレスのメカニズムとストレス耐性を高めるために必要な特徴の理解, ②具体的なストレス低減方略としてのリラクセーション法(漸進的筋弛緩法)の習得を柱とし, 2 回

の授業(1回50分)と漸進的筋弛緩法の自宅練習の課題を実施している。授業では，①ストレス反応の種類と特徴，②ストレッサーの存在と種類，③認知的評価の役割，④コーピングの役割，⑤漸進的筋弛緩法のメカニズムと実施方法といった内容が扱われている。また，プログラムを進める上で，一方的な知識提供ではなく，生徒が自分のストレス反応について考えることや，意見を述べる機会を設ける等の工夫がなされている。プログラムの効果として，介入前のストレス反応が高い生徒において，介入後のストレス反応に有意な低減が示されるなど，肯定的な変化がみられている。

b. 抑うつ予防のための SST

石川らの実践では，児童の抑うつの予防を目的とし，抑うつ予防に役立つソーシャルスキルに関する先行研究の知見を踏まえてスキルを選定したプログラムが開発された。具体的には，小学生を対象とし，①あたたかい言葉かけ，②上手な聴き方，③上手な頼み方，④上手な断り方の4つのターゲットスキルを学ぶ5セッション(1回45分)のSSTを実施している(石川他，2010)。各セッションは，①ターゲットスキルの説明，②問題場面の提示，③登場人物についてのディスカッション，④モデリング，⑤行動リハーサルとフィードバック，⑥日常場面での積極的・自発的なスキルの使用の奨励から構成された。この実践では，SSTの実施後にも掲示や学活時間等を使い，学んだスキルを維持促進できるように工夫をしている点も特色である。実践を通して，児童においてソーシャルスキルの向上と効果の維持，抑うつ症状の長期的な低減効果が示されている。

これらの取り組みでは，知識提供に加え，体験的な学習やグループワークを通して知識やスキルを学ぶように工夫されており，こうした工夫は児童生徒が能動的に学び，知識やスキルを獲得することに役立つと思われる。学校現場における予防的取り組みにおいて，実際にどのような内容やスキルを取り上げるのかについては対象となる集団のニーズや課題を把握する必要があり，また実施可能な回数によっても焦点を当てる内容が異なってくるだろう。

(3) 学校現場における集団を対象とする予防的取り組みの意義

近年，学校現場における支援として，不適応を抱える児童生徒に対する個別の支援のみならず，児童生徒全体に向けた予防的・開発的支援の重要性も指摘されている。学校におけるストレスマネジメントやSSTは予防的・開発的支援で扱われる取り組みである。予防的・開発的支援には，学校教育の中で，大きな問題として発展することを防ぎ，さらには健康な児童生徒がより健康に成長できるように支えるという意義がある（伊藤，2010）。

また，児童生徒全体を対象とする取り組みにより，自分から相談に訪れないような児童生徒にもアプローチすることができる。悩みを抱えた際にすべての者が自分の感情を的確に理解し，教師やカウンセラーに相談することができるとは限らない。例えば，思春期には急激な身体的発達に加え，自我の目覚めや親との葛藤など混乱を経験しやすい時期であるが，自分で答えを見出すことや心の内を的確に言葉で表現できず，暴力や不登校，心身症という形で行動化，身体化することがあるとされる（白井，2011）。悩みや混乱を抱えていても相談の場を訪れない児童生徒にとって，予防的な働きかけは自分のストレスに気づくことや相談を求めるための契機となり得る。

学校現場において集団でストレスマネジメントのような予防教育を実施する利点として，一度に多くの児童生徒に働きかけることができる点で効率性がよいことに加え，ディスカッションやロールプレイなどのグループワークを通して，自らの対処を振り返ることや，他の児童生徒の対処の仕方を学ぶ機会になるということが挙げられる（及川・坂本，2007）。学級全体にSSTを行う利点には，①全児童生徒が学習機会を得ることができる点，②スキルの般化効果，③通常の授業時間に組み込みやすい点などがある（藤枝・相川，2001）。藤枝・相川（2001）は，スキルを学習する必要性が高い児童生徒だけでなく，スキルが高い児童生徒もこれまで無自覚に行っていた反応を意識的に実行し，応用できるようになり，他の児童生徒のモデルにもなることを指摘している。児童生徒全体にスキルの提供を行うことは，個々人の適応促進とともに児童生徒同士が相互にフィードバックを与える環境を作ることにも役立つ。また，学校現場におけるSSTは，普段の学校生活を通して教師側からも児童生徒が獲得したスキルを維持できるようなかかわりを行いやすく，般化効果が期待できる。

留意点として，集団を対象とするプログラムはすべての児童生徒に同様の効果をもたらすわけではないということが挙げられる。児童生徒によりプログラムへの動機づけや関与度に差が生じる可能性もある。適切なテーマを選ぶために，実施する対象集団の抱えるニーズを踏まえ，多くの者が関心をもって臨める内容を取り上げることが重要である。集団を対象とする予防的取り組みでは個々の関心や悩みを扱うことはできないことや，全体への介入では効果の見られにくい者もいることから，ニーズに応じてスクールカウンセラーへの相談のように個別の対応に繋げることが必要である。

13－4　教師のメンタルヘルス

近年，学校現場では教師の多忙やストレスの問題も深刻になっている。教師は，生徒指導や事務的な仕事，学習指導，業務の質，保護者への対応に強いストレスを感じる頻度が高いことがわかっている(図 13-2)。教師のメンタルヘルスの問題が深刻化している現状を踏まえ，予防的な取り組みや休職後の復職支援の必要性が指摘されている。教師のメンタルヘルスの支援を行うためには，本人のセルフケアだけでなく，管理職や教育委員会等，組織的な対策が必要となる(図 13-3)(文部科学省，2013)。

教師や医師，看護師等の対人援助職のストレスの問題として，**バーンアウト**(燃え尽き症候群)がある。以下では，バーンアウトの状態や関連要因，その予防について論じる。

(1) バーンアウト

教師は対人援助職としてやりがいや充実感も大きい仕事であるが，児童生徒や保護者，同僚等，さまざまな対人関係の中でストレスをためやすい状況にもある。医療や福祉，教育といった対人援助に関わる専門職は，対人援助の過程で深刻なストレスを抱えやすく，バーンアウトという言葉はこうした対人援助職のストレス反応を指すときに用いられる。バーンアウトは職場での人間関係

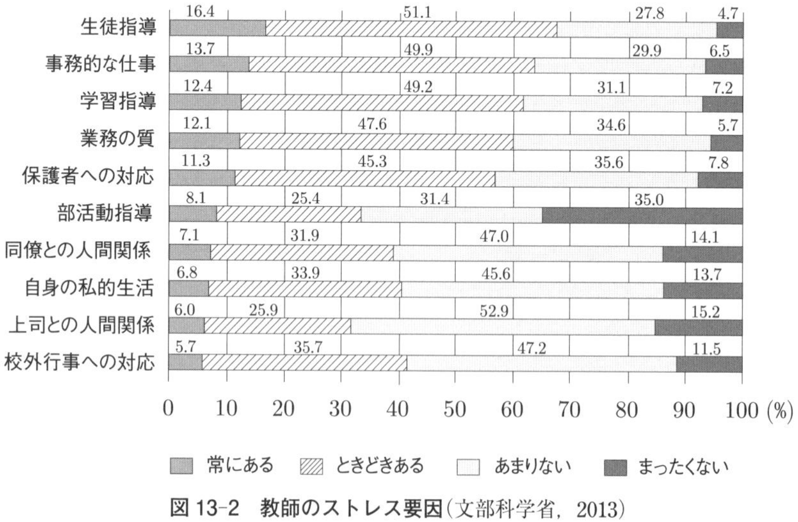

図 13-2　教師のストレス要因(文部科学省，2013)

教職員本人

【セルフケアの促進】
○自らを客観視し，安定した気持ちで仕事ができるようメンタルヘルスの自己管理に努力
○自分自身のストレスに気づき，これに対処する知識や方法の習慣化
○メンタルヘルスに不安を感じる際は，早めに周囲の産業医や精神科医等に相談

校長等

【セルフケアの促進】
○教職員がメンタルヘルスについての知識やストレスへの対処行動を身につける機会を充実
○教職員の家族等を対象とした相談窓口を周知し，家族の方から見た健康チェックリストを活用

【ラインによるケアの充実】
○日常的に教職員の状況を把握し，速やかな初期対応が重要
○校務分掌を適切に行い，小集団のラインによるケアの充実
○校長による副校長・教頭，主幹教諭等への適切なバックアップ
○保護者との関わりへの迅速な対応や困難な事案に対する適切なサポート

【業務の縮減・効率化等】
○教職員の業務を点検・評価し，積極的に業務縮減・効率化

【相談体制等の充実】
○定期面談の実施等あらゆる機会を通じた教職員との対話
○教育委員会等が用意している相談体制を把握し，教職員に周知し活用を奨励

【良好な職場環境・雰囲気の醸成】
○労働安全衛生管理体制の整備，実効性のある取り組み
○「開かれた」学校，校長室，職員室にすることで，風通しの良い職場づくり
○職場内の問題を職場で解決する円滑なコミュニケーション

教育委員会

【セルフケアの促進】
○個人情報保護に配慮した上で，ストレスチェックを活用
○産業医，嘱託精神科医等を活用した相談体制を整えるとともに，校長等と適切に連携し，必要に応じて業務上のサポート

【ラインによるケアの充実】
○復職時の基礎知識やカウンセリングマインドを身につける校長等を対象とした研修の充実
○主幹教諭等の配置等，ラインによるケアを行うための体制整備・充実
○学校では十分な対応が困難な事案に対する迅速なサポート，校長のバックアップを充実

【業務の縮減・効率化等】
○学校の職場環境，業務内容・方法の点検・評価，業務縮減・効率化

【相談体制等の充実】
○相談窓口の設置や病院等を指定した相談体制の整備・充実
○スクールカウンカラー，退職校長等の専門家の活用

【良好な職場環境・雰囲気の醸成】
○産業医配置等の労働安全衛生管理体制の整備，実効性のある取り組み
○教育委員会専属の産業医や嘱託精神科医等を配置し，当該医師等に学校現場の実情を理解してもらうことにより実効性を確保

図 13-3　予防的取り組み（文部科学省，2013）

などに起因するストレス反応の一つで，過度の身体疲労と感情の枯渇を示す症候群であり，逃避的，自己卑下，過敏，思いやりの欠如など行動上の問題を伴うことが多い(生和，1997)。

バーンアウトの主要な症状は，①情緒的消耗感，②脱人格化，③個人的達成感のなさである(Maslach & Jackson, 1981)。①は情緒的な資源が枯渇し，心理的レベルでもはや献身的でいることができないと感じる状態である。②は否定的，皮肉的な態度や感情であり，冷淡で人間味のない見方になる状態である。③は自分自身を否定的に評価する傾向であり，仕事の成果に満足できないような状態である。

バーンアウトは，サービスの質の低下や離職，欠勤，モラルの低下など組織やサービスの受け手にも大きな影響を与え，また，身体疲労や不眠，アルコール・薬物の増加，夫婦や家族の問題など，さまざまな苦悩と関連していることが示唆される(Maslach & Jackson, 1981)。教師のバーンアウトで考えれば，教師の心身の健康や職務の遂行に加え，児童生徒への対応や支援，同僚との連携等にも大きな影響を及ぼすものであるといえる。

(2) バーンアウトの要因と予防

バーンアウトの要因として，久保(2007)は先行研究の概観に基づき，大きく個人要因と環境要因に整理している。個人要因にはパーソナリティや年齢などが含まれる。環境要因には量的・質的な過重労働，仕事の自律性，役割ストレスなどが含まれる。加えて，ヒューマンサービスの特徴として，多大な情緒的資源が要求される点を指摘している。落合(2003)も先行研究の概観をもとに，①完全主義的傾向などの個人的要因，②多忙と過剰負担，仕事の自律性や職場の管理・サポート体制といった状況・環境要因，③社会・歴史的要因を挙げている。さらに，教師のバーンアウトについては独自の研究が必要であり，日本の教育制度や教育改革，学校・教師文化も考慮すべきであることを指摘している。

新井(2010)は，教師のメンタルヘルスの悪化について個人のパーソナリティなど心理的な要因だけでなく，教師が置かれた環境要因からとらえる必要性について述べ，バーンアウトは多くの教師が経験する可能性のあるものであると指摘している。バーンアウトの予防のためには，教師自身のコーピングスキルとともに，教師同士の連携やソーシャルサポートが重要となる(図 13-4)。

バーンアウトの問題は，学校現場における児童生徒の問題とも深く関連して

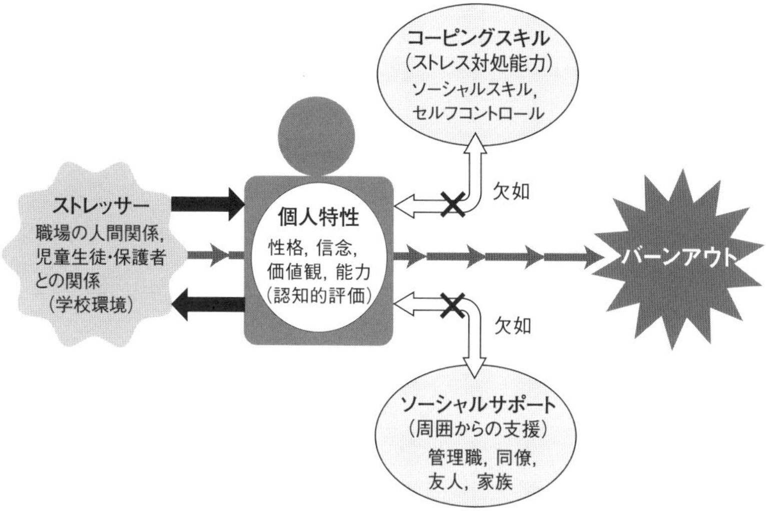

図 13-4　バーンアウトのプロセス(新井，2010)

いる。バーンアウトの背景として，伊藤(2010)は，教師が児童生徒の抱える問題への対応に疲弊し，多忙になることでバーンアウトに陥り，その結果，問題状況の深刻化や対人関係の悪化につながり，さらに問題を悪化させる悪循環があることを指摘している。教師の仕事は授業や学級経営など独立して行うものも多いが，必要な時に相談できる体制やサポートが整っていなければ，心理的に孤立してしまう場合もある。教師同士の連携やスクールカウンセラーとの連携など，問題を一人で抱えないように個々の教師を支援し，日常的な連携を重視することが重要である。

本章で概観したストレスに関する知識は児童生徒のストレスにのみあてはまるものではなく，教師のストレスを理解するためにも有用である。児童生徒への効果的な支援を行うためにも，教師のメンタルヘルスの向上とそのための支援，環境整備が必要である。

まとめ

- ストレスに関する基礎知識をもつことは，教師自身のストレス対処や児童生徒への適切な支援を考える上で有効である。
- 学校現場では，不適応を抱える児童生徒に対する個別の支援に加え，児童生徒全体に向けた予防的・開発的支援も重要である。
- 教師のバーンアウトを予防するために，個人要因だけでなく環境要因も考慮し，支援体制を整えることが必要である。

14章 教育相談

14−1 教育相談の意義・方法・展開

学校教育は，教育課程に定められた授業や特別活動だけで成り立つものではない。児童生徒は日々の学校生活や家庭生活で，さまざまな悩みなどを持つ。これらの悩みが強くなるほど，精神疾患にもつながりやすくなるとともに，学業や学校行事などに集中することが困難になる。児童生徒が有意義な学校生活を送り，学業や行事などで能力を発揮できるためには，できるだけ悩み事にわずらわされることなく，目の前のことに集中できる精神状態にあることが必要となる。そのため教師にも，児童生徒が抱える日々の悩みなどに対応する教育相談能力が求められる。

若い学生や教師ほど，「授業力さえしっかりしていれば，クラスは安定する」という信念を持ちやすい。もちろん「授業力がないとクラスが荒れやすくなる」，ということはあるだろうが，授業力があればクラスが荒れないということではない。なぜなら，授業時間の内外にも，クラスの荒れにつながる要素は多く潜んでいるからである。児童生徒間のトラブルは授業時間以外で起こることが多い。中高生の場合は部活動もいじめなどの問題につながりうる。また家庭内での問題は，授業時間中にコントロールすることは不可能である。

コアカリキュラムにおいては，**教育相談**では，以下の点を全体目標とすることを規定している。

- 幼児，児童及び生徒が自己理解を深めたり好ましい人間関係を築いたりしながら，集団の中で適応的に生活する力を育み，個性の伸長や人格の成長を支援すること。
- 幼児，児童，生徒の発達の状況に即しつつ，個々の心理的特質や教育的課題を適切に捉えること。
- 幼児，児童，生徒を支援するために必要な基礎知識（カウンセリングの意義，理論や技法に関する基礎的知識を含む)を身に付けること。

さらに，教育相談の意義と理論，教育相談の方法，教育相談の展開の３つにカテゴリ分けをしている。以下，それぞれのカテゴリごとに解説する。

(1) 教育相談の意義と理論

現代社会の変容の中で，家庭の教育力や地域の機能が低下するとともに，幼児や児童，生徒の抱える問題が多様化・深刻化し，不登校，いじめやネットいじめ，SNSなどを使った犯罪，ネット依存症，貧困，虐待，薬物乱用，DV(家庭内暴力)，発達障害や気分障害，精神疾患など，学校が対応せねばならない心の問題や行動の問題が増加している。こうした中で，学校が子どもたちの抱える問題に気づき，適切に対応することができれば，子どもも家庭も救われるとともに，学業等への意欲なども向上していくであろう。

そうした意味で，教師がこれらの問題に対する教育相談力を高めることは，学級経営や学校経営の安定性にも直結するのである。

(2) 教育相談の方法

コアカリキュラムでは，一般目標を「教育相談を進める際に必要な基礎的知識(カウンセリングに関する基礎的事柄を含む)を理解する」ことと定めている。そのうえで，具体的な到達目標として，「幼児，児童，生徒の不適応や問題行動の意味を理解していること」，「幼児，児童，生徒の発するシグナルに気付き把握する方法を理解すること」，「学校教育における**カウンセリングマインド**の必要性を理解すること」，「受容・傾聴・共感的理解等のカウンセリングの基礎的な姿勢や技法を理解していること」を挙げている。

一般に，教師を困らせる「困った子」は，「(実は本人も)困っている子」であると言われることがある。例えばいじめをする子の場合，家庭の中でさまざまなストレスを抱えているために，他の子を攻撃してしまっているが，本当は自分の問題を抱えきれずに困っているということも少なくない。

その他のさまざまな問題行動も，貧困や虐待などの家庭的背景を抱えることもあるため，問題行動そのものの表面的な現象に目を奪われるのでなく，その背後に潜む問題を理解しようという態度が非常に重要になる。その際，子どもの方から教師に相談してこないことも多い。そのため，普段から子どもたちとの信頼関係を築き，子どもが発する何気ないシグナルを見とる力を磨き，子どもの声にならない声を聴くという姿勢で，自分の意見を言わずに，虚心坦懐に子どもの意見を聴くことが必要である。特定の価値観に向けて指導しようという気持ちが強い場合，教師が子どもの言い分を早合点したり，途中で自分の価値観を述べたりして，子どもの言うことを最後まで傾聴できないことも少なくないため，「教師は正しく，子どもは指導を必要とする間違っている，ないしは弱い存在である」という前提を持たないことが必要である。

（3）教育相談の展開

コアカリキュラムでは，教育相談の展開に関する一般目標として，「教育相談の具体的な進め方やそのポイント，組織的な取り組みや連携の必要性を理解する」ことを定めている。そのための到達目標として，「職種や校務分掌に応じて，子どもや保護者に教育相談を行う際の目標の立て方や進め方を例示できる」こと，「いじめ，不登校などの問題の種類に応じ，発達段階にも応じた教育相談の進め方を理解している」こと，「教育相談の計画作成や，必要な校内体制の整備など，組織的な取り組みの必要性を理解している」こと，「地域の医療・福祉・心理等の専門機関との連携や意義を理解している」ことを挙げている。

基本的には，保護者や子どもたちの目線に寄り添い，本人の立場と学校や教師への期待を慮り，安心感や希望を与えることが重要になる。そのうえで，教師や学校では抱えきれない問題については，子ども家庭支援センター，児童相談所，スクール・ソーシャルワーカー，スクール・ロイヤー，などの外部専門家と連携するとともに，学校内でも情報共有を図り，**組織的に対応する**必要がある。子どもや家庭は，自分たちの抱える問題について開示することを恥ずかしく感じる場合も少なからずあるため，**カウンセリングマインド**を持ちつつ，接する必要がある。特に子どもが「大丈夫です」と言ったとしても，実際には大丈夫ではない場合も多々あるため，表面的な言葉にとらわれず，その奥深くにあるものを見る力が求められる。

次節では，心の奥深くにあるものについて，診断するために開発されたさまざまな診断方法について解説する。

14－2　心理査定法

学校現場において，学業や対人関係上の困難，心理的な悩みを抱える児童生徒について，教師がどのように対応し，支援すればよいのかについて迷うケースも少なくない。児童生徒の支援を行う際，児童生徒の能力や適性，パーソナリティ，家族関係など多面的な情報を得ることは，児童生徒の抱える困難を理解し，適切な支援を考える上で有効である。

（1）心理査定の目的

心理査定は心理アセスメントなどともよばれ，心理査定の対象者(以下，対象者)の病理的側面だけでなく，積極的価値を含めて多面的に捉え，対象者を全体的に理解するプロセスである(前川，1991; 中野，2007)。対象者の問題を理解するため，①問題の原因や関連要因(診断的情報)，②適切な介入や支援，介入における注意点(介入方法)，③健康な機能を取り戻すことができる程度(予後)を評価するために，心理査定が行われる(岩壁，2013)。心理査定は，児童生徒本人が直接スクールカウンセラーなどの専門家のもとに相談に訪れたことを契機に行われる場合もあれば，教師や家族から専門家に相談がなされ，心理査定の必要性を検討する場合もある。

心理査定において求められる情報には，①対象者の問題に関連していると思われるパーソナリティや知的能力，情動，葛藤，潜在的な適応能力のような内的要因，②家族や学校，地域環境や援助機関の有無のような外的要因などが含まれており，心理査定の目的に応じて選定される(前川，1991)。

（2）心理査定の方法

心理査定では，面接法や観察法，心理検査法などの技法を用い，情報を収集し，統合していく(図 14-1)。以下では心理査定に用いられる代表的な方法を概観する。心理査定は，習熟した臨床心理士や公認心理師が行うのが望ましい。

a. 面接法

面接は治療や研究においても用いられる方法であるが，ここでは，心理査定のための面接に限定して述べる。

面接では，対象者とのラポール(信頼関係)の形成と傾聴的姿勢を基本とし，さまざまな質問法を使い分けて面接を深め，問題に関連する要因や出来事に関する情報を収集する(岩壁，2013)。岩壁(2013)によれば，面接では①対象者の問題が心理障害の域に達しているか，その場合，どのような診断名が最も適切か，②対象者の心理機能のどのような側面にその問題が表れているかを明確にし，対象者の外見や対人的姿勢，気分や感情，話し方，思考プロセスなどを見

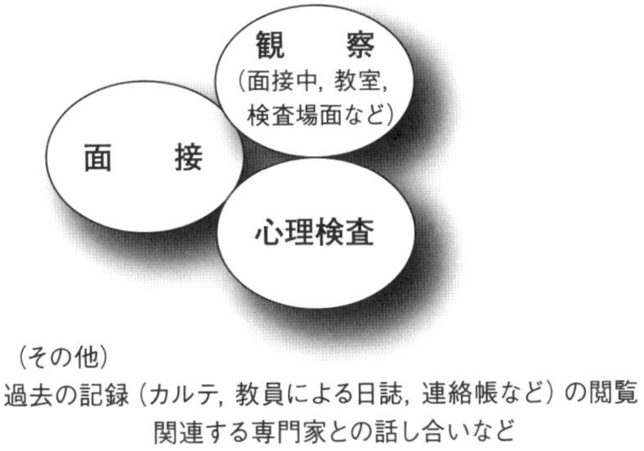

図 14-1　心理査定の方法(岩壁，2013)

定める。また，必要に応じて，対象者本人だけでなく親や教師などに面接を行うこともある。

このように，面接では相手の話した内容だけでなく，さまざまな非言語的情報も得られる。例えば，服装や表情，反応の仕方なども重要な情報となる。

面接は質問項目の構造の厳密さや対象者の語る自由度により，構造の厳密なものから順に，構造化面接，半構造化面接，非構造化面接に分けられる(保坂，2000)。構造化面接では質問内容や手順が厳密に定められている。半構造化面接では，一定の質問に従い面接を進めながら，対象者の状況や回答に応じて面接者が何らかの反応を示すことや，質問の表現，順序，内容などを臨機応変に変えることができる(瀬地山，2000)。非構造化面接では，あらかじめ質問を用意するのではなく，面接の流れの中で自由に質問を行う。心理査定では，系統的に情報を得るため構造化面接を行うことが多いが，対象者のパーソナリティの特徴や普段の行動パターンが面接中に展開されやすい半構造化面接の形をとることもある(岩壁，2013)。

b. 観察法

観察法は，対象者の行動を観察，記録，分析し，行動の質的・量的特徴や行動の法則性を解明することを目的とする方法である(保坂，2000)。

観察法には，形態によって，①日常的状況に近いセッティングの中で自然な姿を把握する自然観察法や，②実験室などの諸条件を統制した環境の中で行われる実験的観察法がある(前川，1991)。①の例として，教師やスクールカウンセラーが学級集団の中で授業中や遊びにおける児童生徒の様子を観察するといったものがあげられる。自然観察法は，普段の生活環境における問題行動の原因だけでなく，問題解決のためのリソースの発見に役立ち，実験的観察法は診断仮説や問題行動について詳細な情報を得ることに役立つ(岩壁，2013)。

c. 検査法

心理検査には，大きく，能力検査とパーソナリティ検査がある(図 14-2)。前者は最大量のパフォーマンスをみるものであり，後者は典型的なパフォーマンスをみるものである(岡堂，1998)。

能力検査としては知能検査が代表的であり，ビネー式知能検査やウェクスラー式知能検査などが用いられる。ウェクスラー式では，年齢により幼児用(WPPSI)と児童用(WISC)，成人用(WAIS)検査が開発されている。例えば，児童用(WISC-Ⅳ)は，15 の下位検査(補助検査 5 つを含む)から構成され，全検査 IQ と 4 つの指標得点(言語理解，知覚推理，ワーキングメモリー，処理速度)，さらに，知的処理過程を知るための 7 つのプロセス得点を求めることができる(上野，2015)。

パーソナリティ検査の主な方法として，**質問紙法**や**投影法**が挙げられる(表 14-2)。質問紙法では行動や感情などをたずねる質問項目に「はい」「いいえ」や段階評定(例，1「あてはまらない」— 5「あてはまる」)で答える方法を用いる。例として，抑うつ性や神経質など 12 の特性を測定する矢田部・ギルフォード性格検査(YG テスト)などがある。一方，投影法は図版や未完成の文など，あいまいで多義的な刺激を提示し，自由に答えてもらうような方法で行われ，インクのしみを提示し，何に見えるかを答えていくロールシャッハテストが代表的である。質問紙法と投影法の他に，単純な計算課題のような一定の作業課題を与え，その作業経過や結果からパーソナリティを理解する作業検査法もある(沢崎，2005)。各検査にはそれぞれ背景となる理論や定められた実施手続きがあり，それらを理解し，習熟して実施することが重要である。また，

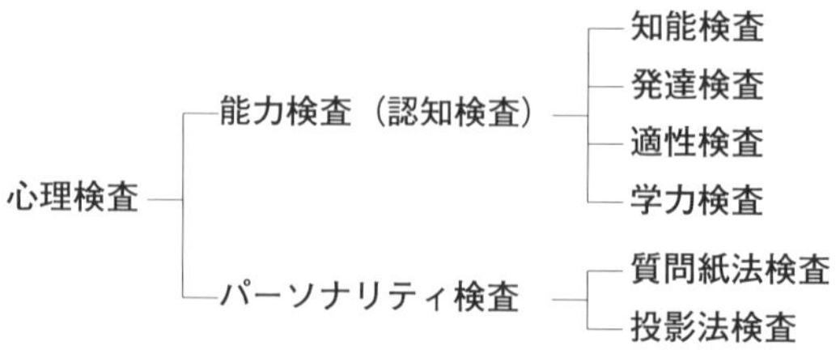

図 14-2　心理検査の種類(岩壁，2013)

表 14-2　質問紙法と投影法の比較（沢崎，2005 をもとに作成）

	質問紙法	投影法
概　要	行動や態度，感情など自己のさまざまな側面に関する構造化された質問項目に「はい」「いいえ」等で答えていく方法	あいまいで抽象化された刺激を提示し，そこに投影された言語的・非言語的な反応から，パーソナリティ構造や精神内界を無意識的な水準にさかのぼって理解する方法
主な特徴	・実施が比較的容易 ・集団に実施しやすい ・採点や結果の数量化が容易 ・対象者により質問項目に対する理解が一定でない可能性 ・反応の意図的歪曲が起こりやすい	・反応の自由度が高い ・反応の意図的歪曲が起こりにくい ・反応結果の処理に技量を要する ・治療的な役割を果たすことがある ・理論的根拠がややあいまいであり，解釈が主観的になりやすい
例	YG 性格検査，MMPI など	ロールシャッハテスト，SCT，TAT など

一つの検査で得られる情報は限られており，各検査にはそれぞれ長所，短所がある。各検査の特徴を把握した上で，心理査定の目的に即して対象者を総合的に理解するために適切な検査を組み合わせること（**テストバッテリー**）も必要である。知能検査や投影法によるパーソナリティ検査などは，実施に長い時間を要するものも多く，対象者の負担にも留意すべきである。

また，良い心理検査の条件として，信頼性と妥当性を備えていることが挙げられる。信頼性は結果の安定性や一貫性のことであり，妥当性は検査が測定したいものを測定できているかということである。前川（1991）は，信頼性と妥当性に加え，個人間やグループ間の差異を明らかにできること（弁別性），手続きの標準化（客観性），実施しやすさ（実用性）も重要な観点であると述べている。

（3）連携の重要性

以上のように，心理査定ではさまざまな方法を通して得られる情報を多面的かつ総合的に分析し，その情報を対象者の自己理解や適応促進，よりよい支援のために役立てていく。心理査定に際しては，対象者にその目的やメリット・デメリットをわかりやすく説明し，同意を得る**インフォームドコンセント**の手続きを丁寧に行うことが重要である。

学校現場では，教師が把握している情報や日常的な観察から得られる情報も心理査定のために重要なものとなる。担任以外の教師や養護教諭，家族，スクールカウンセラーから得られる情報など，多様な情報源から得られるものを統合し，有効に活用するためにも日頃の連携が鍵となると思われる。

まとめ

- 幼児，児童，生徒が，個性を伸長し，他者との好ましい関係を築くために，教育相談は必要である。
- 幼児，児童，生徒の抱えるさまざまな問題へのカウンセリングマインドや共感的傾聴などの技法に裏づけられた対応力をもち，問題の状態に応じて外部専門家を交えた組織的対応が大切である。
- 児童生徒に対する適切な支援を考えるために心理査定が必要となる場合があり，多様な情報を統合していくためにも多職種間の連携や家庭との連携が重要である。

15章 生徒指導とキャリア教育・進路指導

15-1 生徒指導

(1) 生徒指導とは

生徒指導提要(文部科学省, 2010)によると, 生徒指導とは「一人一人の児童生徒の人格を尊重し, 個性の伸長を図りながら, 社会的資質や行動力を高めることを目指して行われる教育活動」とされている。生徒指導は, 特定の教科等で行われるのではなく, 教育活動全体を通じて行われると示されている。平成29年に改訂された学習指導要領では, 総則において生徒指導に関して次のように記述されている(中学校学習指導要領より)。

生徒指導の充実(第1章第4の1の(2))

生徒が, 自己の存在感を実感しながら, よりよい人間関係を形成し, 有意義で充実した学校生活を送る中で, 現在及び将来における自己実現を図っていくことができるよう, 生徒理解を深め, 学習指導と関連付けながら, 生徒指導の充実を図ること。

生徒指導の重要なキーワードに「自己指導能力」という言葉がある(文部科学省, 2010)。自己指導能力とは, 自らを正しい方向に導いて, 現在及び将来における自己実現を図っていく力といえよう。自己指導能力を育成することが, 生徒指導の大きな目標である。

生徒指導には, **集団指導**と**個別指導**という方法原理がある。集団指導とは, 集団を高めることを意識して行う指導である。個別指導とは, 個を高めることを意識して行う指導である(集団から離れて行う指導と, 集団指導の場面においても個に配慮すること等を含む)。両者の特徴を理解しつつ, 個や集団の状態に応じ, バランスの取れた適切な指導を柔軟に行うことが大切である。

生徒指導と関連が深い教育活動に, **教育相談**がある。教育相談は「幼児, 児童及び生徒が自己理解を深めたり好ましい人間関係を築いたりしながら，集団の中で適応的に生活する力を育み，個性の伸長や人格の成長を支援する教育活動」と定義されている(教職課程コアカリキュラム)。また，教育相談は生徒指導の目標を達成する一つの機能とも位置づけられる。平成29年に改訂された学習指導要領の総則には，新たに**ガイダンス**と**カウンセリング**について述べられている(中学校学習指導要領より)。

> 学級経営，生徒の発達の支援(第1章第4の1の(1))
> 　学習や生活の基盤として，教師と生徒との信頼関係及び生徒相互のよりよい人間関係を育てるため，日頃から学級経営の充実を図ること。また，主に集団の場面で必要な指導や援助を行うガイダンスと，個々の生徒の多様な実態を踏まえ，一人一人が抱える課題に個別に対応した指導を行うカウンセリングの双方により，生徒の発達を支援すること。

ガイダンスとは，集団の場面での指導や援助，カウンセリングとは，個別に対応した指導と表現されている。ガイダンスは生徒指導的なアプローチであり，カウンセリングは教育相談的なアプローチであるとも言えよう。なお，「『生徒』指導」という用語が使われているが，中学校や高等学校に限定した教育活動ではなく，小学校の児童も対象とした教育活動であり，今日的には小学校の課題にも対応することが生徒指導の重要な役割である。

(2) 児童及び生徒全体への指導

a. 組織的な取り組みの重要性

児童生徒の問題行動等を解決するためには，学級担任・ホームルーム担任が一人で問題を抱え込むのではなく，管理職，生徒指導担当，教育相談担当，学年主任，養護教諭など校内の教職員や，スクールカウンセラーやスクールソーシャルワーカーなどの専門スタッフ等を活用して学校として組織的に対応することが重要であり，「チームとしての学校」「チーム学校」といわれる。問題行動については，チームによる組織的対応によって，早期の解決を図り，再発防止を徹底することが重要である。

b. 基礎的な生活習慣の確立や規範意識の醸成

基礎的な生活習慣は，人間の態度や行動の基礎となるもので，児童生徒にとって，社会的な自立や自己実現のために重要であり，食事習慣，睡眠習慣，運動習慣，排泄習慣などさまざまな要素からなっている。基礎的な生活習慣の各要素は，日常生活の積み重ねにより培われる。国や自治体から児童生徒向けの食事と睡眠等についてのリーフレットなども出されており，こうした教材を効果的に活用していくことが求められる。

また，幼稚園・小学校・中学校・高等学校すべての学校種を通しての規範意識の醸成をめざす生徒指導体制の在り方と児童生徒の実態に即した実践可能な方策を構築していくことが求められている。

c. 自己の存在感を育む

日々の学校生活や学習の中で，自己の存在感が育まれるような場や機会を設定することも，生徒指導の重要な側面である。中学校の学習指導要領解説総則編には以下のような記述がある。

> 生徒一人一人が自己の存在感を実感しながら，共感的な人間関係を育み，自己決定の場を豊かにもち，自己実現を図っていける望ましい集団の実現は極めて重要である。すなわち，自他の個性を尊重し，互いの身になって考え，相手のよさを見付けようと努める集団，互いに協力し合い，主体的によりよい人間関係を形成していこうとする集団，言い換えれば，好ましい人間関係を基礎に豊かな集団生活が営まれる学級や学校の教育的環境を形成することは，生徒指導の充実の基盤であり，かつ生徒指導の重要な目標の一つでもある。
>
> （中略）
>
> さらに，分かる喜びや学ぶ意義を実感できない授業は生徒にとって苦痛であり，生徒の劣等意識を助長し，情緒の不安定をもたらし，様々な問題行動を生じさせる原因となることも考えられる。教師は，生徒一人一人の特性を十分把握した上で，他の教師の助言や協力を得て，指導技術の向上，指導方法や指導体制などの工夫改善を図り，日ごろの学習指導を一層充実させることが大切である。

豊かな集団生活が営まれる学級や学校をつくっていくこと，また，学力向上の視点からだけではなく，生徒指導の観点からも授業の改善を試みることが自己の存在感を育む上で重要となる。

（3）個別の課題を抱える児童及び生徒への指導

a. 校則・懲戒・体罰等の理解

校則とは，「学校が教育目的を実現していく過程において，児童生徒が遵守すべき学習上，生活上の規律」と定義される（文部科学省，2010）。校則に基づき指導を行う場合は，児童生徒の内面的な自覚を促し，校則を自分のものとしてとらえ，自主的に守るように指導を行っていくことが重要であり，規則を守らせることのみの指導になっていないか注意を払う必要がある。

学校における懲戒とは，「児童生徒の教育上必要があると認められるときに，児童生徒を叱責したり，処罰したりすること」である。児童生徒を叱責したり，起立や居残りを命じたり，宿題や清掃を課すことや訓告を行うことなどについては，児童生徒の教育を受ける地位や権利に変動をもたらすような法的な効果を伴わないので，事実行為としての懲戒と呼ばれる。児童生徒の教育を受ける地位や権利に変動をもたらす懲戒として，退学と停学がある。退学は，児童生徒の教育を受ける権利を奪うものであり，停学はその権利を一定期間停止するものである。ただし，退学は，公立の義務教育段階の学校では行うことはできない(併設型中学校，中等教育学校はできる)。また，停学は処分の期間中は教育を受けることができなくなるため，国公私立を問わず義務教育段階では行うことはできないことが規定されている。

学校における児童生徒への体罰は，法律により禁止されている(学校教育法第 11 条ただし書)。身体に対する侵害(殴る，蹴る等)，肉体的苦痛を与える懲戒(正座・直立等特定の姿勢を長時間保持させる等)である体罰を行ってはいけない。

公立小中学校における出席停止制度は，学校教育法第 35 条に規定されており，市町村教育委員会は，「性行不良であって他の児童の教育に妨げがあると認める児童があるときは，その保護者に対して，児童の出席停止を命じることができる」とされている。この制度は，出席停止を命じる児童生徒本人に対する懲戒という観点からではなく，学校の秩序を維持し，他の児童生徒の義務教育を受ける権利を保障するという観点から設けられている。市町村教育委員会は，教育委員会規則の規定に則り，事前手続を進め出席停止の適用を決定した場合，出席停止を命じる児童生徒の保護者に対して，理由及び期間を記した文書を交付する。

b. 暴力行為

「暴力行為」とは，「自校の児童生徒が，故意に有形力(目に見える物理的な力)を加える行為」をいい，被暴力行為の対象によって，「対教師暴力」(教師に限らず，用務員等の学校職員も含む)，「生徒間暴力」(何らかの人間関係がある児童生徒同士に限る)，「対人暴力」(対教師暴力，生徒間暴力の対象者を除く)，学校の施設・設備等の「器物損壊」の四形態に分ける。暴力行為には，怒りのコントロールがうまくいかないことが関係していることも多い。児童生徒を対象としたアンガーマネジメントも考案されており，集団や個別での実施も考えられる。

c. いじめ

「いじめ」とは，「児童生徒に対して，当該児童生徒が在籍する学校に在籍している等当該児童生徒と一定の人的関係にある他の児童生徒が行う心理的又は物理的な影響を与える行為(インターネットを通じて行われるものを含む)であって，当該行為の対象となった児童生徒が心身の苦痛を感じているもの」(いじめ防止対策推進法)をいう。平成25(2013)年に「いじめ防止対策推進法」が施行され，それに基づく「いじめの防止等のための基本的な方針」(平成29年に改定)が策定され，また各学校にもいじめ防止基本方針の策定が求められている。各学校にはいじめの防止等の対策のための組織(委員会)が設置されており，複数の教職員，心理，福祉等に関する専門的な知識を有する者その他の関係者により構成されている。いじめが発見された時は，この委員会に報告し，組織的に対応することが求められている。いじめられた児童生徒や保護者に対しては，徹底して守り通すことなど伝え，できる限り不安を除去するとともに，事態の状況に応じて，当該児童生徒の見守りを行うなど，いじめられた児童生徒の安全を確保する。いじめた児童生徒への指導に当たっては，いじめは人格を傷つけ，生命，身体又は財産を脅かす行為であることを理解させ，自らの行為の責任を自覚させる。いじめを見ていた児童生徒に対しても，たとえ，いじめを止めさせることはできなくても，誰かに知らせる勇気を持つよう伝える。

学校は，いじめが発生した際の対処だけではなく，未然防止や早期発見についても取り組まなければならない。いじめ加害の背景には，勉強や人間関係等のストレスが関わっていることがある。授業についていけない焦りや劣等感などが過度なストレスとならないよう，一人一人を大切にしたわかりやすい授業づくりを進めていくこと，学級や学年，部活動等の人間関係を把握して一人一人が活躍できる集団づくりを進めていくことが求められる。

d. 不登校

「義務教育の段階における普通教育に相当する教育の機会の確保等に関する法律」(「教育機会確保法」)第2条第3号において，不登校児童生徒について「相当の期間学校を欠席する児童生徒であって，学校における集団の生活に関する心理的な負担その他の事由のために就学が困難である状況として文部科学大臣が定める状況にあると認められるもの」と規定されている。省令においては,「病気又は経済的理由による場合」を除くと規定されている。文部科学省において実施している「児童生徒の問題行動・不登校等生徒指導上の諸課題に関する調査」においては,不登校児童生徒に該当する児童生徒は,一年度間に連続又は断続して30日以上欠席した児童生徒としているが,法第2条第3号においては,年度間の欠席日数が30日未満であっても,個々の児童生徒の状況に応じ適切に支援するように規定されている。平成29(2017)年に改訂された学習指導要領では,初めて「不登校児童生徒への配慮」についての記述が加えられた。中学校学習指導要領概説総則編には,以下のような記述がある。

> 不登校とは,多様な要因・背景により,結果として不登校状態になっているということであり,その行為を「問題行動」と判断してはならない。加えて,不登校生徒が悪いという根強い偏見を払拭し,学校・家庭・社会が不登校生徒に寄り添い共感的理解と受容の姿勢をもつことが,生徒の自己肯定感を高めるためにも重要である。
> また,不登校生徒については,個々の状況に応じた必要な支援を行うことが必要であり,登校という結果のみを目標にするのではなく,生徒や保護者の意思を十分に尊重しつつ,生徒が自らの進路を主体的に捉えて,社会的に自立することを目指す必要がある。
> (中略)
> 不登校生徒の状況によっては休養が必要な場合があることも留意しつつ,学校以外の多様で適切な学習活動の重要性も踏まえ,個々の状況に応じた学習活動等が行われるよう支援することが必要である。

支援の目標は,将来的な社会的な自立である。そのために,休養をとったり,家庭や教育支援センター(適応指導教室)で学んだり,特例校(不登校児童生徒を対象とする特別の教育課程を編成して教育を実施する学校)で学校生活を送ったりなど,児童生徒一人一人のニーズ,状態,経過に合わせて,適切な支援方法を選択していく必要がある。

児童生徒が安心して教育を受けられる魅力ある学校づくりを実現していくことが,不登校に苦しむ児童生徒を増やさないためには重要なことである。そのためには,「絆づくり」と「居場所づくり」が大切と考えられている(国立教育政策研究所,2015)。

e.　インターネットトラブル

スマートフォン等の普及により，児童生徒がインターネットを手軽に使用できるようになり，それに伴い問題も起こっている。総務省(2016)は，そうした問題をインターネットトラブルとよび，「1.　ネット依存　2.　ネットいじめ　3.　誘い出し・なりすまし　4.　個人情報漏えい　5.　ネット詐欺　6.　チェーンメール　7.　著作権・肖像権侵害　8.　その他の不適切な使い方」に分類し，インターネットトラブルの事例集と児童生徒向け授業の指導案を作成している。

f.　性に関する課題

性に関する課題としては，HIV 感染や性感染症及び望まない妊娠の予防，性に関する環境及び情報への対処が挙げられている。平成 20(2008)年 1 月の中央教育審議会答申では，学校における性に関する指導に関連する内容として①発達の段階を踏まえ，心身の発育・発達と健康，性感染症等の予防などに関する知識を確実に身に付けること。②生命の尊重や自己及び他者の個性を尊重するとともに，相手を思いやり，望ましい人間関係を構築することなどを重視し，相互に関連づけて指導すること，という二点が示されている(長野県教育委員会，2014)。

また，教職員には，性同一性障害や性的指向・性自認に係る，児童生徒に対するきめ細かな対応が求められている(文部科学省，2016)。こうした対応は学校全体で組織的に行う必要があり，児童生徒や保護者に情報を共有する意図を説明しつつ，対応を進める必要がある。必要に応じて，服装，髪型，更衣室，トイレなどについて，配慮や支援をしていくことが求められる。

g.　児童虐待

「児童虐待防止法」によれば，児童虐待とは保護者が 18 歳未満の者に対して行う表 15-1 の 4 種類をいう。

学校及び教職員に求められている役割としては，①児童虐待の早期発見のための努力義務が課されていること，②児童虐待を発見した者は，速やかに福祉事務所又は児童相談所へ通告しなければならない義務が課されていること，③児童虐待の被害を受けた児童生徒に対して適切な保護が行われるようにすること，④児童相談所等の関係機関等との連携強化に努めること，などが挙げられる(学校等における児童虐待防止に向けた取組に関する調査研究会議，2006)。

h.　関係機関との連携

生徒指導においては，関連機関との連携は大変重要である(表 15-2 参照)。情報共有は連携の基盤となるが，どの機関にはどのような情報を伝えて良い

表 15-1　児童虐待

身体的虐待	殴る，蹴る，投げ落とす，激しく揺さぶる，やけどを負わせる，溺れさせる，首を絞める，縄などにより一室に拘束する　など
性的虐待	子どもへの性的行為，性的行為を見せる，性器を触る又は触らせる，ポルノグラフィの被写体にする　など
ネグレクト	家に閉じ込める，食事を与えない，ひどく不潔にする，自動車の中に放置する，重い病気になっても病院に連れて行かない　など
心理的虐待	言葉による脅し，無視，きょうだい間での差別的扱い，子どもの目の前で家族に対して暴力をふるう（ドメスティック・バイオレンス：DV）　など

表 15-2　学校が連携を図る主な関連機関等（国立教育政策研究所，2011）

教育機関	教育委員会
	教育相談所
	教育支援センター（適応指導教室）
	特別支援学校
	公民館
警察・司法関係	警察署（少年サポートセンター）
	家庭裁判所
	少年鑑別所
	保護観察所
	保護司会
	少年院
	法務局
福祉関係	児童相談所
	児童自立支援施設
	児童養護施設
	児童家庭支援センター
	福祉事務所
	家庭児童相談室
福祉関係	民生委員・児童委員
	発達障害者支援センター
	婦人相談所（女性相談センター）
保健・医療関係	保健所
	精神保健福祉センター
	病院・診療所
その他	少年補導センター
	消費生活センター（消費者センター）
	携帯電話等で問題があった場合の相談窓口（電気通信事業者協会，院他ネット協会，全国WEBカウンセリング協会等）
	いのちの電話・チャイルドライン
	地域自治会
	PTA

か，情報の共有において児童生徒や保護者の同意が必要かなど，管理職や生徒指導主事は理解しておく必要がある。

15－2　キャリア教育および進路指導

「キャリア」とは，馬車の轍(わだち)を語源とする言葉で，転じて，人生の道のりや経歴などを示すようになった。キャリアの定義には多種多様なものがあるが，現在広く受け入れられているものの一つに，スーパー(Super, D. E.)のキャリア概念がある。それは，①人生を構成する一連の出来事，②自己発達の全体の中で，労働への個人の関与として表現される職業と，人生の他の役割の連鎖，③青年期から引退期に至る報酬，無報酬の一連の地位，④それらには学生，雇用者，年金生活者などの役割や，副業，家族，市民の役割も含まれる，というものである(Super, 1976)。すなわちキャリアとは，仕事や職業に限らず，広い意味での生涯にわたる生き方の軌跡であり，人生の中で果たすさまざまな役割と，発達という時間軸の両側面(Super, 1980)からとらえられるものである。

中央教育審議会(2011)は，こうしたキャリア概念を踏まえ，キャリアを「人が，生涯の中でさまざまな役割を果たす過程で，自らの役割の価値や自分と役割との関係を見いだしていく連なりや積み重ね」と位置づけ，キャリア教育を「一人一人の社会的・職業的自立に向け，必要な基盤となる能力や態度を育てることを通して，キャリア発達を促す教育」と定義した。そして，幼児期の教育から高等教育に至るまで，体系的なキャリア教育の推進が必要であると提唱した。

このようにキャリア教育は長いライフスパン全体の中で取り組まれるものであるのに対して，進路指導は，学習指導要領上，中学校および高等学校(中等教育学校，特別支援学校中学部および高等部を含む)に限定された教育活動である。中学校・高校の学習指導要領総則(文部科学省，2017c，2018a)では，進路指導について「生徒が自らの生き方を考え主体的に進路を選択することができるよう，学校の教育活動全体を通じ，組織的かつ計画的な進路指導を行うこと」と示しており，理念やねらいにおいて，キャリア教育と進路指導に大きな違いはない。しかし，進路指導は従来長く取り組まれてきた歴史があること，従来の進路指導は出口指導としての進学指導や就職指導に偏りがちだった側面もあること，中学校や高校以外の学校では進路指導という言葉は存在しないこ

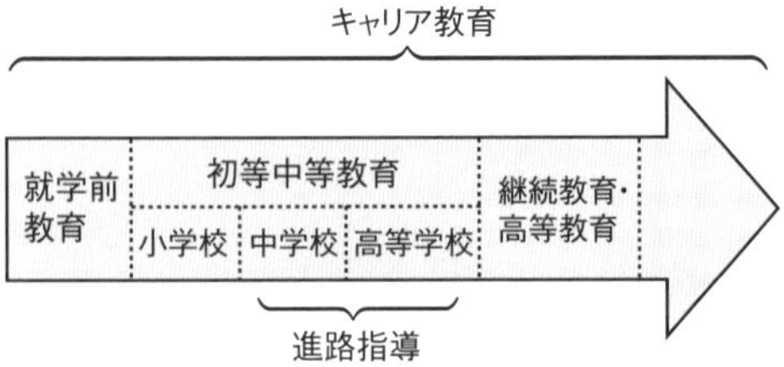

図 15-1　キャリア教育と進路指導との関係（文部科学省，2011a）

となどから，キャリアという幅広い概念を土台としたキャリア教育を主軸とし，進路指導はその一環として位置づけるようになった。キャリア教育と進路指導との関係性を図 15-1 に示す。

なお，類似の用語に職業教育というものもあるが，こちらは「一定または特定の職業に従事するために必要な知識，技能，能力や態度を育てる教育」であるとされ（中央教育審議会，2011），包括的な取り組みであるキャリア教育とは区別される。しかし，社会で求められている知識，技能，能力が高度化している現在，より時代に合った専門性を有する人材を育成する職業教育の意義はあらためて再評価されている。

15－3　教育課程におけるキャリア教育の位置づけ

キャリア教育は，小学校，中学校，高校の学習指導要領総則（文部科学省，2017a，2017c，2018a）において，以下のように位置づけられている。

> 児童／生徒が，学ぶことと自己の将来とのつながりを見通しながら，社会的・職業的自立に向けて必要な基盤となる資質・能力を身につけていくことができるよう，特別活動を要としつつ，各教科等の特質に応じて，キャリア教育の充実を図ること。

これを踏まえ，学校におけるキャリア教育の実践について重要な点を示す。

（1）発達段階や発達課題に応じた実践

キャリア教育は，学ぶことと自己の将来とのつながりを見通せるよう，発達段階や発達課題に応じて，体系的におこなう必要がある。表 15-3 は幼児教育や高等教育以降との接続も意識しつつ，小学校，中学校，高校におけるキャリ

表 15-3　各学校段階によるキャリア発達課題とキャリア教育の目標（文部科学省，2006）

就学前	小学校	中学校	高校	大学・専門学校・社会人
	〈キャリア発達段階〉			
	進路の探索・選択にかかる基盤形成の時期	**現実的探索と暫定的選択の時期**	**現実的探索・試行と社会的移行準備の時期**	
	・自己および他者への積極的関心の形成・発展 ・身のまわりの仕事や環境への関心・意欲の向上 ・夢や希望，憧れる自己イメージの獲得 ・勤労を重んじ，目標に向かって努力する態度の形成	・肯定的自己理解と自己有用感の獲得 ・興味・関心に基づく勤労観，職業観の形成 ・進路計画の立案と暫定的選択 ・生き方や進路に関する現実的探索	・自己理解の深化と自己受容 ・選択基準としての勤労観，職業観の確立 ・将来設計の立案と社会的移行の準備 ・進路の現実吟味と試行的参加	

ア教育の目標を示したものである。各段階における取り組みは，その前の発達段階における取り組みを踏まえ，次の発達段階につながるように，体系的に，かつ個別性をも重視しながら実施することが望ましい。

（2）社会的・職業的自立に向けた実践

「社会的・職業的自立に向けて必要な基盤となる資質・能力」は，図 15-2 のように整理されている。なかでも初等中等教育では，「基礎的・基本的な知識・技能」，および「基礎的・汎用的能力」の育成が重視されており，これらがキャリア教育の実践の目標としても位置づけられる。

①基礎的・基本的な知識・技能

初等中等教育における学力の要素の一つである読み，書き，計算を中心に，働くことをめぐる社会の仕組みに関する知識（税金，社会保険，労働者の権利・義務など）なども含む。

②基礎的・汎用的能力

社会人・職業人として分野や職種に関わらず必要となる能力で，以下の 4 つからなる。

- **人間関係形成・社会形成能力**：他者を理解する力，他者に働きかける力，コミュニケーションスキル，チームワーク，リーダーシップなど
- **自己理解・自己管理能力**：自己の役割の理解，前向きに考える力，自己の

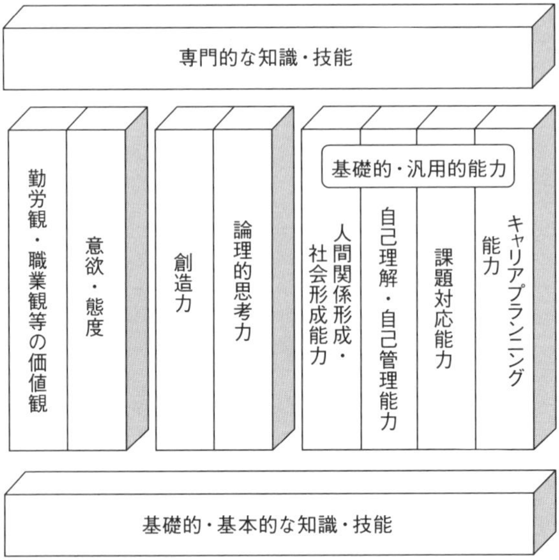

図 15-2　社会的・職業的自立，学校から社会・職業への円滑な移行に必要な力の要素
（中央教育審議会，2011）

動機づけ，忍耐力，ストレスマネジメント，主体的な行動など
- **課題対応能力**：情報の理解・選択・処理，本質の理解，原因の追究，課題発見，計画立案，実行力，評価・改善など
- **キャリアプランニング能力**：学ぶこと・働くことの意義や役割の理解，多様性の理解，将来設計，選択，行動と改善など

（3）学校システム全体を通した実践

①学校の教育活動全体を通したキャリア教育

キャリア教育における代表的なメニューとして職場体験などの具体的活動が挙げられることから，時折，こうした活動そのものがキャリア教育であるかのような誤解がある。しかし，キャリア教育はそうした特定の活動のみにとどまるものではない。図 15-3 に示した中学校におけるキャリア教育の実践のイメージのように，各教科，道徳，総合的な学習の時間，特別活動を有機的に結びつけ，地域・社会や産業界と連携・協働しながら，学校の教育活動全体を通してキャリア教育に取り組むことが求められる。

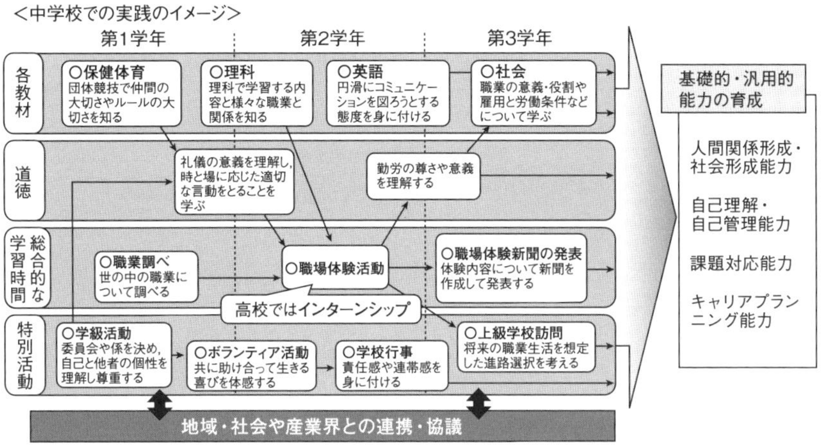

図 15-3　中学校におけるキャリア教育の実践のイメージ（文部科学省，2018c）

②効果的な取り組みのための計画作成と組織作り

①に示したような計画的・体系的な取り組みを推進するには，各学校において，キャリア教育に関する方針を明確化し，計画を立て，組織を形成して実行し，評価し，改善するという，学校システム全体としての取り組みが必要である。

表 15-4 は，高等学校におけるキャリア教育の全体計画書式の一例である。図 15-4 は，職場体験の運営にかかわる学校内組織の一例である。ここには，対外的な連絡調整を行う「職場体験連絡協議会」，進路指導主事やキャリア教育担当教員を中心に校内における企画を担当する「職場体験推進委員会」，実際に指導にあたる「学年会」の 3 者が協力し，地域や保護者と連携しながら，学校全体として効果的に職場体験に取り組む形が示されている。このように，キャリア教育によって児童・生徒の学校から社会への円滑な移行をはかろうとするならば，キャリア教育が一部の教員の取り組みにとどまったり，学校が校内で閉じた存在であったりするのではなく，教職員全体が意識を共有し，連携するとともに，学校全体が社会との接点を多くもち，開かれた存在であることが重要である。

③キャリア教育を意識した授業改善

以上に示してきたような，学校の教育活動全体と連動したキャリア教育を行うには，中学校学習指導要領総則（文部科学省，2017c）第 3 の 1 の(1)に示され

表 15-4　キャリア教育の全体計画書式の例（文部科学省，2011b）

○○年度　キャリア教育の全体計画

本校の教育目標：	本校生徒の実態：
本校の目指す生徒像：	保護者・地域の期待：
目指す学校像：	目指す教師像：
本年度の重点目標：	
前年度の課題：	
キャリア教育の全体目標：	

教育活動を通して育成したい能力		人間関係形成・社会形成能力	自己理解・自己管理能力	調整対応能力	キャリアプランニング能力
第1学年の重点目標：	教科の目標：				
	特別活動の目標：				
	総合的な学習の時間の目標：				
	道徳教育の目標：				
第2学年の重点目標：	教科の目標				
	特別活動の目標：				
	総合的な学習の時間の目標：				
	道徳教育の目標：				
第3学年の重点目標：	教科の目標：				
	特別活動の目標：				
	総合的な学習の時間の目標：				
	道徳教育の目標：				

教務部	生徒指導部	進路指導部		
保護者・同窓会の連携：	事業所・企業との連携：	小中上級学校との連携：	NPO 等との連携：	市区町村との連携：
キャリア教育推進担当：	外部との連携担当：	活用できる指定事業：	評価の方法と時期：	

この学年におけるキャリア教育のねらいを記入する。

教科等の活動を通じて，それぞれの能力を養うための取り組みを具体的に記入する。

教科等の当該学年における目標を記入する。

教務，生徒指導，進路指導の各分掌が，キャリア教育実践のためにどのように関わっていくか記入する。

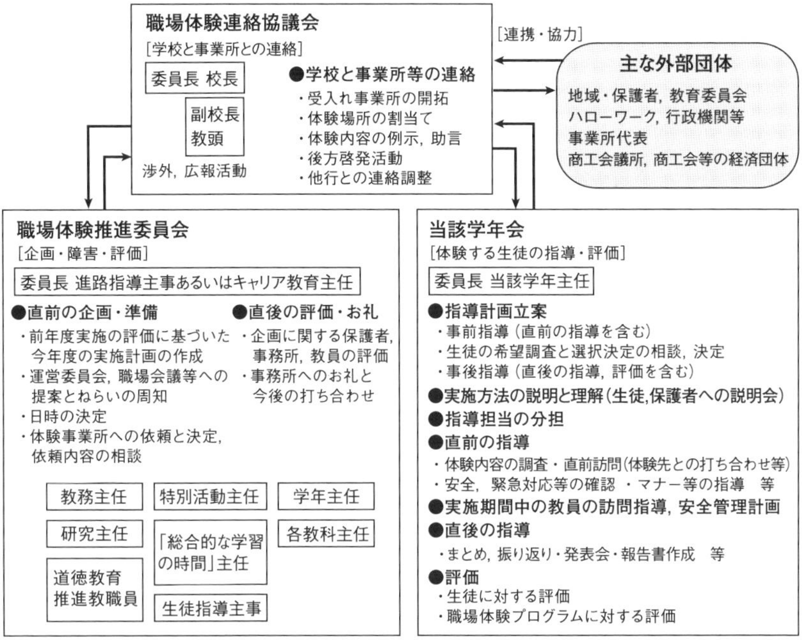

図 15-4　職場体験の運営に関わる学校内組織の一例（文部科学省，2011a）

ている「主体的・対話的で深い学びの実現に向けた授業改善」を行うことが求められる。すなわち，「各教科等の特質に応じた見方・考え方を働かせながら，知識を相互に関連付けてより深く理解したり，情報を精査して考えを形成したり，問題を見出して解決策を考えたり，思いや考えを基に創造したりすることに向かう過程を重視した学習の充実を図る」というアクティブ・ラーニングの実践に，学校全体として取り組む必要がある。

15-4　キャリア教育におけるガイダンスとカウンセリング

（1）キャリア教育におけるガイダンスとカウンセリングの位置づけ

中学校学習指導要領の第5章特別活動の第3の2(3)では，「学校生活への適応や人間関係の形成，進路の選択などについては，主に集団の場面で必要な指導や援助を行うガイダンスと，個々の生徒の多様な実態を踏まえ，一人一人が抱える課題に個別に対応した指導を行うカウンセリング(教育相談を含む)の双方の趣旨を踏まえて指導を行うこと」と記されている。すなわち，他の教育活動と同様，キャリア教育も，主に集団を対象とするガイダンスと個別対応によるカウンセリングとを織り合わせながら実施される。

（2）キャリア教育におけるガイダンスの意義と留意点

ガイダンスとは「生徒がよりよく適応し，主体的な選択やよりよい自己決定ができるよう，適切な情報提供や案内・説明，活動体験，各種の援助・相談活動を学校として進めていくもの」である（文部科学省，2017a，2017c，2018a）。例えば，職業に関する体験活動ひとつを考えても，ただ体験して終わるのではなく，事前指導や事後指導におけるガイダンスなどを充実させることにより，児童生徒がそうした体験活動の意味を理解し，自分の興味関心に関連させながら諸活動に意欲的に取り組み，みずからの新しい可能性に開かれていくよう努めることが求められる。

一方で，集団を対象としたキャリアガイダンスでは，児童生徒によって受け止め方や到達度に差がある場合があるため，一人一人の児童・生徒がガイダンスをどのように受け止め，どのような影響を受けたのかを丁寧に把握し，必要に応じて個別のガイダンスやキャリアカウンセリングにつなげることも大切である。

（3）キャリア教育におけるキャリアカウンセリングの意義と留意点

学校におけるカウンセリングとは，「個々の生徒（児童）の多様な実態を受け止めながら，その解決に向けて，主に個別の会話・面談や言葉かけを通して指導や援助を行う」ことと位置づけられている（文部科学省，2017a，2017c，2018a）。

学校におけるキャリアカウンセリングには，計画に基づいて定期的に行われるものと，日常的に随時行われるものがある。前者は，入学当初から定期的にキャリアカウンセリングの機会を設定してすべての児童・生徒に行うもので，自分から来談する動機が必ずしも高くない児童生徒や，教員に自分から相談する勇気がなかなか持てない児童・生徒も含めて，その時点までの成長プロセスと今の課題を振り返り，必要な支援を行うことを可能にする。後者は，授業中の関わりや休み時間の時のちょっとした会話などをチャンスとして生かすものである。

成長過程にある児童生徒は，キャリアについて漠然とした悩みや不安を抱えることも多い。キャリアカウンセリングは，さまざまな病気や障害，適応困難等のためにキャリア発達に困難を生じた児童生徒に対しても，そうでない児童生徒に対しても，両方において重要である。キャリア発達は個別性の高い内的なプロセスであり，それぞれの事情に無関係に外側から与えられた理想論だけでは促進されない。その児童生徒の状況を的確に把握した上で，困難を抱えた本人に寄り添い，その児童生徒自身が持っている力を見いだしながら，スクールカウンセラーや関係機関と協働し，粘り強く取り組んでいく必要がある。

15－5　不確実な時代における生涯にわたるキャリア形成に向けて

産業構造や雇用構造が急速に変化し，職業人として求められる専門性も高度化・多様化している現代では，その先の人生においても予測できない岐路に何度も直面する可能性がある。また，結婚，出産，子育て，家庭の事情，病気，障害などにより，キャリアプランが変更になることもある。したがって，今後のキャリア教育においては，このような不確実な時代や人生において，どのように生涯にわたるキャリア形成を支援するかも重要な課題である。

そのひとつの方向性として，学校教育後のキャリア形成を支援する多様な仕組みづくりが挙げられる。例えば，社会人の再学習支援，無業者へのキャリア支援，生涯学習支援システムなどである。学校においても，卒業や中途退学等で学校を離れたら終わりではなく，その後の社会との接続やキャリア形成に向けてどのような選択肢があるかを把握し，ニーズに応じて情報提供ができることも必要になるだろう。

もうひとつの方向性として，キャリア形成が必ずしも積み上げ式になされるとは限らず，偶発的な要因に左右されることも少なくない事実を認め，その中での対応を考えていくことがある。実際，クランボルツ(2004)は，キャリアの8割が予期しない出来事や偶然の出会いによって決定されるとし，「好奇心」「持続性」「楽観性」「柔軟性」「リスクテイキング」の5つの力が，偶然への対応力や新たな偶然の呼びこみにつながり，キャリアを豊かなものにする，とした。これらの未来は，こうしたいつ起こるかわからない意味ある偶然をキャッチし，チャンスに変えていくような視点も重要になってくると思われ，そうした力を学校教育の中でいかに育んでいくかということも，大きなテーマになっていく可能性があるだろう。

まとめ

- 生徒指導とは，「一人一人の児童生徒の人格を尊重し，個性の伸長を図りながら，社会的資質や行動力を高めることを目指して行われる教育活動」と定義されている。
- 個別の課題を抱える児童及び生徒への指導においては，課題の背景を十分に理解し，学校内外の関係者と連携し，適切な指導や支援を行っていく必要がある。
- キャリア教育・進路指導は，児童・生徒の社会的・職業的自立に向けて，学校全体として組織的，体系的に取り込む必要がある。

引用文献

◆1章

依田新・大橋正夫・島田四郎　(1954). 学級構造の研究―入学時より三年間の友人関係の調査―　教育心理学研究, 第2巻1号, pp.1-9.

湯澤正通・青山之典・伊藤公一・前田健一・中田晋介・宮谷真人・中條和光・杉村伸一郎・森田愛子・山田恭子・近藤綾・立石泰之・木下美和子・三藤恭弘 (2011). ワーキングメモリの小さい子どもに対する学習支援：児童1人ひとりのワーキングメモリ特性を生かした学習　広島大学学部・附属学校協働研究機構研究紀要, 第39号, pp. 39-44.

◆2章

Baddeley, A. (2012). Working memory: theories, models, and controversies. *Annual Review of Psychology, 63*, 1-29.

Carver, L. J., & Bauer, P. J. (2001). The dawning of a past: The emergence of long-term explicit memory in infancy. *Journal of Experimental Psychology: General, 130*(*4*), 726-745.

Chi, M. H. (1978). Knowledge structures and memory development. In R. S. Siegler (Ed.), *Children's thinking: What develops?* (pp. 73-96). Hillsdale, NJ, US: Lawrence Erlbaum Associates, Inc.

Collie, R., & Hayne, H. (1999). Deferred imitation by 6- and 9-month-old infants: more evidence for declarative memory. *Developmental Psychobiology, 35*(*2*), 83-90.

DeCasper, A. J., & Fifer, W. P. (1980). Of human bonding: newborns prefer their mothers' voice. *Science, 208*, 1174-1176.

DeLoache, J. S., Cassidy, D. J., & Brown, A. L. (1985). Precursors of mnemonic strategies in very young children's memory. *Child Development, 56*(*1*), 125-137.

DeMarie, D., & Ferron, J. (2003). Capacity, strategies, and metamemory: Tests of a three-factor model of memory development. *Journal of Experimental Child Psychology, 84*(*3*), 167-193.

DeMarie, D., Miller, P. H., Ferron, J., & Cunningham, W. R. (2004). Path Analysis Tests of Theoretical Models of Children's Memory Performance. *Journal of Cognition and Development, 5*(*4*), 461-492.

Dufresne, A., & Kobasigawa, A. (1989). Children's spontaneous allocation of study time: Differential and sufficient aspects. *Journal Of Experimental Child Psychology, 47*(*2*), 274-296.

Engle, R. W. (1996). Working memory and retrieval: An inhibition-resource approach. In

J.T.E. Richardson, R.W. Engle, L. Hasher, R.H. Logie, E.R. Stoltzfus, & R.T. Zacks (Eds.), *Working Memory and Human Cognition*. New York: Oxford University Press.

Flavell, J. H., Beach, D. R., & Chinsky, J. M. (1966). Spontaneous verbal rehearsal in a memory task as a function of age. *Child Development, 37*(*2*), 283-299.

Gathercole S. E., & Alloway T. P. (2008). *Working memory and learning: A practical guide for teachers*. London: SAGE.

Gathercole, S. E., Pickering, S. J., Ambridge, B., & Wearing, H. (2004). The structure of working memory from 4 to 15 years of age. *Developmental Psychology, 40*(*2*), 177-190.

Gathercole, S. E., Pickering, S. J., Knight, C., & Stegmann, Z. (2004). Working memory skills and educational attainment: evidence from national curriculum assessments at 7 and 14 years of age. *Applied Cognitive Psychology, 18*(*1*), 1-16.

Hyde, T. S., & Jenkins, J. J. (1969). Differential effects of incidental tasks on the organization of recall of a list of highly associated words. *Journal of Experimental Psychology, 82*(*3*), 472-481.

Justice, E. M. (1985). Categorization as a preferred memory strategy: Developmental changes during elementary school. *Developmental Psychology, 21*(*6*), 1105-1110.

Justice, E. M., Baker-Ward, L., Gupta, S., & Jannings, L. R. (1997). Means to the goal of remembering: Developmental changes in awareness of strategy use-performance relations. *Journal of Experimental Child Psychology, 65*(*3*), 293-314.

Keeny, T. J., Cannizzo, S. R., & Flavell, J. H. (1967). Spontaneous and induced verbal rehearsal in a recall task. *Child Development, 38*(*4*), 953-966.

Klingberg, T., Forssberg, H., & Westerberg, H. (2002). Training of working memory in children with ADHD. *Journal of Clinical and Experimental Neuropsychology, 24*, 781-791.

楠見孝 (1991). “心の理論”としてのメタ記憶の構造：自由記述，記憶のメタファに基づく検討．日本教育心理学会第 33 回総会発表論文集，705-706

Madigan, S. A. (1969). Intraserial repetition and coding processes in free recall. *Journal of Verbal Learning & Verbal Behavior, 8*(*6*), 828-835.

Melby-Lervag, M., & Hulme, C. (2013). Is working memory training effective? A meta-analytic review. *Developmental Psychology, 49*, 270-291.

Miller, P. H. (1994). Individual differences in children's strategic behaviors: Utilization deficiencies. *Learning and Individual Differences, 6*(*3*), 285-307.

Nelson, K. (2000). Memory and belief in development. In D. L. Schacter, E. Scarry, D. L. Schacter, & E. Scarry (Eds.), *Memory, brain, and belief*. Cambridge, MA, US: Harvard University Press, pp. 259-289.

Pressley, M., McDaniel, M. A., Turnure, J. E., Wood, E., & Ahmad, M. (1987). Generation and precision of elaboration: Effects on intentional and incidental learning. *Journal of Experimental Psychology: Learning, Memory, and Cognition, 13*(*2*), 291-300

Rovee-Collier, C. (1997). Dissociations in infant memory: Rethinking the development of implicit and explicit memory. *Psychological Review, 104*(*3*), 467-498.

Schneider, W., Knopf, M., & Stefanek, J. (2002). The development of verbal memory in childhood and adolescence: Findings from the Munich Longitudinal Study. *Journal of Educational Psychology, 94*(*4*), 751-761.

清水寛之 (2009). メタ記憶のモニタリング機能. 清水寛之 (編) メタ記憶—記憶のモニタリングとコントロール　北大路書房

Siegler, R. S. (1998). *Children's thinking.* 3rd ed. Upper Saddle River, NJ: Prentice-Hall.

Slamecka, N. J., & Graf, P. (1978). The generation effect: Delineation of a phenomenon. *Journal of Experimental Psychology: Human Learning and Memory, 4*(*6*), 592-604.

Stein, B. S., Morris, C. D., & Bransford, J. D. (1978). Constraints on effective elaboration. *Journal of Verbal Learning & Verbal Behavior, 17*(*6*), 707-714.

Tulving, E. (1995). Organization of memory: Quo vadis? In M. S. Gazzaniga (Ed.), *The cognitive neurosciences* (pp. 839-853). Cambridge, MA, US: The MIT Press.

吉田寿夫・村山航 (2013). なぜ学習者は専門家が学習に有効だと考えている方略を必ずしも使用しないのか—各学習者内での方略間変動に着目した検討—　教育心理学研究, ***61***(*1*), 32-43.

湯澤美紀 (2014). 学習困難をかかえる児童への教育的支援. 栗山和宏 (編) 授業の心理学—認知心理学から見た教育方法論　福村出版　pp.180-199.

◆3章

Brown, J.S., & Burton, R.R. (1978). Diagnostic models for procedural bugs in basic mathematical skills. *Cognitive Sience, 2*, 155-192.

Carroll, J.B. (1993). *Human cognitive abilities: A survey of factor-analytic studies.* New York: Cambridge University Press.

Cattell, R.B. (1963). Theory of fluid and crystallized intelligence: A critical experiment. *Journal of Educational Psychology, 54*, 1-22.

藤村宣之 (1997). 児童の数学的概念の理解に関する発達的研究　風間書房

ゲルマン, R.・ガリステル C.R.／小林芳郎・中島実 (訳) (1989). 数の発達心理学—子どもの数の理解　田研出版 (Gelman, R., & Gallistel, C. R. (1978). *The child's understanding of number.* Harvard University Press.)

Guilford, J. P. (1967). *The nature of human intelligence.* New York, NY: McGraw-Hill Book Co.

ハワード, G.／松村暢隆 (翻訳) (2001). MI: 個性を生かす多重知能の理論　新曜社

McGrew, K.S. (2005). The Cattell-Horn-Carroll theory of cognitive abilities.　In D.P. Flanagan, & P.L. Harrison (Eds.), *Contemporary intellectual assessment: Theories, test, and issues.* 2nd ed. New York: The Guilford Press, pp.136-181.

Mix, K.S., Levine, S.C., & Huttenlocher, J. (1999). Early fraction calculation ability. *Developmental Psychology, 35*, 164-174.

文部科学省 (1996). 我が国の文教施策生涯学習社会の課題と展望—進む多様化と高度化—第2部 文教施策の動向と展開　第3章 初等中等教育のより一層の充実のために　第2節 主体的に生きる力を育てる教育の推移　1. 新しい学力観に立つ教育の推進 (https://www.mext.go.jp/b_menu/hakusho/html/hpad199601/hpad199601_2_082.html)

文部科学省（2007）．改正学校教育法第 29 条，第 30 条（http://www.mext.go.jp/b_menu/shingi/chukyo/chukyo3/004/siryo/attach/1399696.htm）

文部科学省（2016）．新しい時代にふさわしい高大接続の実現に向けた高等学校教育，大学教育，大学入学者選抜の一体的改革について（答申）

文部科学省（2017, 2018）．中央教育審議会・初等中等教育分科会・初等中等教育分科会（第100 回） 配付資料 資料 1 教育課程企画特別部会 論点整理，2 新しい学習指導要領等が目指す姿（https://www.mext.go.jp/b_menu/shingi/chukyo/chukyo3/siryo/attach/1364316.htm）

中内敏夫（1971）．学力と評価の理論 国土社

ピアジェ，J.／谷村覚・浜田寿美男（訳）（1978）．知能の誕生ミネルヴァ書房（Piaget, J.（1936）. *La naissance de l'intelligence chez l'enfant.* Neuchâtel ; Paris : Delachaux & Niestlé.）

ピアジェ，J.・シェミンスカ，A.／遠山啓・銀林浩・滝沢武久（訳）（1962）．数の発達心理学 国土社（Piaget, J. & Szeminska, A.（1941）. avec le concours de sept collaborateurs. *La genese du nombre chez l'enfant.* Neuchatel : Delachaux & Niestle.

Singer-Freeman, K. E., & Goswami, U.（2001）. Does half a pizza equal half a box of chocolates? Proportional matching in an analogy task Analogies in fractions learning: effects of relational and surface similarity. *Cognitive Development, 16*, 811-829.

Sternberg, R. J., & Grigorenko, E.（Eds.）（2003）. *The Psychology of Abilities, Competencies, and Expertise.* Cambridge: Cambridge University Press.

Spearman, C.（1927）. *The Abilities of Man : Their Nature and Measurement.* London: Macmillan & Co., Ltd.

多鹿秀継（1995）．吉田甫・多鹿秀継（編） 5 章 高学年の文章題 認知心理学からみた数の理解 北大路書房 pp.103-120

Thurstone, L. L.（1938）. *Primary mental abilities.* Chicago :University of Chicago Press.

ヴィゴツキー，L. S.／柴田義松（訳）（1962）．思考と言語，上・下 明治図書出版

Wechsler, D.（1955）. *Manual for the Wechsler Adult Intelligence Scale.* Oxford, England: Psychological Corporation

Wynn, K.（1992）. Addition and subtraction by human infants. *Nature, 358*, 749-750.

吉田甫（1991）．子どもは数をどのように理解しているのか―数えることから分数まで 新曜社

◆4 章

Bereiter, C., & Scardamalia, M.（1987）. *The psychology of written composition.* Hillsdale, NJ: Lawrence Erlbaum Associates.Associates.

Cain, K., Oakhill, J., & Bryant, P.（2004）. Children's reading comprehension ability: Concurrent prediction by working memory, verbal ability, and component skills. *Journal of Educational Psychology, 96*, 31-42.

Hayes, J. R., & Flower, L. S.（1980）. Identifing the organization of writing processes. In L. Gregg & E. Sternberg（Eds.）, *Cognitive processes in writing: An interdisciplinary*

approach. Hilledale, NJ: Erbaum, pp.3-10.
犬塚美輪・椿本弥生（2014）．論理的読み書きの理論と実践　北大路書房
岩男卓実（2001）．文章生成における階層的概念地図の作成の効果．教育心理学研究，*49*, 11-20.
Kellogg, R.T. (1988). Attentional overload and writing performance: Effects of rough draft and outline strategies. *Journal of Experimental Psychology: Learning, Memory, and Cognition, 14*, 355-365.
Kuhl, P.K., Conboy, B.T., Padden, D., Nelson, T., & Pruitt, J. (2005). Early speech perception and later language development: implications for the 'critical period.'. *Language Learning & Development 1*, 237-264.
Kuhl, P.K., Stevens, E., Hayashi, A., Deguchi, T., Kiritani, S., & Iverson, P. (2006). Infants show a facilitation effect for native language phonetic perception between 6 and 12 months. *Developmental Science. 9*, F13-F21.
松井智子（2014）．感情と態度の記号接地：会話における感情と態度の理解と伝達の発達について．岩波講座　コミュニケーションの科学　1．言語と身体性　岩波書店　pp. 151-184.
文部科学省（2017）．子供の読書活動の推進等に関する調査研究（http://www.kodomodokusyo.go.jp/happyou/datas.html）
小椋たみ子（2017）．話し言葉の発達　秦野悦子・高橋登（編著）　言語発達とその支援　ミネルヴァ書房　pp. 90-117.
小椋たみ子・綿巻徹・稲葉太一（2016）．日本語マッカーサー乳幼児言語発達質問紙の開発と研究　ナカニシヤ出版
Pressley, M., & Afflerbach, P. (1995). *Verbal Protocols of Reading: The Nature of Constructively Responsive Reading*. Hillsdale, NJ: Lawrence Erlbaum
Pressley, M., Wharton-McDonald, R., Mistretta-Hampston, J. M., & Echevarria, M. (1998). The nature of literacy instruction in ten Grade 4/5 classrooms in upstate New York. *Scientific Studies of Reading, 2*, 159-194.
RAND Reading Study Group (2002). *Reading for understanding: Toward an R&D program in reading comprehensioin*. Santa Monica, CA:RAND Education
島村直己・三神廣子（1994）．幼児のひらがなの習得―国立国語研究所の 1967 年の調査との比較を通して―．教育心理学研究，*42*, 70-76.
Stanovich, K. E. (1999). *Progress in Understanding Reading*. New York: The Guilford Press.
Wellman, H.M., Harris, P.L., Banerjee, M., & Sinclair, A. (1995). Early understanding of emotion: Evidence from Natural Language. *Cognition and Emotion, 9*, 117-149.
Widen, S.C., & Russell, J.A. (2010). Children's scripts for social emotions: Causes and consequences are more central than facial expressions. *British Journal of Developmental Psychology, 28*, 565-581. 第一部　幼児，児童及び生徒の心身の発達の過程

■5章

福本俊・西村純一編（2012）．発達心理学　ナカニシヤ出版

ガラヒュー，D.L.／杉原隆（監訳）(1999)．幼児期の体育　大修館書店
市村操一・海野孝 (1974)．A comparative study on the factor structure of motor ability of Japanese children and adolescents. 東京教育大学体育部紀要 14
ジョセフ，P. W.／小林芳文他（訳）(1992)．子どもの発達と運動教育　大修館書店
宮丸凱史 (1975) 幼児の基本運動における Motor Pattern の発達 1 ―幼児の Running pattern の発達過程　東京女子体育大学紀要 10
宮下充正 (1980)．子どものからだ　東京大学出版会
文部科学省 (2012)．幼児期運動指針ガイドブック幼児期運動指針策定委員会
文部科学省 (2017)．小学校学習指導要領体育科解説
森司朗 (2011)．3 章　乳幼児・自早期の運動発達の特徴 杉原隆（編著） 生涯スポーツの心理学　福村出版
中本浩揮 (2011)．10 章　青年・成人期の運動発達の特徴とスポーツ技能の熟達　杉原隆（編著） 生涯スポーツの心理学　福村出版
ロバート，M. M.・クロード，B.／高石昌弘・小林寛道（監訳）(1995)．事典　発育・成熟・運動　大修館書店
Scammon, R. E. (1930). The measurement of the body in childhood. In: Harris, J.A., Jackson, C. M., Paterson, D. G., & Scammon, R.E. (Eds.), *The Measurement of Man. Minneapolis* : University of Minnesota Press.
白井常 (1968)．9 章　発達　八木冕（編）心理学 II　培風館
杉原隆 (2000)．3 章　運動を中心に見た幼児期の発達　杉原隆（編著）　新版　幼児の体育　建帛社
杉原隆 (2003)．運動指導の心理学　大修館書店
杉原隆・吉田伊津美・森志朗・筒井清次郎・鈴木康弘・中本浩揮・近藤充夫　(2010)．幼児の運動能力と運動指導ならびに性格との関係　体育の科学 60 巻 5 号　杏林書院
スポーツ庁 (2018)．平成 29 年度全国体力・運動能力　運動習慣等調査報告書
鈴木隆男 (1994)．1 章　身体構造・運動機能の変化　平山諭・鈴木隆男（編著）　発達心理学の基礎 II　機能の発達　ミネルヴァ書房
高野清純・横島章・新井邦二郎・高橋道子 (1977)．図説　発達心理学　福村出版
臼井永男・岡田修一 (2011)．発達運動論　財団法人放送大学教育振興会　NHK 出版

■6章

Erikson, E.H. (1964). *Insight and Responsibility*. W.W.Norton & Company,Inc.（鑪幹八郎（訳）(2016)．洞察と責任　改訳版　誠信書房）
Erikson, E.H. (1980). *Identity and the Life Cycle*. W.W.Norton & Company,Inc.（西平直・中島由恵（訳）(2011)．アイデンティティとライフサイクル　誠信書房）
Erikson, E.H., & Erikson, J.M. (1997). *The Life Cycle Completed: Extended Version with New Chapters on the Ninth Stage of Development*. W.W.Norton & Company,Inc.（村瀬孝雄・近藤邦夫（訳）(2001)．ライフサイクル，その完結　増補版　みすず書房）
保坂亨 (1998)．児童期・思春期の発達　下山晴彦（編）　教育心理学 II　発達と臨床援助の心理学　東京大学出版会

黒沢幸子・森俊夫・寺崎馨章（2003）．「ギャング」「チャム」「ピア」グループ概念を基にした「仲間関係発達尺度」の開発―スクールカウンセリング包括的評価尺度（生徒版）の開発の一環として―　安田生命社会事業団研究助成論文集　*38*, 38-47.

Marvin, R., Cooper, G., Hoffman, K., & Powell, B., (2002). The circle of security project: Attachment-based intervention with caregiver-preschool child dyads. *Attachment and Human Development, 1*, 107-124.

Shiner, R., & Caspi, A. (2003). Personality differences in childhood and adolescence: Measurement, development, and consequences. *Journal of Child Psychology and Psychiatry, 44*, 2-32.

Soto, C. (2016). The little six personality dimensions from early childhood to early adulthood: Mean-level age and gender differences in parents' reports. *Journal of Personality, 84*, 409-422.

Trofimova, I. (2010). An investigation into differences between the structure of temperament and the structure of personality. *American Journal of Psychology, 123*, 467-480.

山岸明子（1991）．道徳的認知の発達　大西文行（編）道徳性と規範意識の発達　新・児童心理学講座 9　金子書房

■7章

Bandura, A. (1977). Self-efficacy: Toward a unifying theory of behavioral change. *Psychological Review, 84*, 191-215.

Bandura, A., Adams, N. E., & Beyer, J. (1977). Cognitive processes mediating behavioral change. *Journal of Personality and Social Psychology, 35*, 125-139

Elliot, A.J., & Church, M.A. (1997). A hierarchical model of approach and avoidance achievement motivation. *Journal of Personality and Social Psychology, 72*, 218-232.

Deci, E. L. (1971). Effects of externally mediated rewards on intrinsic motivation. *Journal of Personality and Social Psychology, 18*, 105-115.

Deci, E. L., & Ryan, R. M. (1985). *Intrinsic motivation and self-determination in human behavior*. New York: Plenum.

Deci, E. L. & Ryan, R. M. (Eds.) (2005). *Handbook of self-determination*. Rochester, NY: University of Rochester Press.

Dweck, C. S. (1986). Motivational processes affecting learning. *American Psychologist, 41*, 1040-1048.

Pintrich, P. R (2000). The Role of motivation in self-regulated learning. In Boekaerts, M., Pintrich, P. R., & Zeidner, M. (Eds.), *Handbook of self-regulation*. Academic Press. pp.451-502.

Reeve, J. (2014). *Understanding motivation and emotion*. Wiley.

Schunk, D.H. (1996). Goal and self-evaluative influences during children's cognitive skill learning. *American Educational Research Journal, 33*, 359-382.

Taylor, K.M., & Betz, N.E. (1983). Applications of self-efficacy theory to the understanding and treatment of career indecision. *Journal of Vocational Behavior, 22*, 63-81.

Weiner, B. (1972). *Theories of motivation*. Chicago: Rand McNally.

Weiner, B. (1986). A theory of motivation for some classroom experiences. *Journal of Educational Psychology, 71*, 3-25.

White, R.W. (1959). Motivation reconsidered: The concept of competence. *Psychological Review, 66*, 297-333.

■8章

ハッティ，J. H.／山森光陽（訳）　(2018)．教育の成果：メタ分析による学力に影響を与える要因の効果の可視化　図書文化社

三隅二不二 (1966)．新しいリーダーシップ―集団指導の行動科学　ダイヤモンド社

Rosenthal, R., & Jacobson, L. (1968). Pygmalion in the Classroom. *The Urban Review, 3*, 16-20.

瀧口信晴 (2009)．児童の社会性の育成における評価の研究について　東京学芸大学教職大学院課題研究成果報告書（1年履修プログラム），51-55.

■9章

Flavell, J. H. (1979). Metacognition and cognitive monitoring: A new area of cognitive developmental inquiry. *American Psychologist, 34*(*10*), 906-911.

市川伸一（編）(1993)．学習を支える認知カウンセリング―心理学と教育の新たな接点―　ブレーン出版

松下佳代 (2012)．パフォーマンス評価による学習の質の評価：学習評価の構図の分析にもとづいて　京都大学高等教育研究，18，75-114.

松沢伸二（著）　佐野正之・米山朝二（監修）(2002)．英語教師のための新しい評価法　大修館書店

文部科学省 (2017a)．小学校学習指導要領（平成29年告示）

文部科学省 (2017b)．中学校学習指導要領（平成29年告示）

文部科学省 (2018)．高等学校学習指導要領（平成30年告示）

文部科学省 (2019a)．学校における働き方改革について（http://www.mext.go.jp/a_menu/shotou/hatarakikata/index.htm）

文部科学省 (2019b)．育成すべき資質・能力の三つの柱（http://www.mext.go.jp/component/a_menu/education/micro_detail/__icsFiles/afieldfile/2019/02/08/1384661_004.pdf）

村山航 (2006)．テストへの適応―教育実践上の問題点と解決のための視点―　教育心理学研究，*54*(*2*)，265-279.

永田繁雄・松尾直博・布施梓・元笑予 (2019)．第6章 「道徳科」の評価の考え方と用いる表現　関口貴裕・岸学・杉森伸吉（編著）　学校教育ではぐくむ資質・能力を評価する　図書文化社

新潟大学教育学部附属新潟中学校研究会（編著）(2019)．「主体的・対話的で深い学び」をデザインする「学びの再構成」　東信堂

OECD (2019). The OECD Learning Compass 2030(https://www.oecd.org/education/2030-project/teaching-and-learning/learning/)
鈴木雅之 (2012). 教師のテスト運用方法と学習者のテスト観の関連—インフォームドアセスメントとテスト内容に着目して— 教育心理学研究, *60*(*3*), 272-284.
鈴木雅之・西村多久磨・孫媛 (2016). 中学生の学習動機づけの変化とテスト観の関係 教育心理学研究, *63*(*4*), 372-385.

■10章

Bransford, J., Brown, A., & Cocing, R. (Eds.) (2000). *How people learn: Brain, mind, experience, and school.* Washington, DC: National Academy Press. (森敏昭・秋田喜代美(監訳) (2002). 授業を変える—認知心理学のさらなる挑戦— 北大路書房)
中央教育審議会 (2010). 教育課程部会 (第77回) 配布資料「資料1-2 児童生徒の学習評価の在り方に関するワーキンググループにおける審議の中間まとめ」(http://www.mext.go.jp/b_menu/shingi/chukyo/chukyo3/004/siryo/attach/1290302.htm (2018年9月3日))
中央教育審議会 (2016). 幼稚園, 小学校, 中学校, 高等学校及び特別支援学校の学習指導要領等の改善及び必要な方策等について (答申) (http://www.mext.go.jp/b_menu/shingi/chukyo/chukyo0/toushin/__icsFiles/afieldfile/2017/01/10/1380902_0.pdf (2018年9月3日))
Eggen, P., & Kauchak, D. (2004). *Educational psychology: Windows on classroom*. 6th ed. Pearson Education International.
ガーラック, V. S. & イーリー, D. P./町田隆哉 (訳) (1975). 授業とメディア 平凡社
板倉聖宣 (1966). 未来の科学教育 国土社
板倉聖宣 (1974). 仮説実験授業 仮説社
梶井芳明 (2006). 授業を計画する 河野義章 (編著) 教育心理学・新版 川島書店, pp.121-140.
河野義章 (1989). 教授・学習部門『サルの腰掛け』からの脱却をめざして 教育心理学年報, 28, 104-114.
黒澤俊二 (2014). 教師の「言葉かけ」を減じていく学び合う教室をめざして—子どもを誘発する機能的で帰納的な4つの手続き的知識の一事例— 新しい算数研究, 525, 4-7.
松下佳代 (2010). 〈新しい能力〉概念と教育—その背景と系譜 松下佳代 (編) 〈新しい能力〉は教育を変えるか—学力・リテラシー・コンピテンシー ミネルヴァ書房, pp.1-42.
水越敏行 (1977). 現代授業論双書12 発見学習入門 明治図書
文部科学省 (2011). 言語活動の充実に関する指導事例集 [小学校版] 教育出版
中山勘次郎 (2004). 授業の心理学 桜井茂男 (編著) たのしく学べる最新教育心理学—教職にかかわるすべての人に— 図書文化, pp.77-96.
三宮真智子 (編著) (2008). メタ認知—学習力を支える高次認知機能 北大路書房

■11章

道徳教育に係る評価等の在り方に関する専門家会議（2016）．「特別の教科 道徳」の指導方法・評価等について（報告）
文部科学省（2017）．小学校学習指導要領（平成29年告示）
山岸明子（1991）．道徳的認知の発達　大西文行（編）道徳性と規範意識の発達　新・児童心理学講座9　金子書房

■12章

法務省（2019）．平成30年末現在における在留外国人数について（http://www.moj.go.jp/nyuukokukanri/kouhou/nyuukokukanri04_00081.html）
国立大学法人お茶の水女子大学（2014）．平成25年度全国学力・学習状況調査（きめ細かい調査）の結果を活用した学力に影響を与える要因分析に関する調査研究
厚生労働省（2017）．平成28年国民生活基礎調査
厚生労働省（2019）．平成30年度児童相談所での児童虐待相談対応件数〈速報値〉（https://www.mhlw.go.jp/content/11901000/000533886.pdf）
文部科学省（2003）．今後の特別支援教育の在り方について（最終報告）参考資料1.「個別の教育支援計画」について（http://www.mext.go.jp/b_menu/shingi/chousa/shotou/054/shiryo/attach/1361230.htm）
文部科学省（2007）．特別支援教育の推進について（通知）（http://www.mext.go.jp/b_menu/hakusho/nc/07050101.htm）
文部科学省（2014）．「不登校に関する実態調査」～平成18年度不登校生徒に関する追跡調査報告書～
文部科学省（2019）．平成30年度「児童生徒の問題行動等生徒指導上の諸問題に関する調査（http://www.mext.go.jp/component/a_menu/education/detail/__icsFiles/afieldfile/2019/10/25/1412082-30.pdf）

■13章

新井肇　（2010）．教師への支援　伊藤美奈子・相馬誠一（編著）　グラフィック学校臨床心理学　サイエンス社，pp.116-129.
Folkman, S., & Lazarus, R. S. (1980). An analysis of coping in a middle-aged community sample. *Journal of Health and Social Behavior, 21*, 219-239.
藤枝静暁・相川充（2001）．小学校における学級単位の社会的スキル訓練の効果に関する実験的検討　教育心理学研究，*49*, 371-381.
Holmes, T. H., & Rahe, R. H. (1967). The social readjustment rating scale. *Journal of Psychosomatic Research, 11*, 213-218.
井上真弓・清野純子（2012）．健康とストレス　森和代・石川利江・茂木俊彦（編）　よくわかる健康心理学　ミネルヴァ書房，pp.22-25.
石川信一・岩永三智子・山下文大・佐藤寛・佐藤正二（2010）．社会的スキル訓練による児童

の抑うつ症状への長期的効果　教育心理学研究，*58*, 372-384.
伊藤美奈子 (2010). 学校臨床心理学とは　伊藤美奈子・相馬誠一 (編著)　グラフィック学校臨床心理学　サイエンス社，pp.48-63.
久保真人 (2007). バーンアウト (燃え尽き症候群) ―ヒューマンサービス職のストレス―　日本労働研究雑誌，*49*, 54-64.
Lazarus, R. S., & Folkman, S. (1984). *Stress, appraisal, and coping.* Springer Publishing Company: New York. (本明寛・春木豊・織田正美 (監訳) (1991). ストレスの心理学―認知的評価と対処の研究―　実務教育出版)
Maslach, C., & Jackson, S, E. (1981). The measurement of experienced burnout. *Journal of Occupational Behaviour, 2*, 99-113.
三浦正江・上里一郎 (2003). 中学校におけるストレスマネジメントプログラムの実施と効果の検討　行動療法研究，*29*, 49-59.
文部科学省 (2013). 教職員のメンタルヘルス対策について (最終まとめ)　教職員のメンタルヘルス対策検討会議 (http://www.mext.go.jp/b_menu/shingi/chousa/shotou/088/houkoku/1332639.htm)
日本心身医学会教育研修委員会 (編) (1991). 心身医学の新しい診療指針　心身医学，*31*, 537-573.
落合美貴子 (2003). 教師バーンアウト研究の展望　教育心理学研究，*51*, 351-364.
及川恵 (2011). ストレスと適応　京都大学心理学連合 (編)　心理学概論，pp.288-293.
及川恵・坂本真士 (2007). 女子大学生を対象とした抑うつ予防のための心理教育プログラムの検討―抑うつ対処の自己効力感の変容を目指した認知行動的介入―　教育心理学研究，*55*, 106-119.
岡安孝弘・嶋田洋徳・丹羽洋子・森俊夫・矢冨直美 (1992). 中学生の学校ストレッサーの評価とストレス反応との関係　心理学研究，*63*, 310-318.
佐々木雄二 (1997). 心身症　日本健康心理学会 (編)　健康心理学辞典　実務教育出版，pp.149-150.
佐藤正二 (1996). 子どもの社会的スキル・トレーニング　相川充・津村俊充 (編)　社会的スキルと対人関係―自己表現を援助する―　誠信書房，pp.174-200.
生和秀敏 (1997). 燃え尽き症候群　日本健康心理学会 (編)　健康心理学辞典　実務教育出版，pp.274-275.
白井利明 (2011). 思春期の発達と教育相談　春日井敏之・伊藤美奈子 (編)　よくわかる教育相談　ミネルヴァ書房，pp.32-33.
鈴木伸一 (2004). ストレス研究の発展と臨床応用の可能性　坂野雄二 (監修)・嶋田洋徳・鈴木伸一 (編著)　学校，職場，地域おけるストレスマネジメント実践マニュアル　北大路書房，pp.3-11.
戸ヶ崎泰子 (2006). 社会的スキルと適応　谷口弘一・福岡欣治 (編著)　対人関係と適応の心理学―ストレス対処の理論と実践―　北大路書房，pp.83-95.

■14章

保坂亨 (2000). 人間行動の理解と面接法　保坂亨・中澤潤・大野木裕明 (編著)　心理学マ

ニュアル　面接法　北大路書房，pp.1-8.
岩壁茂（2013）．心理的問題の理解と方法―心理アセスメント―　岩壁茂・福島哲夫・伊藤絵美　臨床心理学入門―多様なアプローチを越境する―　有斐閣，pp.45-68.
前川あさ美（1991）．心理臨床における測定―心理アセスメント―　市川伸一（編著）　心理測定法への招待―測定からみた心理学入門　サイエンス社，pp.268-302.
中野祐子（2007）．心理査定の成り立ちと思想　皆藤章（編）　よくわかる心理臨床，ミネルヴァ書房，pp.72-75.
岡堂哲雄（1998）．総論／臨床心理査定　岡堂哲雄（編）　心理査定プラクティス　至文堂，pp.9-20.
沢崎達夫（2005）．心理検査法とテストバッテリー 坂野雄二（編）　臨床心理学キーワード補訂版　有斐閣，pp.28-31.
瀬地山葉矢（2000）．半構造化面接について　保坂亨・中澤潤・大野木裕明（編著）　心理学マニュアル　面接法　北大路書房，pp.53.
上野一彦（2015）．心理アセスメント概論　上野一彦・松田修・小林玄・木下智子　日本語版WISC-Ⅳによる発達障害のアセスメント―代表的な指標パターンの解釈と事例紹介―　日本文化科学社，pp.1-23.

■15章

学校等における児童虐待防止に向けた取組に関する調査研究会議（2006）．学校等における児童虐待防止に向けた取組について（報告書）
国立教育政策研究所（2011）．生徒指導資料　第4集　学校と関係機関等との連携～学校を支える日々の連携～
国立教育政策研究所（2015）．生徒指導リーフ　「絆づくり」と「居場所づくり」
Krumboltz, J.D., & Levin, A.S. (2004). *Luck is no accident: Making the most of happenstance in your life and career*. Impact Publications.（花田光世・大木紀子・宮地夕紀子（訳）（2005）．その幸運は偶然ではないんです！：夢の仕事をつかむ心の練習問題　ダイヤモンド社）
文部科学省（2006）．小学校・中学校・高等学校キャリア教育推進の手引き
文部科学省（2010）．生徒指導提要
文部科学省（2011a）．中学校キャリア教育の手引き
文部科学省（2011b）．高等学校キャリア教育の手引き
文部科学省（2016）．性同一性障害や性的指向・性自認に係る，児童生徒に対するきめ細かな対応等の実施について（教職員向け）
文部科学省 （2017a）．小学校学習指導要領
文部科学省 （2017b）．小学校学習指導要領　解説
文部科学省 （2017c）．中学校学習指導要領
文部科学省 （2017d）．中学校学習指導要領　解説
文部科学省 （2018a）．高等学校学習指導要領
文部科学省 （2018b）．高等校学習指導要領　解説
文部科学省 （2018c）．キャリア教育の推進（http://www.mext.go.jp/apollon/mod/pdf/mext_

propulsion_20180223.pdf　2018.（2019年8月1日））
長野県教育委員会（2014）．性に関する指導の手引
総務省（2016）．インターネットトラブル事例集（平成28年度版）
Super, D.E.（1976）. *Career education and the meaning of work.* U.S. Dept. of Health, Education, and Welfare, Office of Education.
Super, D.E.（1980）. A life-span, life-space approach to career development. *Journal of Vocational Behavior, 16*, 282–298.
中央教育審議会（2011）．今後の学校におけるキャリア教育・職業教育の在り方について（答申）

索　引

■人名索引

事項索引

◆な　行

◆は　行

◆ま　行

◆や　行

◆ら　行

◆わ

編著者紹介

杉森伸吉（すぎもり しんきち）

現在　東京学芸大学教育学部教育心理学講座教授
（文化社会心理学，集団心理学など）
東京学芸大学附属大泉小学校校長（併任）

松尾直博（まつお なおひろ）

現在　東京学芸大学教育学部教育心理学講座教授
（児童臨床心理学，カウンセリング心理学，道徳教育など）

上淵　寿（うえぶち ひさし）

現在　早稲田大学教育・総合科学学術院教授
（教育心理学，発達心理学，動機づけ心理学，感情心理学など）

2020 年 2 月 20 日　初版発行
2024 年 4 月 15 日　初版第 2 刷発行

コアカリキュラムで学ぶ
教育心理学

編著者　杉森伸吉
　　　　松尾直博
　　　　上淵　寿
発行者　山本　格

発行所　株式会社　培風館
東京都千代田区九段南 4-3-12・郵便番号102-8260
電話(03)3262-5256(代表)・振替 00140-7-44725

港北メディアサービス・牧 製本

PRINTED IN JAPAN

ISBN978-4-563-05255-3 C3011